地下鉄系統別沿線ガイド・メトロネットワーク路線図

©TCVB

この『地下鉄系統別沿線ガイド』には、経由駅と駅間所要分、駅から見学地への徒歩所要分が紹介されています。目的観光地への最寄駅をP 105～の「拝観・見学施設案内」で確認すれば、誌面の制約で本文の「のりもの案内」に掲載できていないアクセスを探すこともできます。乗換無しでいける物件も多数あり、行程計画時にご活用をお勧めいたします。

物件での（Cより4分）は最寄出口からの所要分です
なお、この別冊『地下鉄系統別沿線ガイド』での参照ページ表記は、
P00（通常の数字）…本文
⑯（○付き数字）…『地下鉄系統別沿線ガイド』のページ番号を表記しています。

メトロネットワーク路線図

2023年5月判明分

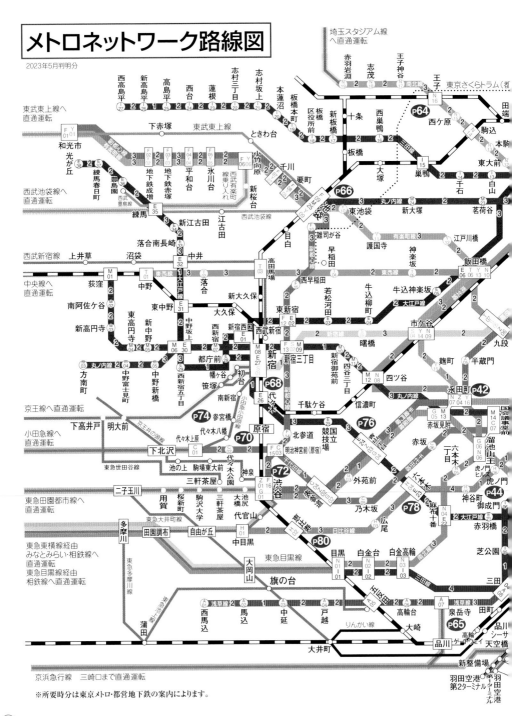

京浜急行線　三崎口まで直通運転

※所要時分は東京メトロ・都営地下鉄の案内によります。

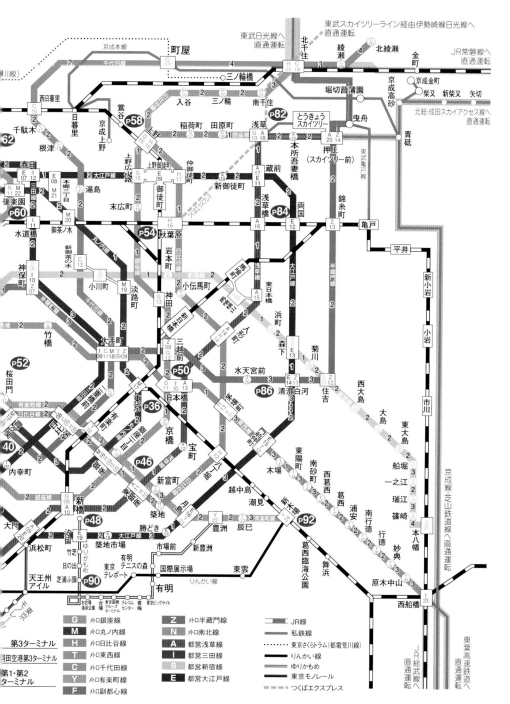

G19 浅草		G18 田原町		G17 稲荷町		G16 上野		G15 上野広小路		G14 末広町		G13 神田		G12 三越前		G11 日本橋		G10 京橋

東武線 A「東京スカイツリーライン」「東京スカイツリー駅」「浅草駅」　2　1　2　JR H 京成線「京成上野駅」　1　野御徒町駅 H「仲御徒町駅」E「上」　2　2　JR　1　JR Z「新日本橋駅」　2　T A　2

G. 東京メトロ 銀座線　沿線ガイド

G19 浅草

浅草公会堂（スターの広場）（1より5分）
地図P82B3　参照P109
浅草神社（1より7分）地図P82C2　参照P105

浅草花やしき（1より5分）
地図P82B2　参照P105

浅草文化観光センター（2より1分）
地図P82B3　参照P105

江戸たいとう伝統工芸館
（1より15分）地図P82B1　参照P106
雷門（1より1分）地図P82B3
エース「世界のカバン博物館」
（浅草線 A1より1分）　地図P82B4
浅草寺（1より5分）地図P82B2　参照P109
象牙工芸館（1より15分）地図P82A1

G18 田原町　たわらまち

浅草演芸ホール（3より5分）
地図P82A2

池波正太郎記念文庫（台東区立中央図書館）
（3より12分）地図P82A1　参照P105
鷲神社（3より15分）地図P14A3

太鼓館（3より2分）地図P82A3　参照P110
東京本願寺（3より5分）　参照P112
地図P82A3

G17 稲荷町

東京恩賜上野動物園

G16 上野

東京都上野恩賜公園（7より2分）
地図P58B2　参照P105
東京都恩賜上野動物園
（7より12分）　参照P106
地図P58B2
上野の森美術館（7より3分）
地図P58B3　参照P106
寛永寺（7より15分）地図P58B1　参照P106
東京文化財研究所黒田記念館
（7より15分）地図P58B2　参照P112

国際子ども図書館（7より15分）
地図P58B1　参照P107

国立科学博物館（7より10分）
地図P58C2　参照P107

国立西洋美術館（9より8分）
地図P58C2　参照P108

台東区立下町風俗資料館提供

台東区立下町風俗資料館
（しのばず口より5分）
地図P58B3　参照P110

東京芸術大学大学美術館（7より15分）
地図P58B2　参照P111

東京国立博物館

東京国立博物館（しのばず口より15分）
地図P58C2　参照P111

東京都美術館（7より10分）
地図P58B2　参照P112
東京文化会館（7より3分）
地図P58B3
上野東照宮（7より5分）
地図P58B2

G15 上野広小路

アメ横（アメ横商店街）（A7より1分）
地図P58B3　参照P105

旧岩崎邸庭園（3より10分）
地図P58A4　参照P107
三菱史料館（三菱経済研究所）（3より13分）
地図P58A4　参照P114
湯島天神（A4より5分）地図P58A4　参照P115

| G09 銀座 MH | 1 | G08 新橋 HA ゆりかもめ JR | 2 | G07 虎ノ門 H [虎ノ門ヒルズ] | 2 | G06 溜池山王 NMC [国会議事堂前駅] | 2 | G05 赤坂見附 M.YZN [永田町駅] | 2 | G04 青山一丁目 ZE | 2 | G03 外苑前 | 2 | G02 表参道 CZ | 2 | G01 渋谷 JR 東急田園都市線・東横線、京王井の頭線・東横 F |

横山大観記念館（2より12分）
地図 P58A3　参照 P115

G14 末広町
神田明神（神田神社）（3より5分）
地図 P54B1　参照 P106

G13 神田

G12 三越前

貨幣博物館（日本銀行）（A5より2分）
地図 P36D2　参照 P106

くすりミュージアム（A10より2分）
地図 P50A1　参照 P107
宝田恵比寿神社（A10より6分）
地図 P50B1

G11 日本橋
凧の博物館（C5より1分）
地図 P50B2

G10 京橋

警察博物館（ポリスミュージアム）
（2より2分）
地図 P46C1　参照 P107
国立映画アーカイブ
（1より1分）　参照 P46D1 参照 P107

G09 銀座

相田みつを美術館（B4より9分）
地図 P36B4　参照 P105
歌舞伎座（A6より4分）
地図 P46C2
東京国際フォーラム（C9より7分）
地図 P40D2　参照 P111
ZUKAN MUSEUM GINZA（C2より1分）
地図 P40D3・46B2　参照 P109

G08 新橋

アド・ミュージアム東京（4より5分）
地図 P46B4　参照 P105
電通四季劇場「海」（地下通路より5分）
地図 P48B1
パナソニック汐留美術館
（2より6分）地図 P48B1　参照 P114
日テレ社内見学（3分）
地図 P46A4　参照 P113
博品館 TOY PARK（1より3分）
地図 P48B2　参照 P113
浜離宮恩賜庭園（1より12分）
地図 P48B2　参照 P113

G07 虎ノ門

文部科学省情報ひろば（11より直結）
地図 P40A3　参照 P115
NHK 放送博物館（1より13分）
地図 P44C1　参照 P106
大倉集古館（3より10分）
地図 P44B1　参照 P106

金刀比羅宮（3より1分）
地図 P40A3

愛宕神社（愛宕山）（1より8分）
地図 P44C1　参照 P105

G06 溜池山王
アークヒルズ（アーク森ビル）
（13より3分）地図 P42C4
サントリーホール（13より7分）
地図 P44A1

G05 赤坂見附
草月会館
地図 P76D3

TBS放送センター（10より9分）
地図 P42A3
日枝神社（ベルビー赤坂方面より6分）
地図 P42B3

G04 青山一丁目
草月会館（3より5分）地図 P76D3
乃木神社（4より8分）地図 P78B1
聖徳記念絵画館（1より10分）
地図 P76B2　参照 P109
旅の図書館（5より3分）
地図 P76C4　参照 P110

G03 外苑前
青山霊園（5より8分）地図 P78B1
神宮球場（5より5分）地図 P76B3

聖徳記念絵画館（4より10分）
地図 P76B2　参照 P109
秩父宮ラグビー場（3より3分）
地図 P76B4

日本の酒情報館（9より3分）
地図 P40B3　参照 P113

ワタリウム美術館（3より8分）
地図 P76A4
TEPIA 先端技術館（3より4分）
地図 P76B4　参照 P110

提供：JOC

日本オリンピックミュージアム
（3より5分）
地図 P76A3　参照 P113

G02 表参道
根津美術館（A5より8分）
地図 P15C3　参照 P117
国際連合広報センター（B2より5分）
地図 P72D2　参照 P107
東急プラザ表参道原宿（A2より7分）
地図 P70C3　参照 P110

岡本太郎記念館（A5より8分）
地図 P78A2　参照 P106

G01 渋谷
金王八幡宮（半蔵門線12・東横口より5分）
地図 P72D3
SHIBUYA109（半蔵門線3aより1分）
地図 P72B2　参照 P108
渋谷区立松濤美術館（ハチ公口より15分）
地図 P74D4　参照 P109
渋谷ヒカリエ（直結）
地図 P72C3　参照 P108

戸栗美術館（ハチ公口より15分）
地図 P74D3　参照 P112
パルコ劇場
（ハチ公口より5分）地図 P72B2
Bunkamura ザ・ミュージアム
（北口・ハチ公口より7分）地図 P72A2

渋谷スクランブルスクエア
（B6より直結）地図 P72C3　参照 P108

M25 池袋		M24 新大塚	M23 茗荷谷	M22 後楽園		M21 本郷三丁目	M20 御茶ノ水	M19 淡路町	M18 大手町	M17 東京	M16 銀座	M15 霞ヶ関	M14 国会議事堂前
西P池袋線、東武東上線	3	2	2	2	N・I・E「春日駅」	4	E	JR 1	2	C「新御茶ノ水駅」、「小川町駅」へ	2	T・C・Z・I 2	JR 2	G・H 2	2	H・C 2	C・N・G「溜池山王駅」へ 2

M. 東京メトロ丸ノ内線 沿線ガイド

M25 池袋

東京消防庁池袋防災館
　(有楽町線西口より5分)地図P66A2　参照P111
サンシャインシティ (35より8分)
　地図P66D2　参照P109
古代オリエント博物館 (35より15分)
　地図P66D2　参照P108

ナンジャタウン (東口・35より8分)
　地図P66D2　参照P113
目白庭園 (有楽町線2aより15分)
　地図P66A3
東京藝術劇場 (有楽町線2bより2分)
　地図P66B1
小石川植物園 (1より15分)
　地図P62A3　参照P107

M24 新大塚

M23 茗荷谷 みょうがだに

東京大学総合研究博物館小石川分館
　(1より8分)地図P13A3

M22 後楽園

印刷博物館 (1より10分)
　地図P60A2　参照P105
小石川後楽園 (1より8分)
　地図P60B2　参照P107

礫川浮世絵美術館 (4bより3分)
　地図P60B2
講道館 (柔道資料館・柔道図書館)
　(3分)地図P60C2　参照P107
ラクーア
東京ドームシティ・アトラクションズ
　(2より3分)地図P60C2　参照P111
伝通院 (4bより13分)地図P60B1
東京ドーム (1・2より1分)
　地図P60C3　参照P111
文京シビックセンター (南北線4A・5より1
　分)地図P60C2　参照P114
野球殿堂博物館 (1〜3より5分)
　地図P60C3　参照P115

M21 本郷三丁目

東京大学キャンパスツアー (2より8分)
　地図P60D1・2　参照P111

東京大学総合研究博物館 (2より6分)
　地図P60D2　参照P111

文京ふるさと歴史館 (2より5分)
　地図P60C2
三菱史料館 (三菱経済研究所)
　(2より10分)地図P58A4　参照P114
湯島天神 (2より10分)P58A4　参照P115
麟祥院 (2より8分)地図P13C4

M20 御茶ノ水

神田神社 (神田明神) (聖橋口より5分)
東京都水道歴史館 (1より8分)
　地図P54B1　参照P106
本郷給水所公苑 (1より5分)
　地図P60D3　参照P114

明治大学博物館 (2より8分)
　地図P54A2　参照P114
湯島聖堂 (1より2分)地図P54B1
日本サッカーミュージアム
　(1より7分)
　地図P54A1

M19 淡路町

M18 大手町

皇居東御苑 (大手門)
　(千代田線C13aより5分)
　地図P36A1　参照P107
三の丸尚蔵館 (千代田線 C13bより5分)
　地図P36A1　参照P108
読売新聞東京本社 (C3より直結)
　地図P36B1　参照P115

M17 東京

信託博物館 (三菱 UFJ 信託銀行)
　(C1より1分)地図P36B2　参照P109

JP タワー 「KITTE」(直結)
　地図P36B3　参照P108
NHK キャラクターショップ (八重洲口方面より1分)
皇居桜田門 (一般参観)
　(皇居方面出口より15分)地図P36A2

丸ビル (地下直結より1分)
　地図P36B3　参照P114
新丸ビル (地下直結より1分)
　地図P36B3

M16 銀座

ZUKAN MUSEUM GINZA (C2より1分)
　地図P40D3・46B2　参照P109
有楽町マリオン (阪急 MEN'S TOKYO)
　地図P46B1 (地下直結)
警察博物館 (ポリスミュージアム)
　(A13より6分)
　地図P46C1　参照P107

野球殿堂博物館

ZUKAN MUSEUM GINZA

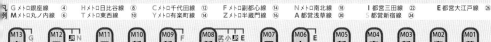

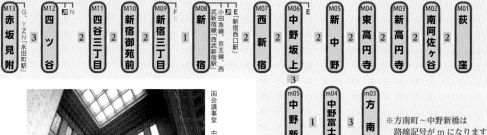

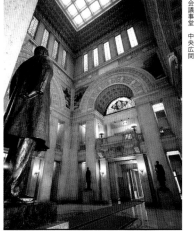

M13 赤坂見附（G、Y Z N「永田町駅」）— 3 — M12 四ツ谷（JR N）— 2 — M11 四谷三丁目 — 2 — M10 新宿御苑前 — 2 — M09 新宿三丁目（F S）— 1 — M08 新宿（小田急線、京王線、西武新宿線「西武新宿駅」 JR E「新宿西口駅」）— 2 — M07 西新宿 — 2 — M06 中野坂上（E）— 2 — M05 新中野 — 2 — M04 東高円寺 — 2 — M03 新高円寺 — 2 — M02 南阿佐ヶ谷 — 2 — M01 荻窪

M06 中野坂上 — 3 — m05 中野新橋 — 1 — m04 中野富士見町 — 3 — m03 方南町

※方南町～中野新橋は
路線記号が m になります

国会議事堂　中央広間

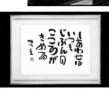

相田みつを美術館（C9より5分）
地図 P36B4　参照 P105

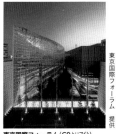

東京国際フォーラム　提供

東京国際フォーラム（C9より7分）
地図 P40D2　参照 P111
博品館 TOY PARK（A2より5分）
地図 P40D4　参照 P113

M15 霞ケ関

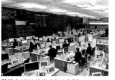

警視庁（日比谷線 A2より2分）
地図 P40B2　参照 P107

金刀比羅宮（日比谷線 A13より5分）
地図 P40A3
日本の酒情報館（C3より5分）
地図 P40B3　参照 P113
日比谷公会堂（B3より3分）
地図 P40C3
農林水産省「消費者の部屋」（A5・B3aより1分）　地図 P40B2・3　参照 P113

M14 国会議事堂前

憲政記念館（2より7分）
地図 P42D2　参照 P107
国立国会図書館（1より12分）
地図 P42C2　参照 P108
国会議事堂（参議院・衆議院）（1より6分）
地図 P42C2　参照 P108
最高裁判所（1より15分）
地図 P42C1　参照 P108

M13 赤坂見附

草月会館（Aより10分）
地図 P76D3

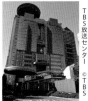

TBS放送センター　©TBS

TBS放送センター（10より9分）
地図 P42A3

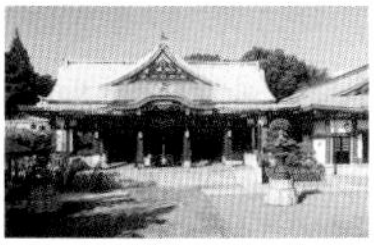

日枝神社（ベルビー赤坂方面より6分）
地図 P42B3

農林水産省「消費者の部屋」

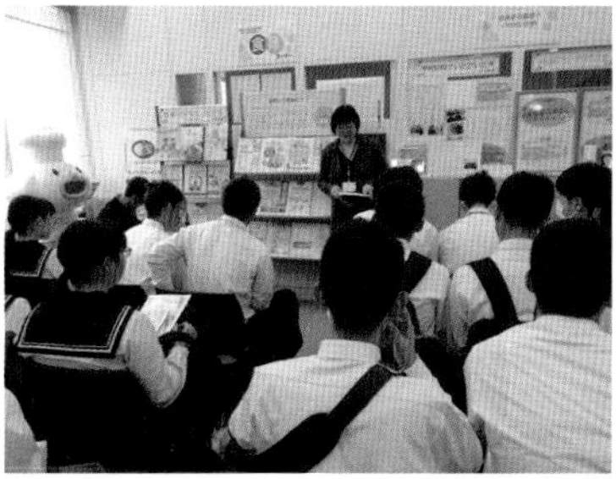

M12 四ツ谷

市ヶ谷記念館（3より10分）
地図 P12D6　参照 P105

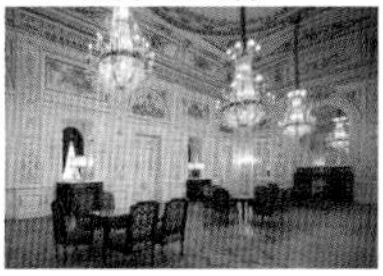

迎賓館赤坂離宮（1より7分）
地図 P76D2　参照 P107

M11 四谷三丁目

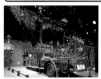

東京消防庁消防博物館（2より1分）
地図 P76B1　参照 P111
新宿歴史博物館（4より8分）
地図 P12D6
民音音楽博物館（1より10分）
地図 P76B2　参照 P114

M10 新宿御苑前

新宿御苑（新宿門）（1より5分）
地図 P68D3　参照 P109

M09 新宿三丁目

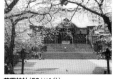

花園神社（E2より1分）
地図 P68D1

M08 新宿

スタジオアルタ（新宿アルタ内）（B13より1分）地図 P68C2
文化学園服飾博物館（JR 南口より8分）
地図 P68B3
ルミネ the よしもと（A12より3分）
地図 P68C2　参照 P115
SOMPO 美術館（A18より5分）
地図 P68B2　参照 P110

M07 西新宿

東京都庁　第一本庁舎（展望室）（地下通路より10分）
地図 P68A2　参照 P112
平和祈念展示資料館（2より4分）
地図 P68B2　参照 P114
コンピュータエンターテインメント協会（地下道より5分）
地図 P68A2　参照 P108

M06 中野坂上

M05 新中野

M04 東高円寺

M03 新高円寺

M02 南阿佐ヶ谷

M01 荻窪

大田黒公園（南口より10分）
地図 P10

m05 中野新橋

m04 中野富士見町

m03 方南町

| H22 北千住 | | 3 | H21 南千住 | 2 | H20 三ノ輪 | 2 | H19 入谷 | 2 | H18 上野 | 2 | H17 仲御徒町 | | H16 秋葉原 | 2 | H15 小伝馬町 | 2 | H14 人形町 | 1 | H13 茅場町 | 2 | H12 八丁堀 |

JR C / つくばエクスプレス / 東武伊勢崎線相直 / JR / つくばエクスプレス / JR / 京成線「京成上野駅」 / G E「上野広小路駅」「御徒町駅」 / JR / つくばエクスプレス / A / T / JR

H. 東京メトロ 日比谷線　沿線ガイド

台東区立一葉記念館

H22 北千住

H21 南千住 みなみせんじゅ

小塚原刑場跡（回向院・延命寺）
（南口より2分）地図P14A2　参照P106
素盞雄神社（南口より8分）
地図P14A2　参照P109

H20 三ノ輪 みのわ

台東区立一葉記念館（1aより8分）
地図P14A3　参照P106
円通寺（3より5分）
地図P14A2　参照P106
都電荒川線三ノ輪橋駅（3より5分）
地図P14A2

H19 入谷 いりや

池波正太郎記念文庫（台東区立中央図書館）（1より8分）
地図P82A1　参照P105

入谷鬼子母神（仏立山真源寺）（2より1分）
地図P58D1
鷲神社（北口・3より7分）
地図P14A3
台東区立書道博物館（4より17分）
地図P58C1　参照P110
ねぎし三平堂（2より10分）
地図P58C1　参照P113

書道博物館

H18 上野

東京都上野恩賜公園（7より2分）
地図P58B2　参照P105

東京都恩賜上野動物園（7より12分）
地図P58B2　参照P106

上野の森美術館（7より3分）
地図P58B3　参照P105

寛永寺（7より15分）
地図P58B1　参照P106

東京文化財研究所黒田記念館
（7より15分）地図P58B2　参照P112
国際子ども図書館（7より15分）
地図P58B1　参照P107

国立科学博物館（7より10分）
地図P58C2　参照P107
国立西洋美術館（9より8分）
地図P58C2　参照P108
台東区立下町風俗資料館（しのばず口より5分）
地図P58B3　参照P110

東京芸術大学大学美術館（7より15分）
地図P58B2　参照P111

東京国立博物館（しのばず口より15分）
地図P58C2　参照P111
東京都美術館（7より10分）
地図P58B2　参照P112
東京文化会館（7より3分）
地図P58B3
上野東照宮（7より5分）
地図P58B2

H17 仲御徒町 なかおかちまち

アメ横（アメ横商店街）（A7より1分）
地図P58B3　参照P105

H16 秋葉原

神田明神（神田神社）（2より7分）
地図P54B1　参照P106

H15 小伝馬町 こでんまちょう

宝田恵比寿神社（3より2分）
地図P50B1
身延別院（4より1分）地図P13D6

H14 人形町

水天宮（弁財天）（A1より6分）
地図P50D2　参照P109
明治座（A1より7分）地図P50D1

H13 茅場町

H12 八丁堀

東証アローズ（東京証券取引所）（7より7分）
地図P50B2　参照P112

H11 築地 つきじ

築地場外市場（1・2より1分）
地図P46C4　参照P110

G メトロ銀座線 ④　M メトロ丸ノ内線 ⑥
H メトロ日比谷線 ⑧　T メトロ東西線 ⑩
C メトロ千代田線 ⑫　Y メトロ有楽町線 ⑭
F メトロ副都心線 ⑭　Z メトロ半蔵門線 ⑯
N メトロ南北線 ⑱　A 都営浅草線 ⑳
I 都営三田線 ㉒　S 都営新宿線 ㉔
E 都営大江戸線 ㉖

2 H11 築地 2 H10 東銀座（A） 1 H09 銀座（G M） 2 H08 日比谷（C、Y「有楽町駅」） 2 H07 霞ヶ関（M C） 2 H06 虎ノ門ヒルズ（G） 1 H05 神谷町 3 H04 六本木（E） 3 H03 広尾 3 H02 恵比寿（JR） 2 H01 中目黒

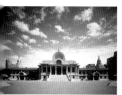

築地本願寺（西本願寺東京別院）（1より1分）
地図P46D3　参照P110

H10 東銀座

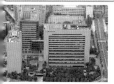

朝日新聞　東京本社（2より10分）
地図P46C1
歌舞伎座（3より1分）地図P46C2
新橋演舞場（6より5分）地図P46C3

H09 銀座

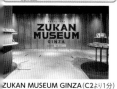

ZUKAN MUSEUM GINZA（C2より1分）
地図P40D3・46B2　参照P109
博品館 TOY PARK（A2より5分）
地図P40D4　参照P113
警察博物館（ポリスミュージアム）
（A13より6分）
地図P46C1　参照P107

H08 日比谷

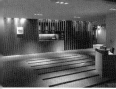

出光美術館（三田線 B3より3分）
地図P40D2　参照P105
帝国劇場（三田線 B3より4分）
地図P36A4
東京国際フォーラム（三田線 B1より5分）
地図P40D2　参照P111
相田みつを美術館（三田線 D5より5分）
地図P36B4　参照P105
東京宝塚劇場（A5より5分）
地図P40C3
日比谷公園（千代田線 A14より2分）
地図P40C2
日比谷公会堂（千代田線 A14より3分）
地図P40C3

H07 霞ヶ関

警視庁（A2より2分）地図P40B2　参照P107
金刀比羅宮（A13より5分）
地図P40A3
日本の酒情報館（千代田線 C3より4分）
地図P40B3　参照P113
農林水産省「消費者の部屋」（A5・B3aより1分）　地図P40B2・3　参照P113

H06 虎ノ門ヒルズ

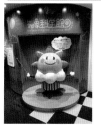

気象科学館（A1・A2より4分）
地図P44B1　参照P106

H05 神谷町

アークヒルズ（アーク森ビル）（4bより10分）
地図P42C4
愛宕神社（愛宕山）（3より5分）
地図P44C1　参照P105
NHK 放送博物館（3より8分）
地図P44C1　参照P106
大倉集古館（4bより7分）
地図P44B1　参照P106

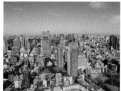

東京タワー
（1より7分）　地図P44B3　参照P111
増上寺（1より10分）
地図P44C3　参照P109
レッドトーキョータワー（1より7分）
地図P44B3　参照P115

H04 六本木

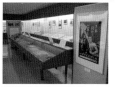

外務省外交史料館（3より10分）
地図P78D2　参照P106
乃木神社（7より8分）地図P78B1
国立新美術館（7より4分）
地図P78B1　参照P108
六本木ヒルズ（1より直結）
地図P78C24　参照P115
東京シティビュー（コンコース直結）
地図P78C2　参照P111

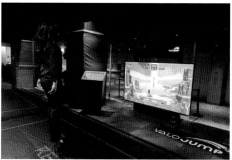

レッドトーキョータワー　©RED° TOKYO TOWER

テレビ朝日（1より5分）
地図P78C2　参照P110
東京ミッドタウン（地下通路より直結）
地図P78C1　参照P112
サントリー美術館（地下通路より直結）
地図P78C1　参照P108

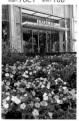

フジフイルムスクエア
（地下通路よりより5分）
地図P78C1　参照P113

H03 広尾

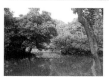

有栖川宮記念公園（1より3分）
地図P78B4　参照P105

H02 恵比寿

山種美術館（2より10分）
地図P80C1　参照P115

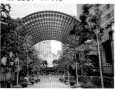

恵比寿ガーデンプレイス（恵比寿スカイウォークより5分）　地図P80C2　参照P106
シアター代官山（JR 乗換口より7分）
地図P80B1

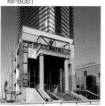

東京都写真美術館（ガーデンプレイス内）
（恵比寿スカイウォークより10分）
地図P80C3　参照P111

H01 中目黒

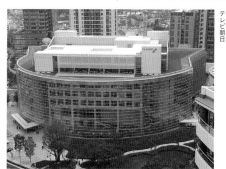

テレビ朝日

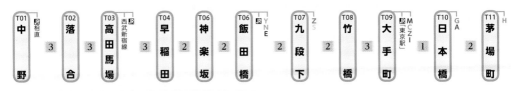

T. 東京メトロ東西線　沿線ガイド

T01 中野
中野サンプラザ(北口より1分)
地図P11D1

T02 落合
新宿区立林芙美子記念館(西口・2より15分)
地図P12A4

T03 高田馬場

切手の博物館(4より7分)
地図P66A4　参照P107
つまみかんざし博物館(1より5分)
地図P12B4
東京染ものがたり博物館(7より15分)
地図P12C4　参照P99

T04 早稲田
永青文庫(3aより15分)
地図P12D4　参照P106
新宿区立甘泉園公園(2より10分)
地図P12C4
早稲田キャンパスツアー
(2より5分)地図P12C4　参照P115
早稲田大学坪内博士記念演劇博物館
(2より7分)地図P12C4　参照P115

漱石山房記念館(1より10分)
地図P12D5　参照P109

T05 神楽坂
宮城道雄記念館(神楽坂口より10分)
地図P13A5　参照P114

T06 飯田橋

印刷博物館(B1より13分)
地図P60A2　参照P105

小石川後楽園(C3より8分)
地図P60B2　参照P107

T07 九段下
北の丸公園(2より3分)
地図P52B2　参照P106

昭和館　提供

昭和館(4より10分)
地図P52B2　参照P109
千秋文庫(2より10分)
地図P52B2　参照P109
日本武道館(2より5分)地図P52B2

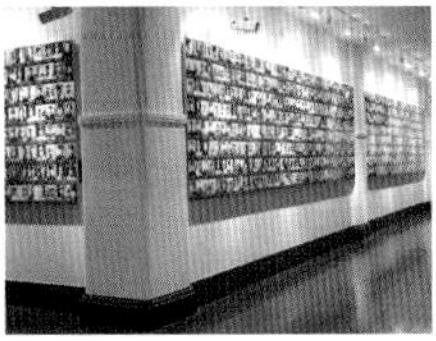

靖国神社(遊就館)(1より5分)
地図P52A1　参照P115
しょうけい館(戦傷病者資料館)(6より1分)
地図P52C1　参照P109

T08 竹橋
科学技術館(1bより8分)
地図P52C2　参照P106
皇居東御苑(北桔橋門)(1aより5分)
地図P52D3　参照P107
皇居東御苑(平川門)(1aより5分)
地図P52D3　参照P107
国立公文書館(北の丸出口より5分)
地図P52C3

科学技術館

読売新聞東京本社

自転車文化センター(科学技術館内)
(1bより7分)地図P52C2　参照P106
東京国立近代美術館(1bより3分)
地図P52C2　参照P111

T09 大手町
信託博物館(三菱UFJ信託銀行)
(B1より2分)地図P36B2　参照P109

二の丸公園

皇居東御苑(大手門)(C13aより5分)
地図P36A1　参照P107

三の丸尚蔵館(C13aより5分)
地図P36A1　参照P108
丸ビル(B1より5分)地図P36B3　参照P114

読売新聞東京本社(千代田線 C3より直結)
地図P36B1　参照P18

T10 日本橋

貨幣博物館(日本銀行)(A1より6分)
地図P36D2　参照P106

T11 茅場町

東証アローズ(東京証券取引所)(10より5分)
地図P50B2　参照P112

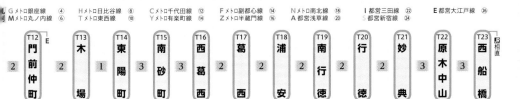

T12 門前仲町 E	T13 木場	T14 東陽町	T15 南砂町	T16 西葛西	T17 葛西	T18 浦安	T19 南行徳	T20 行徳	T21 妙典	T22 原木中山	T23 西船橋 相直
2	2	1	3	3	2	2	2	2	2	3	3

東京駅丸の内駅舎

東証アローズ（東京証券取引所）

本橋 ©(公財)東京観光財団

東京都現代美術館

T12 門前仲町

富岡八幡宮 (1より3分) 地図P86C4 参照P112

深川不動堂 (1より1分) 地図P86C3

法乗院 (深川えんま堂) (大江戸線6より5分)
地図P86B3

明治丸 (4より10分)
地図P86A4 参照P114

T13 木場

東京都現代美術館 (3より15分)
地図P86D2 参照P111

T14 東陽町

T15 南砂町

T16 西葛西

江戸川区自然動物園 (北口より15分)
地図P10C4
江戸川平成庭園 (北口より15分)
地図P10C4

T17 葛西

地下鉄博物館 (環七通り東側方面より1分)
地図P10C4

T18 浦安

T19 南行徳

T20 行徳

T21 妙典

T22 原木中山

T23 西船橋

富岡八幡宮 © TCVB

C20 北綾瀬		C19 綾瀬		C18 北千住		C17 町屋		C16 西日暮里		C15 千駄木		C14 根津		C13 湯島		C12 新御茶ノ水		C11 大手町
	4		3		4		2		2		2		2		2		2		2	

JR常磐線相直 / JR常磐線 つくばエクスプレス 東武伊勢崎線 / JR京成線 / JR / MTZI / M「御茶ノ水駅」、「小川町駅」「御茶ノ水駅」

C. 東京メトロ千代田線 沿線ガイド

C20 北綾瀬

C19 綾瀬

東京武道館（東口より5分）
地図P11D4

C18 北千住

C17 町屋

都電荒川線町屋駅前駅（1より2分）
地図P13D1

C16 西日暮里

台東区立朝倉彫塑館（1より12分）
地図P13C3 参照P105

田端文士村記念館（1より16分）
地図P13B2 参照P97

C15 千駄木

森鷗外記念館（1より5分）
地図P62C2 参照P114

C14 根津 ねづ

東京都恩賜上野動物園（2より5分）
地図P58B2 参照P106
寛永寺（1より17分）
地図P58B1
東京国立文化財研究所黒田記念館
（1より15分）地図P58B2 参照P112

下町風俗資料館付設展示場（旧吉田屋酒店）
（1より10分）地図P58B1 参照P108
大名時計博物館（1より10分）
地図P62D3 参照P114
東京国立博物館（1より18分）
地図P58C2 参照P111

東京都美術館（1より17分）
地図P58B2 参照P112
上野東照宮（2より7分）
地図P58B2

根津神社（1より5分）
地図P62C3
谷中霊園（1より17分）
地図P58B1

弥生美術館・竹久夢二美術館 提供

弥生美術館・竹久夢二美術館（1より7分）
地図P62D4 参照P115
東京藝術大学大学美術館（1より10分）
地図P58A4 参照P111

C13 湯島

東京都上野恩賜公園（1より6分）
地図P58A4 参照P105
上野の森美術館（2より10分）
地図P58A4 参照P105
旧岩崎邸庭園（1より3分）
地図P58B3 参照P110
台東区立下町風俗資料館（2より5分）
地図P58B3
東京文化会館（7より3分）
地図P58B3
三菱史料館（三菱経済研究所）（1より6分）
地図P58A4 参照P114

旧岩崎邸庭園

湯島天神（3より2分）
地図P58A4 参照P115

横山大観記念館（1より7分）
地図P58A3 参照P115
麟祥院（全出口より8分）
地図P13C4

C12 新御茶ノ水

神田神社（神田明神）（聖橋口より5分）
地図P54B1 参照P106

東京都水道歴史館（B1より8分）
地図P54A1 参照P112
明治大学博物館（B1より5分）
地図P54A2 参照P114
湯島聖堂（聖橋口より2分）
地図P54B1
日本サッカーミュージアム（B1より9分）
地図P54A1

C11 大手町

皇居東御苑（大手門）（C13aより5分）
地図P52D3 参照P107
三の丸尚蔵館（C13bより5分）
地図P36A1 参照P108
読売新聞東京本社（C3より直結）
地図P36B1 参照P115

C10 二重橋前

JPタワー「KITTE」（5より2分）
地図P36B3 参照P108
皇居桔梗門（一般参観）（5より2分）
地図P36B3 参照P109
二重橋（2より10分）
地図P40B1
丸ビル（3より2分）
地図P36B3 参照P114
静嘉堂文庫美術館（3より直結）
地図P36A3・4 参照P109

C09 日比谷

出光美術館（三田線 B3より3分）
地図P40D2 参照P105
帝国劇場（三田線 B3より4分）
地図P36A4
東京国際フォーラム（三田線 B1より5分）
地図P40D2 参照P111
東京宝塚劇場（A13より5分）
地図P40C3
日比谷公園（A14より2分）
地図P40C2
相田みつを美術館（三田線 D5より5分）
地図P36B4 参照P105

C08 霞ヶ関

文部科学省情報ひろば（A13より5分）
地図P40A3 参照P115
警視庁（日比谷線 A2より2分）
地図P40B2 参照P107
金刀比羅宮（日比谷線 A13より5分）
地図P40A3
日本の酒情報館（C3より4分）
地図P40B3 参照P113
農林水産省「消費者の部屋」（A5・B3aより）
地図P40B2・3 参照P113

C07 国会議事堂前

憲政記念館（2より7分）
地図P42D2 参照P107
国立国会図書館（1より12分）
地図P42C2 参照P108
国会議事堂（参議院・衆議院）（1より6分）
地図P42C2 参照P108
日枝神社（5より5分）
地図P42B3
最高裁判所（1より15分）
地図P42C1 参照P108

C06 赤坂

氷川神社（6より10分）
地図P42A4
アークヒルズ（アーク森ビル）（5bより9分）
地図P42C4

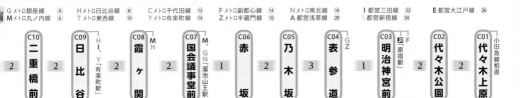

Ｇメトロ銀座線 ④　Ｈメトロ日比谷線 ⑧　Ｃメトロ千代田線 ⑫　Ｆメトロ副都心線 ⑭　Ｎメトロ南北線 ⑱　Ｉ都営三田線 ㉒　Ｅ都営大江戸線 ㉖
Ｍメトロ丸ノ内線 ⑥　Ｔメトロ東西線 ⑩　Ｙメトロ有楽町線 ⑭　Ｚメトロ半蔵門線 ⑯　Ａ都営浅草線 ⑳　Ｓ都営新宿線 ㉔

C10	C09	C08	C07	C06	C05	C04	C03	C02	C01
2	2	2	2	1	2	3	1	2	2
二重橋前	日比谷	霞ヶ関	国会議事堂前	赤坂	乃木坂	表参道	明治神宮前	代々木公園	代々木上原

Ｈ，Ｙ〔有楽町駅〕　Ｍ　Ｇ・Ｎ〔溜池山王駅〕　Ｇ・Ｚ　Ｆ〔原宿駅〕　小田急線相直

赤坂 SACAS（3aより1分）
地図P42A3
ＴＢＳ放送センター（3bより1分）
地図P42A3

C05 乃木坂

青山霊園（5より12分）
地図P78B1

乃木神社（1より1分）
地図P78B1
東京ミッドタウン（3より3分）
地図P78C1　参照P112
サントリー美術館（3より3分）
地図P78C1　参照P108

フジフイルムスクエア（2より5分）
地図P78C1　参照P113
東京シティビュー（5より10分）
地図P78C2　参照P111

C04 表参道

根津美術館（A5より8分）
地図P15C3　参照P117

岡本太郎記念館（A5より8分）
地図P78A2　参照P106
国際連合広報センター（B2より5分）
地図P72D2　参照P107

明治神宮ミュージアム

ワタリウム美術館（A3より10分）
地図P76A4

C03 明治神宮前

キデイランド原宿店（4より3分）
地図P70C4　参照P107

浮世絵太田記念美術館（5より3分）
地図P70C3　参照P106
国立代々木競技場（1より5分）
地図P70A4

東急プラザ表参道原宿店（5より1分）
地図P70C3　参照P110
明治神宮本殿（2より15分）
地図P70A2　参照P114
明治神宮御苑（2より10分）
地図P70B2　参照P114

明治神宮ミュージアム（5より10分）
地図P70B2　参照P114
ラフォーレ原宿（5より1分）
地図P70C3　参照P115

C02 代々木公園

国立代々木競技場（2より5分）
地図P74D3
代々木公園（3より3分）
地図P74D2

C01 代々木上原

古賀政男音楽博物館（南口1より3分）
地図P74B3　参照P107
JICA 東京国際センター（北口より12分）
地図P74B2
旧前田侯爵邸洋館（南口1より3分）
地図P74B3　参照P107

警視庁

明治神宮本殿

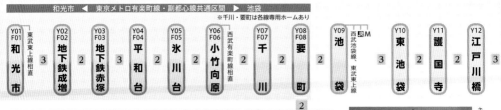

| Y01 F01 和光市 | 3 | Y02 F02 地下鉄成増 | 3 | Y03 F03 地下鉄赤塚 | 3 | Y04 F04 平和台 | 3 | Y05 F05 氷川台 | 2 | Y06 F06 小竹向原 | 2 | Y07 F07 千川 | 2 | Y08 F08 要町 | 2 | Y09 F09 池袋 | 3 | Y10 東池袋 | 2 | Y11 護国寺 | 2 | Y12 江戸川橋 | 3 |

東武東上線相直

西武有楽町線相直

池袋・東武東上線 M

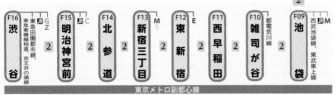

| F16 渋谷 | 2 | F15 明治神宮前 | 2 | F14 北参道 | 2 | F13 新宿三丁目 | 2 | F12 東新宿 | 2 | F11 西早稲田 | 2 | F10 雑司が谷 | 2 | F09 池袋 |

東京メトロ副都心線

キディランド原宿

Y・F 東京メトロ 有楽町線・副都心線 沿線ガイド

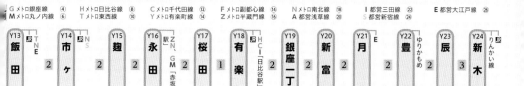

G メトロ銀座線 ④　H メトロ日比谷線 ⑧　C メトロ千代田線 ⑫　F メトロ副都心線 ⑭　N メトロ南北線 ⑱　I 都営三田線 ㉒　E 都営大江戸線 ㉖
M メトロ丸ノ内線 ⑥　T メトロ東西線 ⑩　Y メトロ有楽町線 ⑭　Z メトロ半蔵門線 ⑯　A 都営浅草線 ⑳　S 都営新宿線 ㉔

Y13 飯田橋 JR／TNE　Y14 市ヶ谷 JR NS　Y15 麹町　Y16 永田町 駅 ZN GM [赤坂見附]　Y17 桜田門　Y18 有楽町 HCI [日比谷駅]　Y19 銀座一丁目　Y20 新富町　Y21 月島 E　Y22 豊洲 ゆりかもめ　Y23 辰巳　Y24 新木場 りんかい線
2　2　2　2　1　2　2　2　2　2　3

Y10 東池袋

サンシャインシティ（6・7より3分）
地図 P66D2　参照 P109

[目の偶像]

古代オリエント博物館
（6・7より3分）地図 P66D2　参照 P108
ナンジャタウン
（6・7より3分）地図 P66D2　参照 P113
雑司ヶ谷鬼子母神堂（1より12分）
地図 P66C3
雑司ヶ谷霊園（5より10分）
地図 P66D3
都電荒川線東池袋四丁目駅（4より3分）
地図 P66D3

Y11 護国寺

護国寺（1よりすぐ）
地図 P12D3

Y12 江戸川橋

永青文庫（1aより15分）
地図 P12D4　参照 P106
講談社野間記念館（1aより10分）
地図 P12D4　参照 P108
鳩山会館（1aより7分）
地図 P12D4

Y13 飯田橋

印刷博物館（B1より10分）
地図 P60A2　参照 P105
小石川後楽園（C3より8分）
地図 P60B2　参照 P107
宮城道雄記念館（B3より10分）
地図 P13A5　参照 P114

Y14 市ヶ谷

市ヶ谷記念館（7より11分）
地図 P12D6　参照 P105
靖国神社（遊就館）（新宿線 A4より10分）
地図 P52A1　参照 P115
JICA 地球広場（A1より10分）
地図 P12D3　参照 P109

Y15 麹町 こうじまち

日本カメラ博物館（3より8分）
地図 P52A4　参照 P113

Y16 永田町

憲政記念館
提供

憲政記念館（2より5分）
地図 P42D2　参照 P107
国立劇場・国立演芸場（2・4より10分）
地図 P42C1
国立国会図書館（2より5分）
地図 P42C2　参照 P108

Ⓒ T C V B

国会議事堂（参議院・衆議院）（1より3分）
地図 P42C2　参照 P108
日枝神社（3より6分）地図 P42B3
最高裁判所（4より5分）
地図 P42C1　参照 P108

Y17 桜田門

警視庁（4より1分）地図 P40B2　参照 P107

Y18 有楽町

出光美術館（B3より3分）
地図 P40D2　参照 P105
帝国劇場（B3より3分）地図 P36A4
東京国際フォーラム（D5より1分）
地図 P40D2　参照 P111
東京宝塚劇場（A5より7分）
地図 P40C3
日比谷公園（A1より3分）
地図 P40C2
相田みつを美術館（D5より1分）
地図 P36B4　参照 P105

Y19 銀座一丁目

警察博物館（ポリスミュージアム）（7より4分）
地図 P46C1　参照 P107
国立映画アーカイブ
（7より5分）地図 P46D1　参照 P107

Y20 新富町

Y21 月島 つきしま

石川島資料館（6より6分）
地図 P16D2　参照 P105
西仲通り商店街（通称「月島もんじゃスト
リート」）（7より1分）地図 P16D3
晴海アイランド　トリトンスクエア
（10より9分）地図 P16D3
明治丸（4より10分）
地図 P86A4　参照 P115

東京都中央卸売市場豊洲市場
提供：東京都中央卸売市場

Y22 豊洲 とよす

キッザニア東京（2より8分）
地図 P17A3　参照 P107
東京都中央卸売市場豊洲市場（直結）
地図 P16D4/5　参照 P112

がすてなーに　ガスの科学館（7より6分）
地図 P17A3　参照 P106
i-muse（1cより3分）
地図 P17A3　参照 P105

Y23 辰巳

東京辰巳国際水泳場（2より10分）
地図 P92上 B1　参照 P110
東京スイソミル（1より20分）
地図 P17B3　参照 P111

Y24 新木場 しんきば

第五福竜丸　展示館（10分）
地図 P92上 B1　参照 P105
東京都夢の島熱帯植物館（13分）
地図 P92上 C1　参照 P112

第五福竜丸展示館

Z. 東京メトロ 半蔵門線 沿線ガイド

渋谷スクランブルスクエア

Z04 永田町

憲政記念館（有楽町線2より5分）
地図P42D2　参照P107
国立国会図書館（3より8分）
地図P42C2　参照P108
国会議事堂（参議院・衆議院）
（有楽町線1より3分）
地図P42C2　参照P108
最高裁判所（4より5分）
地図P42C1　参照P108
日枝神社（3より6分）
地図P42C1

Z05 半蔵門

国立劇場・国立演芸場（1より5分）
地図P42C1

Z06 九段下

科学技術館（2より12分）
地図P52C2　参照P106
北の丸公園（2より3分）
地図P52B2　参照P106
国立公文書館（2より15分）
地図P52C3
自転車文化センター（科学技術館内）
（2bより7分）地図P52C2　参照P106
昭和館（4より1分）
地図P52C2　参照P109
東京国立近代美術館（4より15分）
地図P52C2　参照P111
日本武道館（2より5分）
地図P52B2
靖国神社（遊就館）（1より5分）
地図P52A1　参照P115
しょうけい館（戦傷病者資料館）（6より1分）
地図P52C1　参照P109

Z01 渋谷

金王八幡宮（12・東横口より5分）
地図P72D3
SHIBUYA109（3aより1分）
地図P72B2　参照P108
渋谷区立松濤美術館（ハチ公口より15分）
地図P74D4　参照P109
渋谷ヒカリエ（直結）
地図P72C3　参照P108
戸栗美術館（ハチ公口より15分）
地図P74D3　参照P112
Bunkamura ザ・ミュージアム
（ハチ公口・3aより7分）地図P72A2
渋谷スクランブルスクエア
（B6より直結）地図P72C3　参照P108

国際連合広報センター（B2より5分）
地図P72D2　参照P107
ワタリウム美術館（A3より13分）
地図P76A4

Z02 表参道

根津美術館（A5より8分）
地図P15C3　参照P117
岡本太郎記念館（A5より8分）
地図P78A2　参照P106
東急プラザ表参道原宿店（A2より7分）
地図P70C3　参照P110

Z03 青山一丁目

聖徳記念絵画館（1より10分）
地図P76B2　参照P109
草月会館（3より5分）
地図P76D3
乃木神社（5より8分）
地図P78B1
旅の図書館（5より3分）
地図P76C4　参照P110

聖徳記念絵画館

聖徳記念絵画館

千秋文庫（2より10分）
地図P52B2　参照P109

明治大学博物館（A5より5分）
地図P54A2　参照P114

皇居東御苑（大手門）（C13aより5分）
地図P52D3　参照P107
三の丸尚蔵館（C13bより5分）
地図P36A1　参照P108

〇〇ビル（A5より6分）
地図P36B3　参照P114
読売新聞東京本社（C3より直結）
地図P36B1　参照P115

信託博物館（三菱UFJ信託銀行）
（東西線B1より2分）地図P36B2　参照P109

日本貨幣史　日本銀行貨幣博物館所蔵

貨幣博物館（日本銀行）（B1より1分）
地図P36D2　参照P106

くすりミュージアム（A10より2分）
地図P50A1　参照P107

水天宮（弁財天）（5より1分）
地図P50D2　参照P109
東京シティ・エアターミナル（T-CAT）
（1a・1bより直結）地図P50D3

清澄庭園（大江戸線A3より3分）
地図P86B2　参照P107
田河水泡・のらくろ館（A2より8分）
地図P86C2　参照P110
工匠館（A2より8分）
地図P86C2　参照P110
東京都現代美術館（B2より9分）
地図P86D2　参照P111

深川江戸資料館（A3より3分）
地図P86C2　参照P113

たばこと塩の博物館

亀戸天神社（4より15分）
地図P14C5　参照P107
東京消防庁本所防災館（4より10分）
地図P14B5　参照P111

東京スカイツリー（A2より3分）
地図P82D2　参照P111
郵政博物館（A2より10分）
地図P82D2　参照P110
すみだ水族館（A2より5分）
地図P82D2　参照P109
コニカミノルタプラネタリウム"天空"
（スカイツリー方面口より10分）
地図P82D2　参照P108

たばこと塩の博物館（B2より12分）
地図P82C3・D3　参照P110
墨田住宅センター能面博物館（A2より7分）
地図P14B5
東京消防庁本所防災館（B1・B2より10分）
地図P14B5　参照P111

東京スカイツリー　©TOKYO-SKYTREE

N01 目黒（JR、東武目黒線相直）— 2 — N02 白金台 — 2 — N03 白金高輪 — 3 — N04 麻布十番（E）— 2 — N05 六本木一丁目 — 2 — N06 溜池山王（G、M、C「国会議事堂前駅」）— 2 — N07 永田町（Y、Z、G、M「赤坂見附駅」）— 2 — N08 四ツ谷（JR、M）— 2 — N09 市ヶ谷（JR、Y、S）— 2

N. 東京メトロ南北線　沿線ガイド

N01 目黒

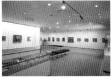

久米美術館（西口より1分）
地図P80D4

杉野学園衣裳博物館（中央口より5分）
地図P80D4　参照P109

目黒寄生虫館（中央口より15分）
地図P80B4　参照P114

目黒区美術館（中央口より10分）
地図P80B4

N02 白金台

国立科学博物館附属自然教育園（1より7分）
地図P80D3　参照P108

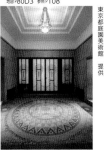

東京都庭園美術館　提供

東京都庭園美術館（1より6分）
地図P80D3　参照P112

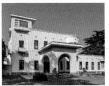

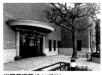

松岡美術館（1より7分）
地図P15C5　参照P114

港区立郷土歴史館（2より1分）
地図P15D5　参照P114

N03 白金高輪 しろかねたかなわ

泉岳寺（赤穂義士記念館）（1・2より10分）
地図P16A5　参照P110

N04 麻布十番

六本木ヒルズ（4より8分）
地図P78C24　参照P115

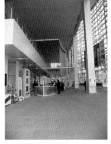

テレビ朝日（7より10分）
地図P78C2　参照P110

N05 六本木一丁目

テレビ東京（2より5分）
地図P44A1　参照P110

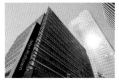

東京ミッドタウン（1より10分）
地図P78C1　参照P112

アークヒルズ（アーク森ビル）（3より1分）
地図P42C4

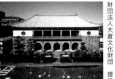

財団法人大倉文化財団　提供

大倉集古館（13より5分）
地図P44B1　参照P106

外務省外交史料館（2より8分）
地図P78D2　参照P106

サントリーホール（3より5分）
地図P44A1

泉屋博古館分館（3より1分）
地図P44A1　参照P109

N06 溜池山王

ＴＢＳ放送センター（7より7分）
地図P42A3

日枝神社（7より3分）
地図P42B3

N07 永田町

憲政記念館（有楽町線2より5分）
地図P42D2　参照P107

最高裁判所（4より5分）
地図P42C1　参照P108

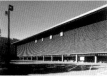

国立劇場・国立演芸場（2・4より10分）
地図P42C1

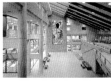

国立国会図書館（3より8分）
地図P42C2　参照P108

国会議事堂（参議院・衆議院）
（有楽町線1より3分）
地図P42C2　参照P108

N08 四ツ谷

新宿歴史博物館（2より10分）
地図P12D6

迎賓館赤坂離宮（2より7分）
地図P76D2　参照P107

N09 市ヶ谷

市ヶ谷記念館（7より11分）
地図P12D6　参照P105

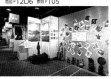

JICA 地球広場（6より8分）
地図P12D6　参照P109

靖国神社（遊就館）（新宿線 A4より10分）
地図P52A1　参照P115

N10 飯田橋

印刷博物館（東西線 B1より12分）
地図P60A2　参照P105

小石川後楽園（C3より7分）
地図P60B2　参照P107

宮城道雄記念館（B3より10分）
地図P13A5　参照P114

N11 後楽園

礫川浮世絵美術館（6より3分）
地図P60B2

小石川後楽園（1より8分）
地図P60B2　参照P107

講道館（柔道資料館・柔道図書館）
（6より3分）
地図P60C2　参照P107

ラクーア
東京ドームシティ・アトラクションズ
（2より3分）地図P60C2　参照P111

東京ドーム（1・2より1分）
地図P60C3　参照P111

野球殿堂博物館（1・2より5分）
地図P60C3　参照P115

伝通院（4ｂより13分）
地図P60B1

文京シビックセンター（5より1分）
地図P60C2　参照P114

文京ふるさと歴史館（4ａより9分）
地図P60C2

N12 東大前

東京大学キャンパスツアー（1より1分）
地図P60C・D4　参照P111

東京大学総合研究博物館（1より15分）
地図P60D2　参照P111

根津神社（2より6分）
地図P62C3

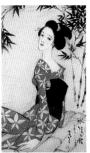

竹久夢二「水竹居」

弥生美術館・竹久夢二美術館（1より7分）
地図P62D4　参照P115

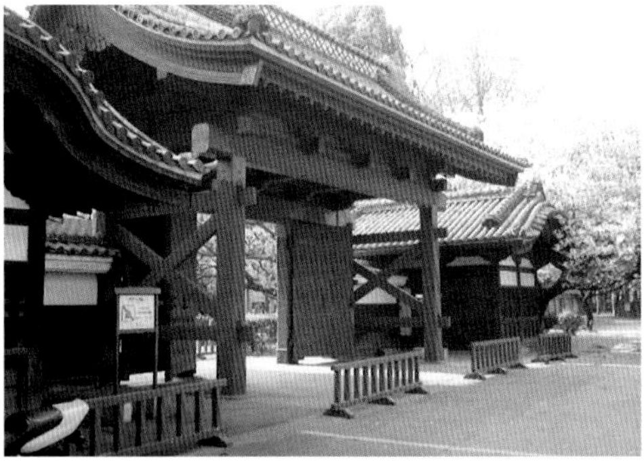

| N10 飯田橋 JR T Y E | 2 | N11 後楽園 M IE 春日駅 | 3 | N12 東大前 | 2 | N13 本駒込 | 2 | N14 駒込 | 2 | N15 西ヶ原 | 2 | N16 王子 JR | 3 | N17 王子神谷 | 2 | N18 志茂 | 2 | N19 赤羽岩淵 埼玉高速鉄道線相直 |

N13 本駒込 ほんこまごめ

森鷗外記念館
（1より10分）地図P62C2　参照P114

N14 駒込

東洋文庫（2より8分）
地図P62A1

六義園（2より7分）
地図P62A1　参照P115

N15 西ヶ原

北区防災センター（地震の科学館）
（1より5分）地図P13A1　参照P106

旧古河庭園（1より7分）
地図P13A1　参照P107

渋沢史料館（2より7分）
地図P13A1　参照P108

N16 王子

お札と切手の博物館（1より3分）
地図P11E2　参照P106

都電荒川線王子駅前駅（1より2分）
地図P11

紙の博物館（2より7分）
地図P13A1　参照P106

北区飛鳥山博物館（2より1分）
地図P13A1　参照P105

北とぴあ（5より直結）

N17 王子神谷

N18 志茂

N19 赤羽岩淵

紙の博物館

渋沢史料館

印刷博物館

印刷博物館

六義園

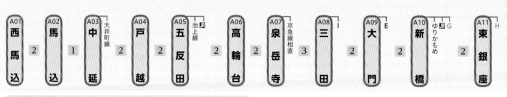

A01 西馬込	A02 馬込	A03 中延	A04 戸越	A05 五反田	A06 高輪台	A07 泉岳寺	A08 三田	A09 大門	A10 新橋	A11 東銀座
2	1 大井町線	2	2	池上線 2	2	2 京急線相直	3 I	2 E	2 ゆりかもめ G	2 H

A. 都営浅草線 沿線ガイド

A01 西馬込

池上梅園（南口より10分）
地図P10A2

池上本門寺

池上本門寺（南口より8分）
地図P10A2
大田区立郷土博物館（西口より7分）
地図P10B2
大田区立熊谷恒子記念館（南口より10分）
地図P10B2
龍子記念館（南口より15分）
地図P10A2

A02 馬込

A03 中延

A04 戸越

A05 五反田

容器文化ミュージアム（A3より8分）
地図P65C2 参照P115

A06 高輪台 たかなわだい

ユニセフハウス（A1より7分）
地図P65C2 参照P115

畠山記念館（A2より5分）
地図P65C1 参照P113

物流博物館（A1より6分）
地図P65C2 参照P114

A07 泉岳寺

泉岳寺（赤穂義士記念館）（A2より1分）
地図P65C1 参照P109

A08 三田

A09 大門 だいもん

旧芝離宮恩賜庭園（大江戸線 B2より3分）
地図P48A3 参照P107

ユニセフハウス ©日本ユニセフ協会

日本アセアンセンター

日本アセアンセンター
地図P44C2・D2 参照P113

警視庁交通管制センター（A4より8分）
地図P44D2 参照P108

芝大神宮（A5より2分）
地図P44D3
シンフォニー・クルーズ乗り場（日の出ふ頭）
（大江戸線 B2より13分）
地図P48A4 参照P89

東京タワー
（A6より10分）地図P44B3 参照P111

増上寺（A6より5分）
地図P44C3 参照P109

A10 新橋

アド・ミュージアム東京
（出口より4分）地図P46B4 参照P105
電通四季劇場「海」（地下通路より4分）
地図P48B1
博品館 TOY PARK（A1より3分）
地図P40D4 参照P113
パナソニック汐留美術館
（6分）地図P48B1 参照P114

©NTV 宮崎駿デザインの日テレ大時計

日テレ社内見学（地下歩道より2分）
地図P46A4 参照P113
浜離宮恩賜庭園（1より12分）
地図P48B2 参照P113

浜離宮恩賜庭園

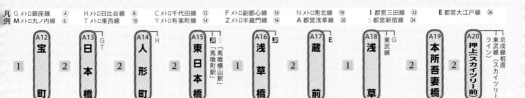

A12 宝町 ｜ A13 日本橋 G T ｜ A14 人形町 H ｜ A15 東日本橋 JR S 馬喰横山駅 馬喰町駅 ｜ A16 浅草橋 JR ｜ A17 蔵前 E ｜ A18 浅草 東武線 G ｜ A19 本所吾妻橋 ｜ A20 押上(スカイツリー前) 京成線相直 東武線 スカイツリー ライン

1 2 2 2 2 1 2 1 2 2

A11 東銀座
歌舞伎座（3より1分）地図 P46C2
新橋演舞場（A6より5分）P46C3
築地場外市場（日比谷線6より7分）地図 P46C4 参照 P110
築地本願寺（西本願寺築地別院）（5より5分）地図 P46D3 参照 P110

A12 宝町 たからちょう

警察博物館（ポリスミュージアム）（A4より2分）地図 P46C1 参照 P107
国立映画アーカイブ（A4より1分）地図 P46D1 参照 P107

A13 日本橋
東証アローズ（東京証券取引所）（A2より5分）地図 P50B2 参照 P112

A14 人形町
水天宮（弁財天）（日比谷線 A3より8分）地図 P50D2 参照 P109
明治座（A3より7分）地図 P50D1

A15 東日本橋
薬研堀不動院（B3より3分）地図 P84A3

A16 浅草橋

日本文具資料館（A1より5分）地図 P84B2
袋物参考館（A4より3分）地図 P84A1

A17 蔵前
旧安田庭園（B3より10分）地図 P84C2 参照 P107

A18 浅草
浅草演芸ホール（A4より8分）地図 P82A2

浅草公会堂（スターの広場）（A4より7分）地図 P82B3 参照 P109

浅草神社（1より7分）地図 P82B2 参照 P105
浅草花やしき（1より5分）地図 P82B2 参照 P105
浅草文化観光センター（A4より2分）地図 P82B3 参照 P105

江戸たいとう伝統工芸館（1より15分）地図 P82B1 参照 P106

雷門（1より1分）地図 P82B3

エース「世界のカバン博物館」（A1より1分）地図 P82B4
浅草寺（A4より5分）地図 P82B2 参照 P105
象牙工芸館（1より15分）地図 P82A1
太鼓館（A4より6分）地図 P82A2 参照 P110
東京本願寺（本山東本願寺）（A3より10分）地図 P82A3 参照 P112

A19 本所吾妻橋
すみだ郷土文化資料館（1より8分）地図 P82D2
たばこと塩の博物館（A2より10分）地図 P82C3・D3 参照 P110

A20 押上(スカイツリー前)
墨田住宅センター能面博物館（A2より7分）地図 P14B5
東京消防庁本所防災館（B1・B2より10分）地図 P14B5 参照 P111
東京スカイツリー（A2より3分）地図 P82D2 参照 P111
郵政博物館（A2より10分）地図 P82D2 参照 P115
すみだ水族館（A2より5分）地図 P82D2 参照 P109

コニカミノルタプラネタリウム"天空"（A2より10分）地図 P82D2 参照 P108

たばこと塩の博物館

I. 都営三田線 沿線ガイド

日本アセアンセンター

増上寺

I01 目黒

久米美術館（西口より1分）
地図P80D4
杉野学園衣裳博物館（中央口より5分）
地図P80D4　照P109

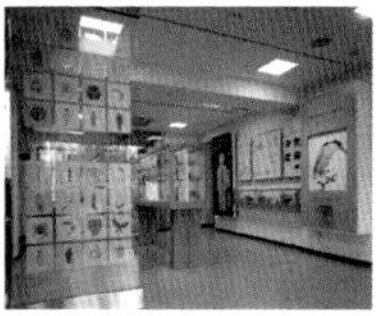

目黒寄生虫館（中央口より15分）
地図P80B4　参照P114
目黒区美術館（中央口より10分）
地図P80B4

I02 白金台

国立科学博物館附属自然教育園（1より7分）
地図P80D3　参照P108
東京都庭園美術館（1より6分）
地図P80D3　参照P112
松岡美術館（1より7分）
地図P15C5　参照P114
港区立郷土歴史館（2より1分）
地図P15D5　参照P114

I03 白金高輪

泉岳寺（赤穂義士記念館）（1・2より10分）
地図P16A5　参照P109

NHK放送博物館

I04 三田

I05 芝公園

東照宮（A4より1分）
地図P44C4

I06 御成門 おなりもん

警視庁交通管制センター（A4より2分）
地図P44D2　参照P108
日本アセアンセンター（A4より1分）
地図P44C2・D2　参照P113

愛宕神社（愛宕山）（A5より8分）
地図P44C1　参照P105

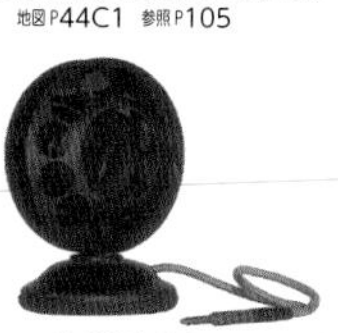

NHK放送博物館（A5より10分）
地図P44C1　参照P106

芝大神宮（A2より6分）
地図P44D3
増上寺（A1より3分）
地図P44C3　参照P109
東京タワー（A1より6分）地図P44B3　参照P111
レッドトーキョータワー（A1より6分）地図P44B3　参照P115

I07 内幸町 うちさいわいちょう

金刀比羅宮（A4より7分）
地図P40A3
日本の酒情報館（A4より3分）
地図P40B3　参照P113
日比谷公会堂（A7より2分）
地図P40C3

I08 日比谷

出光美術館（B3より3分）
地図P40D2　参照P105

帝国劇場（B3より1分）
地図P36A4
東京国際フォーラム（B1より5分）
地図P40D2　参照P111
東京宝塚劇場（千代田線A13より5分）
地図P40C3
日比谷公園（千代田線A10より2分）
地図P40C2

I09 大手町

信託博物館（三菱UFJ信託銀行）（D4より2分）地図P36B2　参照P109
皇居桔梗門（一般参観）（D2より10分）
地図P52D4
皇居東御苑（大手門）（C13aより3分）
地図P52D3　参照P107
三の丸尚蔵館（C13bより5分）
地図P36A1　参照P108
丸ビル（D1より3分）
地図P36B3　参照P114
読売新聞東京本社（千代田線C3より直結）
地図P36B1　参照P18

I10 神保町 じんぼうちょう

明治大学博物館（A5より5分）地図P54A2　参照P114

| I14 千石 2 | I15 巣鴨 2 JR | I16 西巣鴨 2 | I17 新板橋 2 | I18 板橋区役所前 2 | I19 板橋本町 1 | I20 本蓮沼 1 | I21 志村坂上 2 | I22 志村三丁目 2 | I23 蓮根 2 | I24 西台 2 | I25 高島平 2 | I26 新高島平 1 | I27 西高島平 2 |

東京ドーム

I11 水道橋

東京ドームシティ・アトラクションズ
（A2〜A5より1分）地図P60C2　参照P112
東京ドーム（A3〜A5より1分）
地図P60C3　参照P111
東京都水道歴史館（A1より8分）
地図P54A1　参照P112
本郷給水所公苑（A1より10分）
地図P60D3　参照P114
野球殿堂博物館（A3〜A5より5分）
地図P60C3　参照P115

I12 春日

小石川後楽園（東西線A1より7分）
地図P60B2　参照P107
講道館（柔道資料館・柔道図書館）
（A1より1分）地図P60C2　参照P107
東京シビックセンター（連絡口より2分）
地図P60C1　参照P114
文京ふるさと歴史館（A2より5分）
地図P60C2

伝通院（A5より9分）
地図P60B1

I13 白山

小石川植物園（A1より10分）
地図P62A3　参照P107
根津神社（A3より11分）
地図P62C3

I14 千石 せんごく

東洋文庫（A3より8分）
地図P62A1

六義園（A3より10分）
地図P62A1　参照P115

I15 巣鴨

高岩寺（とげぬき地蔵）（A3より5分）
地図P12D2　参照P112
染井霊園（A4より10分）
地図P13A2
東京都中央卸売市場豊島市場
（A4より10分）地図P12D2

I16 西巣鴨

都電荒川線新庚申塚駅（A1より7分）
地図P12D1

I17 新板橋

I18 板橋区役所前

板橋区立こども動物園（A1より10分）

I19 板橋本町

I20 本蓮沼

国立スポーツ科学センター（A1より10分）
地図P11E2

I21 志村坂上

I22 志村三丁目

I23 蓮根

I24 西台

I25 高島平

板橋区立熱帯環境植物館（グリーンドーム
ねったいかん）（東口より7分）

I26 新高島平

東京都中央卸売市場板橋市場
（出入口より5分）

I27 西高島平

板橋区立赤塚植物園（出入口より20分）
地図P11E1
板橋区立郷土資料館（出入口より13分）
地図P11E1

板橋区立美術館（出入口より15分）
地図P11E1
乗蓮寺（東京大仏）（出入口より20分）
地図P11E1

野球殿堂博物館

高岩寺（とげぬき地蔵尊）

S01 新宿	E	S02 新宿三丁目	F M	S03 曙橋		S04 市ヶ谷	Y N	S05 九段下	T Z	S06 神保町	Z I	S07 小川町	M 「淡路町駅」、C「新御茶ノ水駅」	S08 岩本町		S09 馬喰横山		A 「東日本橋駅」「馬喰町駅」		S10 浜町	

JR 京王線、小田急線、京王新線相直 | 1 | 2 | JR 3 | 2 | 2 | 2 | 1 | 2 | JR 1 | 2

S. 都営新宿線 沿線ガイド

S01 新宿

スタジオアルタ(新宿アルタ内)
(丸ノ内線 B13より1分) 地図P68C2

フィンセント・ファン・ゴッホ〈ひまわり〉1888年 SOMPO美術館蔵

SOMPO 美術館
(A18より5分) 地図P68B2 参照P110

東京都庁舎第一本庁舎(展望室)
(都庁方面の通路より10分) 参照P112

文化学園服飾博物館(6より3分)
地図P68B3

ルミネ the よしもと(A12より3分) 地図P68C2 参照P115

S02 新宿三丁目

新宿御苑(新宿門)(C1・C5より5分)
地図P68D3 参照P109

花園神社(E2)
地図P68D1

自転車文化センター

S03 曙橋

撮影／山岸伸 提供
市ヶ谷記念館

市ヶ谷記念館(A3より10分)
地図P12D6 参照P105

東京消防庁消防博物館(A4より7分)
地図P12D6 参照P111

新宿歴史博物館(A4より8分)
地図P12D6

S04 市ヶ谷

JICA 地球広場(4より10分)
地図P76B1 参照P109

S05 九段下

昭和館

昭和館 提供

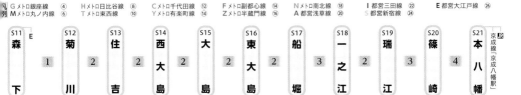

G メトロ銀座線 ④　　H メトロ日比谷線 ⑧　　C メトロ千代田線 ⑫　　F メトロ副都心線 ⑭　　N メトロ南北線 ⑱　　I 都営三田線 ㉒　　E 都営大江戸線 ㉖
M メトロ丸ノ内線 ⑥　　T メトロ東西線 ⑩　　Y メトロ有楽町線 ⑭　　Z メトロ半蔵門線 ⑯　　A 都営浅草線 ⑳　　S 都営新宿線 ㉔

| S11 森下 E | 1 | S12 菊川 | 2 | S13 住吉 | 2 | S14 西大島 | 2 | S15 大島 | 2 | S16 東大島 | 2 | S17 船堀 | 2 | S18 一之江 | 3 | S19 瑞江 | 2 | S20 篠崎 | 3 | S21 本八幡 | 4 | 京成線（京成八幡駅） |

日本武道館

東京都現代美術館

科学技術館 (2より8分)
地図P52C2　参照P106
自転車文化センター（科学技術館内）
（2bより7分）地図P52C2　参照P106

しょうけい館（戦傷病者資料館）(6より1分)
地図P52C1　参照P109

北の丸公園 (2より3分)
地図P52B2　参照P106
国立公文書館 (2より15分)
地図P52C3
昭和館 (4より10分)
地図P52B2　参照P109
千秋文庫 (2より10分)
地図P52B2　参照P109

靖国神社

東京国立近代美術館 (4より15分)
地図P52C2　参照P111
日本武道館 (2より5分)
地図P52B2
靖国神社（遊就館）(1より5分)
地図P52A1　参照P115

| S06 神保町 |
明治大学博物館 (A5より10分)
地図P54A2　参照P114

| S07 小川町 |

| S08 岩本町 |

| S09 馬喰横山 ばくろよこやま |
身延別院 (2より5分)
地図P13D6

| S10 浜町 |
明治座 (A2より1分)
地図P50D1

| S11 森下 |

田河水泡・のらくろ館 (A6より8分)
地図P86C2　参照P110

工匠館 (A6より8分)
地図P86C2　参照P110

芭蕉記念館 (A1より7分)
地図P86B1　参照P113

| S12 菊川 |
東京都現代美術館 (A4より15分)
地図P86D2　参照P111

| S13 住吉 |

| S14 西大島 |

| S15 大島 |

| S16 東大島 |
中川船番所資料館 (大島口より5分)
地図P10C4　参照P113

| S17 船堀 |

| S18 一之江 |

| S19 瑞江 みずえ |
一之江名主屋敷 (北口より14分)
地図P10C4
篠原風鈴本舗 (北口より13分)
地図P10C4

| S20 篠崎 |

| S21 本八幡 |

都営大江戸線の運転経路　・光が丘駅発→都庁前駅→新宿駅→六本木駅→都庁前駅止
・都庁前駅発→新宿西口駅→六本木駅→都庁前駅→光が丘止

E38 光が丘 ⇄ 2 ⇄ E37 練馬春日町 ⇄ 2 ⇄ E36 豊島園 ⇄ 2 ⇄ E35 練馬（西武有楽町線、西武池袋線）⇄ 3 ⇄ E34 新江古田 ⇄ 2 ⇄ E33 落合南長崎 ⇄ 3 ⇄ E32 中井（西武新宿線）⇄ 1 ⇄ E31 東中野 JR ⇄ 2 ⇄ E30 中野坂上 M ⇄ 3 ⇄ E29 西新宿五丁目 ⇄ 1 ⇄ E28 都庁前 ⇄ 2 ⇄ E01 新宿西口（JR M「新宿駅」西武新宿線「西武新宿駅」）⇄ 3 ⇄ E02 東新宿 F ⇄ 3

E28 都庁前 ⇅ 2 ⇅ E27 新宿（JR 京王線、小田急線 S）⇄ 1 ⇄ E26 代々木 JR ⇄ 3

E. 都営大江戸線　沿線ガイド

E28 都庁前
東京都庁舎第一本庁舎（展望室）
（A4より直結）地図P68A2　参照P112
平和祈念展示資料館
（A2より1分）地図P68B2　参照P114
コンピュータエンターテインメント協会
（地下道より2分）　地図P68A2　参照P108

E01 新宿西口
スタジオアルタ（新宿アルタ内）
（丸ノ内線 B13より1分）地図P68C2
SOMPO 美術館（D4より5分）
地図P68B2　参照P110

E02 東新宿
花園神社（3より10分）
地図P68D1

E03 若松河田

E04 牛込柳町
漱石山房記念館（東口より15分）
地図P12D5　参照P109

E05 牛込神楽坂

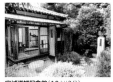

宮城道雄記念館（A2より3分）
地図P13A5　参照P114

E06 飯田橋
印刷博物館（B1より13分）
地図P60A2　参照P105
小石川後楽園（C3より2分）
地図P60B2　参照P107

E07 春日
講道館（柔道資料館・柔道図書館）
（A1より1分）地図P60C2　参照P107
ラクーア
東京ドームシティ・アトラクションズ
（A1より5分）地図P60C2　参照P111
伝通院（三田線 A5より9分）
地図P60B1
東京ドーム（6より5分）
地図P60C3　参照P111
文京シビックセンター（連絡口より1分）
地図P60C2　参照P114
野球殿堂博物館（A1より8分）
地図P60C3　参照P115

E08 本郷三丁目
東京大学キャンパスツアー（4より6分）
地図P60D1・2　参照P111

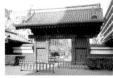

東京大学総合研究博物館（4より3分）
地図P60D2　参照P111
東京都水道歴史館（3より8分）
地図P54A1　参照P112

文京ふるさと歴史館（3より5分）
地図P60C2
本郷給水所公苑（1・3より5分）
地図P60D3　参照P114
三菱史料館（三菱経済研究所）（4より8分）
地図P58A4　参照P114
麟祥院（4より6分）
地図P13C4

E09 上野御徒町
アメ横（アメ横商店街）（A7より1分）
地図P58B4　参照P105
東京都上野恩賜公園（A5より5分）
地図P58B2　参照P105
東京都恩賜上野動物園（A5より15分）
地図P58B2　参照P106
上野の森美術館（A5より7分）
地図P58B3　参照P105
旧岩崎邸庭園（上野広小路駅3より10分）
地図P58A4　参照P107
台東区立下町風俗資料館（3より5分）
地図P58B3　参照P110
東京国立博物館（A5より18分）
地図P58C2　参照P111
東京都美術館（A5より14分）
地図P58B2　参照P112
東京文化会館（7より3分）
地図P58B3
上野東照宮（A5より15分）
地図P58B2
湯島天神（A4より5分）
地図P58A4　参照P115

E10 新御徒町 しんおかちまち

E11 蔵前
エース「世界のカバン博物館」（A5より7分）
地図P82B4

E12 両国
すみだ北斎美術館（A3より5分）
地図P84D2　参照P109

江戸東京博物館　提供

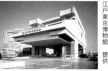

東京都江戸東京博物館（A4より1分）
地図P84C2　参照P106

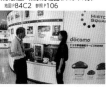

NTT ドコモ歴史展示スクエア（A1より3分）
地図P84C2　参照P106
旧安田庭園（A1より5分）
地図P84C2　参照P107

刀剣博物館（A1より5分）
地図P84C1・2　参照P112

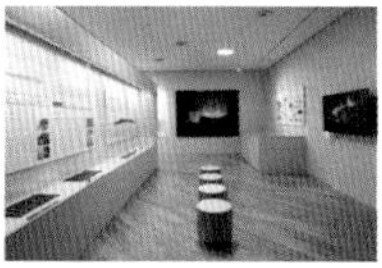

吉良邸跡（A5より6分）
地図P84C3
桐の博物館（A4より7分）
地図P84C3
野見宿禰神社（A2より5分）
地図P84D2

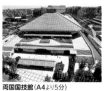

両国国技館（A4より5分）
地図P84C2
相撲写真資料館（A4より8分）
地図P84C3
相撲博物館（A4より5分）
地図P84C2　参照P109

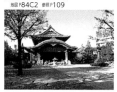

東京都慰霊堂（A1より2分）
地図P84C1

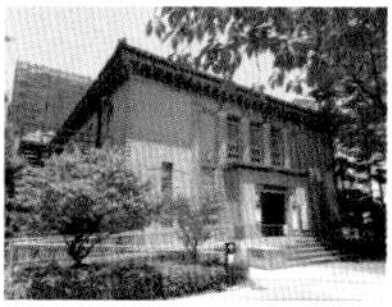

東京都復興記念館（A1より1分）
地図P84C1　参照P112
両国花火資料館（A4より8分）
地図P84B3

E13 森下
田河水泡・のらくろ館（A6より8分）
地図P86C2　参照P110
工匠館（A6より8分）
地図P86C2　参照P110
芭蕉記念館（A1より7分）
地図P86B1　参照P113

E14 清澄白河

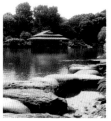

清澄庭園（A3より3分）
地図P86B2　参照P107
東京都現代美術館（A3より13分）
地図P86D2　参照P111
深川江戸資料館（A3より3分）
地図P86C2　参照P113

E15 門前仲町
富岡八幡宮（5より6分）
地図P86C4　参照P112
深川不動堂（5より4分）
地図P86C3
法乗院（深川えんま堂）（6より5分）
地図P86B3
明治丸（4より10分）
地図P86A4　参照P114

E16 月島
石川島資料館（6より6分）
地図P16D2参照P105

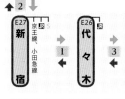

西仲通り商店街（通称「月島もんじゃストリート」）（7より1分）
地図P16D3　参照P110

E17 勝どき
晴海アイランド　トリトンスクエア
（A2より6分）地図P16D3

E18 築地市場
朝日新聞東京本社（A2より1分）
地図P46C1
新橋演舞場（A3より3分）
地図P46C3
築地本願寺（西本願寺東京別院）（A1より5分）
地図P46D3　参照P110

築地場外市場（A1より1分）
地図P46C4　参照P110

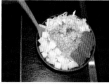

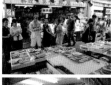

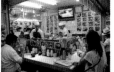

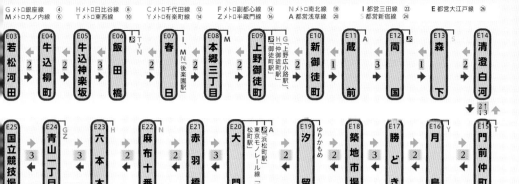

E03 若松河田 → 2 → E04 牛込柳町 → 2 → E05 牛込神楽坂 → 2 → E06 飯田橋 JR T Y N → 2 → E07 春日 I・MN「後楽園駅」 → 2 → E08 本郷三丁目 M → 2 → E09 上野御徒町 JR H G「上野広小路駅」「御徒町駅」「仲御徒町駅」 → 2 → E10 新御徒町 → 2 → E11 蔵前 A → 3 → E12 両国 JR → 1 → E13 森下 S → 2 → E14 清澄白河

2↑↓ 1 3

E25 国立競技場 ← 3 ← E24 青山一丁目 G Z ← 3 ← E23 六本木 H ← 2 ← E22 麻布十番 N ← 2 ← E21 赤羽橋 ← 3 ← E20 大門 「浜松町駅」東京モノレール線「浜松町駅」 A ← 2 ← E19 汐留 ゆりかもめ ← 2 ← E18 築地市場 ← 3 ← E17 勝どき ← 2 ← E16 月島 Y ← 2 ← E15 門前仲町 T

E19 汐留 しおどめ

アド・ミュージアム東京
（6より2分）地図P46B4 参照P105
電通四季劇場[海]（地下通路より1分）
地図P48B1
浜離宮恩賜庭園（5より7分）
地図P48B2 参照P113
パナソニック汐留美術館
（3・4より5分）
地図P48B1 参照P114

日テレ社内見学（地下歩道より1分）
地図P46A4 参照P113

E20 大門 だいもん

警視庁交通管制センター（A4より8分）
地図P44D2 参照P108
日本アセアンセンター（A6より8分）
地図P44C2・D2 参照P113
旧芝離宮恩賜庭園（B2より3分）
地図P48A3 参照P107
芝大神宮（浅草線A5より2分）
地図P44D3
シンフォニー・クルーズ乗り場（日の出ふ頭）
（B2より13分）地図P48A4 参照P89

増上寺（浅草線 A6より6分）
地図P44C3 参照P109

E21 赤羽橋 あかばねばし

東京タワー
（赤羽橋口より5分）
地図P44B3 参照P111
レッドトーキョータワー
（赤羽羽口より5分）地図P44B3 参照P115
東照宮（赤羽橋口より5分）
地図P44C4

E22 麻布十番

E23 六本木

東京ミッドタウン（直結）
地図P78C1 参照P112
サントリー美術館（8直結）
地図P78C1 参照P108
フジフイルムスクエア（8より5分）
地図P78C2
東京シティビュー（3より4分）
地図P78C2 参照P111
外務省外交史料館（日比谷線5より10分）
地図P78D2 参照P106
国立新美術館（4aより5分）
地図P78B1 参照P108
六本木ヒルズ（3より4分）
地図P78C24 参照P115

テレビ朝日（1より5分）
地図P78C2 参照P110

E24 青山一丁目

草月会館（3より5分）
地図P76D3
青山霊園（3より10分）
地図P78B1
乃木神社（4より8分）
地図P78B1

TEPIA 先端技術館（1より9分）
地図P76B4 参照P110
旅の図書館（5より3分）
地図P76C4 参照P110

E25 国立競技場

日本オリンピックミュージアム
（A2より10分）地図P76A3 参照P113
神宮球場（A1より11分）
地図P76B3
聖徳記念絵画館（A1より5分）
地図P76B2 参照P109
秩父宮ラグビー場（A2より15分）
地図P76B4
東京将棋会館道場（A4より10分）
地図P70D2 参照P111
民音音楽博物館（A1より12分）
地図P76B2 参照P114

E26 代々木

本殿

明治神宮本殿（A1より25分）
地図P70A2 参照P114
明治神宮御苑（A1より20分）
地図P70B2 参照P114

E27 新宿

文化学園服飾博物館（新宿線6より4分）
地図P68B3

ルミネ the よしもと（A12より3分）
地図P68C2 参照P115

E29 西新宿五丁目

E30 中野坂上

E31 東中野

E32 中井

染の里二葉苑（A2より5分）
地図P12A4 参照P98

林芙美子記念館 提供

新宿区立林芙美子記念館（A1・A2より7分）
地図P12A4

E33 落合南長崎

豊島区立トキワ荘マンガミュージアム
（A2より5分）地図P12A3 参照P112

E34 新江古田

E35 練馬

E36 豊島園

E37 練馬春日町

E38 光が丘

光が丘公園
（A4より5分）地図P11E1 参照P113

新橋 RGA 1
汐留 E 3
竹芝 1
日の出 2
芝浦ふ頭
お台場海浜公園 りんかい線「東京テレポート駅」
台場 2
東京国際クルーズターミナル
テレコムセンター 2
青海
東京ビッグサイト りんかい線「国際展示場駅」
有明 りんかい線「国際展示場駅」
有明テニスの森
市場前 1
新豊洲 2
豊洲

ゆりかもめ

新橋
博品館TOY PARK、博品館劇場 (3分)
地図P40D4 参照P113
パナソニック汐留美術館 (6分)
地図P48B1 参照P114

汐留 しおどめ
アド・ミュージアム東京 (カレッタ汐留地下) (2分)
地図P46B4 参照P105
旧新橋停車場 (5分)
地図P48B1
汐留シティセンター (2分)
地図P48B1
電通四季劇場「海」(カレッタ汐留内) (3分)
地図P48B1

日テレ社内見学 (デッキ経由より1分)
地図P48B1 参照P113

浜離宮恩賜庭園 (7分)
地図P48B2 参照P113

竹芝
旧芝離宮恩賜庭園 (10分)
地図P48A3 参照P107
竹芝ふ頭公園 (1分)
地図P48B3

日の出
シンフォニー乗り場 (2分)
地図P48B4

芝浦ふ頭

レインボーブリッジ〈遊歩道〉(5分)
地図P16B5 参照P115

お台場海浜公園

マダム・タッソー東京

カワサキロボステージ (5分)
地図P90B1 参照P106
有明スポーツセンター (8分)
地図P90C1
お台場海浜公園 (3分)
地図P90B1

デックス東京ビーチ (マダム・タッソー東京・東京ジョイポリス・台場一丁目商店街・東京トリックアート迷宮館・LEGOLAND Discovery Centre・レストラン)(2分)
地図P90B1

東京都虹の下水道館 (8分)
地図P90C1 参照P113

台場
台場公園 (第三台場)(15分)
地図P90A2
アクアシティお台場 (1分)
地図P90B1 参照P105
ダイバーシティ東京プラザ (5分)
地図P90B1 参照P110

うんこミュージアム TOKYO
地図P90B1 参照P106

フジテレビ (球体展望室・フジテレビギャラリー)(3分) 地図P90B1 参照P113

東京国際クルーズターミナル
国際研究交流大学村 (3分)
地図P90A3
船の科学館 (1分)
地図P90A2 参照P114

テレコムセンター
テレコムセンター展望台 (東京テレコムセンタービル直結)(1分)
地図P90A2 参照P110

TOKYO ミナトリエ
(青海フロンティアビル直結)(1分)
地図P90B3 参照P112

日本科学未来館「Miraikan」(4分)
地図P90A2 参照P113

東京グローバルゲートウェイ (4分)
地図P90A2 参照P111

中央防波堤埋立処分場
(都営バス「波01」10分)
地図P10B3 参照P96

青海

東京ビッグサイト

東京都水の科学館 (8分)
地図P90C1 参照P112

東京ビッグサイト

東京ビッグサイト (東京国際展示場)
地図P91D2 参照P112
TFT (東京ファッションタウン) ビル東
(イベントシャワーツリー 35・ワンザ有明ベイモール)(1分)
地図P91D1 参照P112
そなエリア東京 (東京臨海広域防災公園)
(4分) 地図P90B1 参照P109

有明

パナソニックセンター東京 (3分)
地図P90D1 参照P113
有明コロシアム (8分)
地図P91D1
有明テニスの森公園 (8分)
地図P91D1

有明テニスの森

スモールワールズ (3分)
地図P91E1 参照P109

市場前
東京都中央卸売市場豊洲市場
地図P16D4・5 参照P112

新豊洲

豊洲
キッザニア東京 (2より8分)
地図P17A3 参照P107
i-muse (10分)
地図P17A3 参照P105

がすてなーに ガスの科学館 (6分)
地図P17A3 参照P106

G メトロ銀座線 ④ M メトロ丸ノ内線 ⑥ H メトロ日比谷線 ⑧ T メトロ東西線 ⑩ C メトロ千代田線 ⑫ Y メトロ有楽町線 ⑭ F メトロ副都心線 ⑭ Z メトロ半蔵門線 ⑯ N メトロ南北線 ⑱ A 都営浅草線 ⑳ I 都営三田線 ㉒ S 都営新宿線 ㉔ E 都営大江戸線 ㉖

新木場 JR Y — 3 — 東雲 E — 2 — 国際展示場 ゆりかもめ「有明駅」 — 2 — 東京テレポート ゆりかもめ「お台場海浜公園駅」 — 3 — 天王洲アイル 東京モノレール — 2 — 品川シーサイド — 3 — 大井町 東急大井町線 JR — 3 — 大崎 JR埼京線相直

りんかい線

新木場

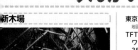

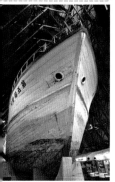

五福竜丸展示館(10分)
地図P92上 B1 参照P110

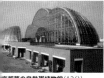

京都夢の島熱帯植物館(13分)
地図P92上 C1 参照P112

東雲 しののめ

国際展示場

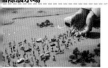

モールワールズ (9分)
地図P91E1 参照P109
明コロシアム (5分)
地図P91D1
明スポーツセンター (12分)
地図P90C1
明テニスの森公園(5分)
地図P91D1

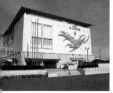

京都水の科学館(8分)
地図P90C1 参照P112

東京ビッグサイト(東京国際展示場)(7分)
地図P91D2 参照P112
TFT (東京ファッションタウン) ビル東館
ワンザ有明ベイモール (シャワーツリー35)(5分)
地図P91D1 参照P112
パナソニックセンター東京(2分)
地図P91D1 参照P113

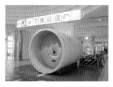

東京都虹の下水道館(12分)
地図P90C1 参照P113

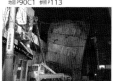

そなエリア東京 (東京臨海広域防災公園)(2分)
地図P90B1 参照P109

東京テレポート

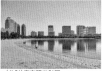

©(公財)東京観光財団

お台場海浜公園(7分)
地図P90B1

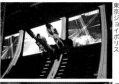

東京ジョイポリス

マダム・タッソー東京

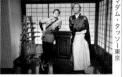

デックス東京ビーチ(マダム・タッソー東京・東京ジョイポリス・台場一丁目商店街・東京トリックアート迷宮館 ・ LEGOLAND Discovery Centre・レストラン)(5分)
地図P90B1

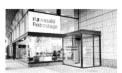

カワサキロボステージ (5分)
地図P90B1 参照P106
国際研究交流大学村(15分)
地図P90A3

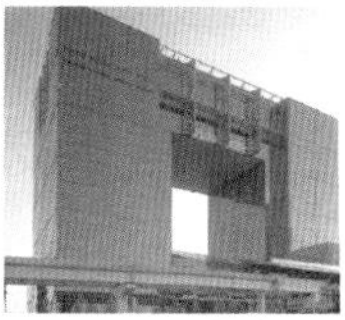

テレコムセンター展望台 (テレコムセンタービル) (10分)
地図P90A2 参照P110

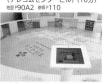

TOKYO ミナトリエ (青海フロンティアビル)(15分)
地図P90B3 参照P112
アクアシティお台場(6分)
地図P90B1 参照P105
ダイバーシティ東京 プラザ(3分)
地図P90B1 参照P110

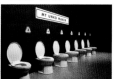

うんこミュージアム TOKYO
地図P90B1 参照P106

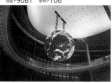

日本科学未来館「Miraikan」(15分)
地図P90A2 参照P113

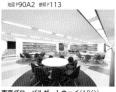

東京グローバルゲートウェイ(18分)
地図P90A2 参照P111

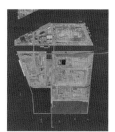

中央防波堤埋立処分場
(都営バス「波01」15分)
地図P10B3 参照P96

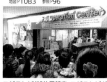

フジテレビ(球体展望室・フジテレビギャラリー)(5分)
地図P90B1 参照P113
船の科学館(12分)
地図P90A2 参照P114

天王洲アイル てんのうず

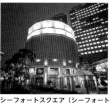

シーフォートスクエア (シーフォートタワー、東京フロントテラス、センタービルディリング、天王洲銀河劇場) (3分)
地図P16B6
8つのビルを結ぶスカイウォーク(1分)
東京海洋大学マリンサイエンスミュージアム(17分)
地図P16A6 参照P108

品川シーサイド

大井町

大崎

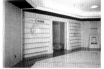

O美術館
(大崎ニューシティ・2号館2F)(1分)
ゲートシティ大崎(2分)

東京港野鳥公園

東京モノレール

凡例

Ｇ メトロ銀座線 ④	Ｈ メトロ日比谷線 ⑧	Ｃ メトロ千代田線 ⑫	Ｆ メトロ副都心線 ⑭	Ｎ メトロ南北線 ⑱	Ｉ 都営三田線 ㉒	Ｅ 都営大江戸線 ㉖
Ｍ メトロ丸ノ内線 ⑥	Ｔ メトロ東西線 ⑩	Ｙ メトロ有楽町線 ⑭	Ｚ メトロ半蔵門線 ⑯	Ａ 都営浅草線 ⑳	Ｓ 都営新宿線 ㉔

浜松町 ── AE「大門駅」── 5 ── 天王洲アイル ── りんかい線 3 ── 大井競馬場前 2 ── 流通センター 2 ── 昭和島 2 ── 整備場 2 ── 天空橋 2 ── 羽田空港第3ターミナル 3 ── 新整備場 1 ── 羽田空港第1ターミナル 2 ── 羽田空港第2ターミナル

浜松町

旧芝離宮恩賜庭園（1分）
地図P48A3　参照P107
芝公園（15分）　地図P44C4
東京愛らんど（竹芝客船ターミナル1階）
（6分）
地図P48B3

天王洲アイル

シーフォートスクエア（シーフォートタワー、東京フロントテラス、センタービルディリング、天王洲銀河劇場）（1分）
地図P16B6

8つのビルを結ぶスカイウォーク（1分）
東京海洋大学マリンサイエンスミュージアム（15分）
地図P16A6　参照P108

大井競馬場前

大井ふ頭中央海浜公園（8分）
しながわ区民公園（6分）
しながわ水族館（18分）
地図P10　参照P108
なぎさの森（8分）

しながわ水族館

羽田クロノゲート

流通センター

東京都中央卸売市場大田市場（10分）
東海流通公園（10分）
東京港野鳥公園（15分）
地図P10　参照P108
東京流通センター（1分）

平和島公園（8分）
平和の森公園（10分）

昭和島

京浜島つばさ公園（25分）

整備場

天空橋

穴守稲荷神社（15分）
大鳥居（5分）
羽田クロノゲート（10分）
地図P10A3　参照P99

羽田空港第3ターミナル

新整備場

ANA Blue Hanger Tour（15分）
地図P10A3
JAL工場見学〜スカイミュージアム〜
（2分）　地図P10A3　参照P99

羽田空港第1ターミナル

羽田空港ターミナル（ビックバード）（

羽田空港第2ターミナル

羽田空港展望デッキ（5分）
地図P10A3

JAL工場見学〜スカイミュージアム〜

京王新線（一部）
新宿（小田急線・JR・M・S・E（新宿線・京王新線相直））― 2 ― 初台 ― 1 ― 幡ヶ谷

京王井の頭線（一部）
渋谷（田園都市線、東横線・JR・G・Z）― 1 ― 神泉 ― 2 ― 駒場東大前 ― 1 ― 池の上 ― 1 ― 下北沢（小田急線）

小田急小田原線（一部）
新宿（京王線・JR・M・S・E）― 1 ― 南新宿 ― 2 ― 参宮橋 ― 2 ― 代々木八幡 ― 1 ― 代々木上原（C 相直）

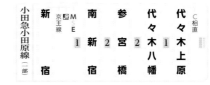

京王 新線

新宿

初台

東京オペラシティ（東口・中央口より1分）
地図P74C1

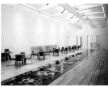

NTTインターコミュニケーションセンター（東京オペラシティタワー 4F）（東口より1分）　地図P74C1

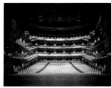

新国立劇場（中央口より1分）
地図P74C1

幡ヶ谷

JICA 東京国際センター（南口より8分）
地図P74B2

京王井の頭線

渋谷

神泉 しんせん

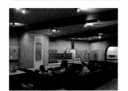

渋谷区立松濤美術館（5分）
地図P74D4　参照P109

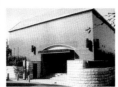

戸栗美術館（北口より5分）
地図P74D3　参照P111
鍋島松涛公園（3分）
地図P74D4

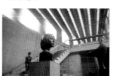

手でみるギャラリー TOM（7分）
地図P74D4

駒場東大前

駒場公園（10分）
地図P74B3

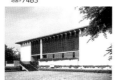

日本近代文学館（西口より7分）
地図P74B3
駒場野公園（西口より1分）
地図P74B4

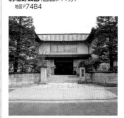

日本民藝館（西口より5分）
地図P74B3　参照P113
駒場博物館
（渋谷方面より1分）地図P74C4

池ノ上

下北沢

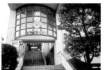

本多劇場（南口より3分）

小田急小田原線

新宿

南新宿

参宮橋

明治神宮本殿（A1より25分）
地図P70A2　参照P114
明治神宮御苑（A1より20分）
地図P70B2　参照P114

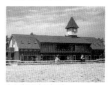

東京乗馬倶楽部（2分）
地図P74D1
国立オリンピック記念青少年総合センター（7分）地図P74D2

代々木八幡

代々木公園（5分）
地図P74D2
代々木八幡神社（5分）
地図P74C2
青年座（1分）
地図P74C3

代々木上原

古賀政男音楽博物館（南口1より3分）
地図P74B3　参照P107
JICA 東京国際センター（北口より12分）
地図P74B2

凡例 G メトロ銀座線 ④ M メトロ丸ノ内線 ⑥ H メトロ日比谷線 ⑧ T メトロ東西線 ⑩ C メトロ千代田線 ⑫ Y メトロ有楽町線 ⑭ F メトロ副都心線 ⑭ Z メトロ半蔵門線 ⑯ N メトロ南北線 ⑱ A 都営浅草線 ⑳ I 都営三田線 ㉒ S 都営新宿線 ㉔ E 都営大江戸線 ㉖

三ノ輪橋 (H) 1 荒川一中前 1 荒川区役所前 2 荒川二丁目 1 荒川七丁目 2 町屋駅前 (京成線 C) 2 町屋二丁目 1 東尾久三丁目 2 熊野前 2 宮ノ前 2 小台 1 荒川遊園地前 2 荒川車庫前 1 梶原 2 栄町 2

早稲田 2 面影橋 2 学習院下 2 鬼子母神前 1 雑司ヶ谷 1 東池袋四丁目 (Y) 3 向原 2 大塚駅前 (JR) 2 巣鴨新田 2 庚申塚 1 新庚申塚 (I) 2 西ヶ原四丁目 2 滝野川一丁目 1 飛鳥山 3 王子駅前 (JR)

東京さくらトラム（都電荒川線）沿線ガイド

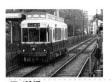

三ノ輪橋

荒川区立荒川ふるさと文化館(15分)
地図P14A2

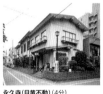

永久寺(目黄不動)(4分)
地図P14A2
円通寺(3分)
地図P14A2 参照P106
延命寺[小塚原刑場跡](10分)
地図P14A2
素盞雄神社(10分)
地図P14A2 参照P109
荒川区立天王公園(10分)
地図P14A2
東京メトロ三ノ輪駅(5分)
地図P14A2

荒川一中前

荒川区役所前

実のなる木公園（荒川公園）(3分)
地図P13D2

荒川二丁目

荒川区立荒川自然公園(1分)
地図P13D1 参照P105

荒川七丁目

町屋駅前

東京メトロ町屋駅(2分)
地図P13D1

町屋二丁目

東尾久三丁目

熊野前

都立尾久の原公園(7分)

宮ノ前

小台

荒川遊園地前

荒川区立あらかわ遊園(3分)
地図P11E3

荒川車庫前

梶原

栄町

東書文庫(3分)

王子駅前

東京メトロ王子駅(2分)
地図P10
王子神社(3分)
中央公園(15分)
名主の滝公園(11分)
北とぴあ(3分)

飛鳥山

飛鳥山公園(3分)
地図P13A1

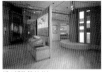

紙の博物館(3分)
地図P13A1 参照P106

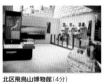

北区飛鳥山博物館(4分)
地図P13A1 参照P105

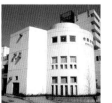

北区防災センター（地震の科学館）(15分)
地図P13A1 参照P107

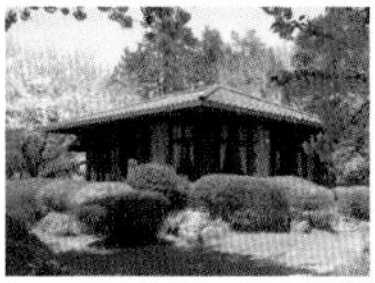

渋沢史料館(4分)
地図P13A1 参照P108
東京ゲーテ記念館(6分)
地図P13A1

滝野川一丁目

西ヶ原四丁目

善養寺(3分)

新庚申塚

染井霊園(10分)
地図P13A2
都営西巣鴨駅(7分)
地図P12D1

庚申塚

高岩寺(とげぬき地蔵)(9分)
地図P12D2 参照P112
真性寺(10分)
地図P13A2

巣鴨新田

大塚駅前

向原

豊島区立総合体育場(5分)

東池袋四丁目

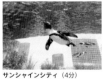

サンシャインシティ (4分)
地図P66D2 参照P109

ナンジャタウン(サンシャインポートマート)
(4分)地図P66D2 参照P113
東京メトロ東池袋駅(3分)
地図P66D2

雑司ケ谷

都立雑司が谷霊園(5分)
地図P66D3
雑司が谷宣教師館(7分)
地図P66D4
法明寺(5分)
地図P66C3
南池袋みどり公園(3分)

鬼子母神前

切手の博物館
地図P66A4 参照P107
雑司ヶ谷鬼子母神堂(2分)
地図P66C3

学習院下

目白不動尊(金乗院)(3分)
地図P12C4

面影橋

新宿区立甘泉園公園(3分)
地図P12C4

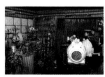

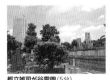

東京染ものがたり博物館(2分)
地図P12C4 参照P99
南蔵院(2分)
地図P12C4

早稲田

早稲田キャンパスツアー (5分)
地図P12C4 参照P115
早稲田大学坪内博士記念演劇博物館(7分)
地図P12C4 参照P115
文京区立新江戸川公園(4分)
地図P12C4

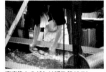

目次

ご使用の際の注意

※地下鉄駅の地上出入口は、駅や周辺・道路工事等の事情により、期間を設けたり臨時で閉鎖されることがあります。
※本書で記されている駅の地上出入口番号は、現地で使用されているものに準拠いたしましたが、現地案内等で再度ご確認いただくことをお願いします。

活用アドバイス

ご使用編

　本書は都内中心部を縦横に走る東京地下鉄株式会社（東京メトロ）と東京都交通局の都営地下鉄（都営）の便利なメトロネットワークの利用と、数回以上、又は900円以上の乗車なら、お得な「東京メトロ・都営共通一日券（900円）」を利用することを念頭に編集した「のりもの案内」です。地下鉄利用だけでも幾多もあるアクセス、誌面の制約上、その中から乗り換え回数、乗車時間、上記お得な一日券利用などから合理的であろうと思われるアクセスを紹介してあります。

　前述の通り、『東京メトロ・都営共通一日券（900円）』を利用することを中心に紹介しており、中にはJR線、他社線利用が早い場合もあります。その都度の乗車券購入、他のおトクなチケット利用などの方は、P6の「便利・お得なチケット」・P96での「郊外エリア」・P105～の「拝観・見学施設案内」の最寄駅、又は巻頭の『鉄道路線図』などを急遽選択し、本書の《のりもの案内》に付け加えてご利用ください。

　本書地図では、駅には地で使用されている出入口番号を載せています。どの出口から地上に出れば、目的地へ最も早いかは、P105～の「拝観・見学施設案内」、P117～の「地図総索引」から見学物件参照ページを探したり、又は地図で確かめてください。

地下鉄系統別沿線ガイド・メトロネットワーク路線図（巻頭）

　『地下鉄系統別沿線ガイド・メトロネットワーク路線図』には、メトロ、都営の地下鉄、都内中心部のJR線全ての路線とその経由駅を、系統毎に収録しています。本文の「のりもの案内」に紹介されていない物件に行きたい場合も、路線図と地図中の目的とする物件最寄駅を照らし合わせれば、そこまでのアクセスを探すことができます。
　※『メトロネットワーク路線図』収録の一部系統では、路線上に示された一部の駅に停車せずに通過するものもあります（例：都営新宿線急行など）。

東京物件ガイド（P18～P35）、横浜物件ガイド（P103～P104）

　本年度版より物件ガイドを設けました。代表的な観光・学習物件を写真と簡単な解説で紹介しています。拝観・見学施設案内（P105～）とあわせて、来訪物件の選定にご活用下さい。

地下鉄などを利用する際の一口アドバイス

＊出入口を確かめて……地下鉄駅から地上へは出入口が何ヶ所もあり、またビル内へ通じる出入口などもあるため、目的とする道路・建物への出入口番号をよく確かめ、あなたが降りたホームから、目的の出入口へ＜どの通路＞を利用するのか確認しておくことが大事です。

＊ホーム階段に注意……階段やエスカレータには、同一線でも＜行き先方面＞によって専用のものがあるので、反対側ホームへ出ないよう、ホームやコンコースの案内標識などをよく確認して下さい。

＊乗車位置……降車駅の改札口や利用する出入口の位置によって、あらかじめ乗車位置を＜電車先頭・中程・後方＞などと選んでおくと便利です。ただしこれは＜乗車の際に余裕があれば＞の場合です。

＊困ったら駅員に……目的のホームや通路、出入口、乗車券の購入、忘れ物など困ったことが起きた場合は、まず近くにいる駅員に相談しましょう。

＊時刻表は不要……終始発やラッシュ時を除き、かなり頻発しているので、時刻表を見る必要はありません。（P7～参照）

＊一電車見送っても……停車時間は短いので、乗り降りは迅速に。ただし上記のように運転間隔が短いので、一便電車見送っても数分後には次ぎの電車が来ます。乗降は、降りる人を待って乗車し。駆け込み乗車はとても危険です。特にグループの場合は＜全員が安全に乗降＞できるよう、余裕をもって行動してください。

駅ナンバリング

東京メトロ（東京地下鉄株式会社）と都営地下鉄の全ての路線・駅にアルファベットと数字を併記する「駅ナンバリング」を採用しています。

● **路線記号**
東京メトロ（記号は🅜）　銀座線—G、丸の内線—M／m（方南町駅～中野新橋駅間）、日比谷線—H、東西線—T、千代田線—C、有楽町線—Y、半蔵門線—Z、南北線—N、副都心線—F
都営地下鉄（記号は🚇）　浅草線—A、三田線—I、新宿線—S、大江戸線—E

● **駅番号**…原則として各路線、西又は南から01、02、03…と順番に付番されています。添付の路線図を参照しましょう。

H …路線
15 …駅

これにより、目的地の駅がどの路線であるか、また現在いる駅からいくつめの駅で下車すればよいのかが、一目で分かるようになりました。

例）日本橋駅から秋葉原駅へ向かうとき…

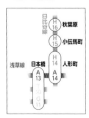

〈今まで〉
日本橋駅から浅草線に乗って人形町駅で降り、日比谷線に乗換え、秋葉原駅で降りる。

〈駅ナンバリングだと〉
日本橋駅からA線に乗ってA14駅で降り、H線に乗換え、H16駅で降りる。
（A13→A14　乗換え　H14→H16…A線14－13＝1、H線16－14＝2なので全部で3駅離れていることがわかります。）

この本の使い方

この本は、あなたの現在いる場所（乗る駅）から、次の目的地（降りる駅）へのアクセスガイドです。各エリアはほとんど見開きで構成されており、左側が現在地周辺MAP、右側がこれから行きたい目的地駅への行き方になっています。

使用例…後楽園（P60）から東京タワー（P44）へ

1 出発地を確認

例として後楽園近くから東京タワーへの行き方を調べてみましょう。目次（P2）から後楽園のあるP60を開きます。右ページ「のりもの案内」の中から目的地のエリア『東京タワー』を見つけましょう。

2 乗る駅を確認

「乗る駅」はI12とM22とあります。表組内では駅を駅ナンバーまたは記号で表記していますので、左ページのエリア地図と「エリアマップ内の路線・駅名称」を見て確認しましょう。I12は三田線春日駅、M22は丸ノ内線後楽園駅ですね。

現在地 （エリア地図）	目的地 （のりもの案内）
後楽園 	表

- 東京メトロ・都営地下鉄以外の駅記号は本書内のみの記号です
- 駅名の頭の英数字は各「駅ナンバリング」番号で、各色のカラーで色分けしています。左頁参照
- 現在地から「乗る駅」までの徒歩時間をマップのスケールを参考に確認

～のりもの案内の見方～

🚶 マークは乗り換えです

① 目的地のエリア	② 参照	③ 乗る駅	④ 乗り物案内 アクセス（🚶は乗換）	⑤ 降りる駅	⑥ 所要分 （乗車時間）	⑦ 乗換回数	⑧ 券
東京タワー	16・44	I12	都三田線	I06 御成門・I05 芝公園・I04 三田	11・13・15	0	＊
		M22	M丸ノ内線で M15 霞ヶ関（P40）🚶 H07 M日比谷線	H06 虎ノ門ヒルズ・H05 神谷町	15・16	1	＊

①目的地のエリア これから行きたい観光施設が記載された地図のタイトル名です。ここで見つからなければ、拝観・見学施設案内（P105～）や地図総索引（P117～）で、どのページの地図にあるか探してください。

②参照ページ 降りる駅の地図又は案内がある主要ページです。

③乗る駅 あなたが今いるエリアでの乗車駅です。ほとんどの駅を駅ナンバーまたは記号で記しています。左ページのエリア地図と「エリアマップ内の路線・駅名称」を見て確認しましょう。

④アクセス どの電車（線）に乗る、どの駅で乗換える等、交通手段の説明です。駅ナンバリングにより、いくつ目の駅かが分かります。

⑤降りる駅 左欄のアクセスで、目的地エリアのどの駅に着くのか示しています。

⑥所要分 あくまで平均の乗車時間です。地下鉄の乗換えにはかなり時間を要する駅もあります。

⑦乗換回数 左欄のアクセスを使った場合の降りる駅までの乗換え回数です。

⑧券 ＊印は『東京メトロ・都営共通一日券』が利用できます。（P6参照）

3 アクセスの確認

この例では次の行き方があります。①I12から「都営三田線」に乗る。②M22から「東京メトロ丸ノ内線」に乗り、M15霞が関でH07 M日比谷線に乗り換える。

4 参照ページで降りる駅を確認

のりもの案内ではI06御成門駅・I05芝公園駅・I04三田駅・H05神谷町駅の4ヶ所が記載されています。東京タワーに最も近い駅を参照ページP44とP16を開き調べましょう。地図を見ると東京タワーへはH05神谷町駅・I06御成門駅が近いことが分かります。乗車時間がH05が16分、I06が12分です。以上の2つのアクセス手段から乗換え無しで東京タワーへ行くことができるI12春日駅乗車を選ぶことにします。

5 目的地最寄駅に到着

御成門駅に到着しました。P44を開いてみます。P44の地図で東京タワーへの「地上出入口番号（ピンク色数字で表記）」を確かめてから進みましょう。A1の出入口です。反対側に出たりすると、余分に歩かずに済みます。地下鉄駅構内の案内板も活用しよう。（最寄駅から観光物件がやや離れている場合は、地図で充分確認しながら訪ねてください。）

6 次の目的地へ…

東京タワーの見学も終わりました。他にも、近くに興味深い所があれば地図を見ながら行きましょう。このP44地図、近接地図以外の目的地へ向かう時は、また同じような手順でアクセスを探しましょう。

各エリア地図内の 🏃 マークは広域避難所です。

エリア地図

東京タワーへ一番近い出口

5

便利・おトクなチケットガイド

『東京メトロ・都営地下鉄共通一日乗車券』

都営地下鉄・東京メトロを一日中何回でも乗れる。

＊大人 900 円　小児 450 円
＊発売場所
　＜前売り＞都営地下鉄各駅（押上駅、目黒駅、白金台駅、
　白金高輪駅及び新宿線新宿駅を除く）及び東京メトロ定
　期券うりば（中野駅、西船橋駅、渋谷駅は除く）
　＜当日売り＞東京メトロ各駅の券売機、都営地下鉄各駅
　の券売機

● 利用にあたっての目安
　都営地下鉄
　◎浅草線〈西馬込～泉岳寺～押上（片道 330 円）〉
　◎三田線〈目黒～白金高輪～西高島平（片道 380 円）〉
　◎新宿線〈新宿～本八幡（片道 380 円）〉
　◎大江戸線〈都庁前～新宿西口～飯田橋～上野御徒町～

築地市場～六本木～都庁前～練馬～光が丘（門前仲町～
光が丘間片道 380 円）〉
東京メトロ　※普通乗車券の場合
◎銀座線〈渋谷～浅草（片道 260 円）〉
◎丸ノ内線〈池袋～東京～四ツ谷～新宿～中野坂上～荻窪
　（池袋～国会議事堂前片道 210 円）、中野坂上～方南町
　（片道 180 円）〉
◎日比谷線〈北千住～中目黒（片道 260 円）〉
◎東西線〈中野～東陽町～葛西～西船橋（片道 330 円）〉
◎千代田線〈北綾瀬～綾瀬、綾瀬～代々木上原（片道 300 円）〉
◎有楽町線〈和光市～小竹向原～池袋～新木場（片道 330
　円）〉
◎副都心線〈小竹向原～池袋～渋谷（片道 260 円）〉
◎半蔵門線〈渋谷～押上（片道 260 円）〉
◎南北線〈目黒～白金高輪～王子～赤羽岩淵（片道 300 円）〉

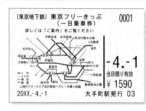

『東京フリーきっぷ』

東京さくらトラム（都電荒川線）・都営バス・都営地下鉄、東京メトロ、日暮里・
舎人ライナー、都区内の JR 線を、購入日から 1 か月間のうち好きな一日に
限り乗り放題！

＊大人 1,600 円　小児 800 円
＊発売場所　都営地下鉄各駅、東京メトロの各駅、日暮里・舎人ライナー各
　駅及び定期券売場所、JR 都区内の各駅など（一
　部を除く）

『東京メトロ学生用 24 時間券』

修学旅行・教育旅行を目的とした学生用乗車券。
＊ 300 円
　事前に取扱い旅行会社の教育旅行支店にお申し
　込みが必要です。

『都営まるごときっぷ（一日乗車券）』

都営地下鉄、都バス、東京さくらトラム（都電荒川線）、日暮里・舎人ライナーを一日限り何回でも乗れる。

＊大人 700 円　小児 350 円
＊発売場所
　〈前売り〉 都営地下鉄各駅（一部を除く。）の窓口、都バス営業所・支所、荒川電車営業所、三ノ輪橋おもいで館、都営地下鉄・都バス・都電及び日暮里・舎人ライナーの定期券発売所（一部を除く。）で発売。
　（購入日から 6 か月間のうち好きな 1 日を選べる）
　〈当日売り〉 都営地下鉄各駅の自動券売機、都バス・都電の車内、日暮里・舎人ライナー各駅の自動券売機で発売。（前売りの発売場所でも当日売りを取り扱っている。都バス車内では午前 4 時から発売）（購入日のみ有効）

都営交通沿線の施設や店舗で 1 日乗車券を提示すると、割引やプレゼントなどの特典を受けることができる。（対象乗車券のご利用当日に限る。）

『東京メトロ 24 時間券』

東京メトロ線内を 24 時間に限り、何度でも利用できる。

＊大人 600 円　小児 300 円
＊発売場所
　〈前売り〉 東京メトロの定期券うりば（一部の定期券うりばを除く。）で発売。（有効期間は購入日から 6 か月）
　〈当日売り〉東京メトロ各駅の券売機で発売。（購入日のみ有効）
　東京メトロ及び都営地下鉄では、一日乗車券等、対象乗車券を利用当日に対象施設・店舗で提示すると、割引などの特典が受けられるサービス「ちかとく」を実施している。

ゆりかもめや水上バスのご利用に便利なチケット

『ゆりかもめ　一日乗車券』

ゆりかもめ
＊大人 820 円　小児 410 円

主要鉄道機関の種類（東京都内）

※本書では各鉄道を次のように表しています。　都…都営地下鉄　Ｍ…東京メトロ　JR…JR線
尚、都営地下鉄、東京メトロ各線は、地図や路線図で以下のように色分けされています。

凡
例

Ｇ メトロ銀座線	Ｈ メトロ日比谷線	Ｃ メトロ千代田線	Ｆ メトロ副都心線	Ｎ メトロ南北線	Ｉ 都営三田線	Ｅ 都営大江戸線
Ｍ メトロ丸ノ内線	Ｔ メトロ東西線	Ｙ メトロ有楽町線	Ｚ メトロ半蔵門線	Ａ 都営浅草線	Ｓ 都営新宿線	

地下鉄線

都 都営地下鉄（東京都交通局）

浅草線〈西馬込〜泉岳寺〜押上〉
3〜6分毎の運行
押上で京成線、北総線と、泉岳寺で京浜急行本線急行・特急等と相互直通運転。

三田線〈目黒〜白金高輪〜西高島平〉3〜8分毎の運行
目黒で東急目黒線と相互直通運転。目黒〜白金高輪間で東京メトロ南北線と線路・駅施設を共用。

新宿線〈新宿〜本八幡〉
3〜8分毎の運行。新宿で京王線、京王新線と相互直通運転。急行停車駅……本八幡・船堀・大島・森下・馬喰横山・神保町・市ヶ谷・新宿。

大江戸線〈都庁前〜新宿西口〜飯田橋〜上野御徒町〜築地市場〜六本木〜都庁前〜練馬〜光が丘〉
4〜7分毎の運行

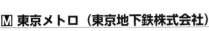

東京さくらトラム(都電荒川線)
三ノ輪橋〜早稲田
2〜5分毎の運行
1両編成のワンマン運転。JR線への乗換で、「王子駅前」・「大塚駅前」の駅において混み合う。

Ｍ 東京メトロ（東京地下鉄株式会社）

銀座線〈渋谷〜浅草〉
2〜3分毎の運行
渋谷駅〜赤坂見附駅間は、半蔵門線と平行して走っている。

丸ノ内線〈池袋〜東京〜四ツ谷〜新宿〜中野坂上〜荻窪、中野坂上〜方南町〉
池袋〜東京〜四ツ谷〜新宿は2〜4分毎の運行。新宿〜中野坂上〜荻窪、中野坂上〜方南町は共に2〜8分毎の運行

日比谷線〈北千住〜中目黒〉
2〜5分毎の運行。北千住で東武スカイツリーラインと相互直通運転

東西線〈中野〜東陽町〜葛西〜西船橋〉
2〜10分毎の運行。中野でJR中央線と相互直通運転。

千代田線〈北綾瀬〜綾瀬、綾瀬〜代々木上原〉
2〜6分毎の運行。綾瀬でJR常磐線・代々木上原で小田急小田原線と相互直通運転

有楽町線〈和光市〜千川〜小竹向原〜池袋〜新木場〉3〜10分毎の運行。和光市で東武東上線、小竹向原で西武有楽町線・練馬で西武池袋線と相互直通運転

副都心線〈和光市〜渋谷〉
3〜10分毎の運行。
和光市駅〜小竹向原駅間は、有楽町線と線路・駅を共用し、小竹向原駅〜池袋駅間は有楽町線との複々線区間として並走。渋谷で東急東横線と相互直通運転

南北線〈目黒〜白金高輪〜王子〜赤羽岩淵〉4〜8分毎の運行。目黒で東急目黒線・赤羽岩淵で埼玉スタジアム線と相互直通運転。目黒〜白金高輪間で都営三田線と線路・駅施設を共用

JR線

🚉 山手線（黄緑色）
3分～6分毎の運行。
時計回りの外回り（大崎から渋谷・新宿方面）と、その逆回りの内回り（大崎から東京・上野方面）がある。

🚉 京浜東北線（水色）
東京駅からは、早朝～10時30分頃と15時30分～45分以降は普通が、それ以外の時間帯は快速電車が運行。東京からの北行き（上野・日暮里・赤羽方面）普通は3～4分毎、快速は4～7分毎の運行。赤羽からの南行き（東京・品川・大森方面）普通は2～6分毎、快速は4～7分毎の運行。
快速停車駅……赤羽・東十条・王子・上中里・田端・上野・御徒町（土休日のみ）秋葉原・神田・東京・浜松町・田町・高輪ゲートウェイ・品川・大井町・大森・蒲田

🚉 中央線（オレンジ色）
東京駅からの西行き（新宿方面）普通は、早朝・深夜の運行で、その他の時間は快速・特別快速で御茶ノ水駅で乗換え。新宿方面からの東京行き普通も早朝・深夜の運行で、その他の時間は御茶ノ水で快速・特別快速に乗換え。
三鷹・吉祥寺方面からの東行き（大手町方面）普通は、中野でメトロ東西線（銀色）と相互直通運転。

🚉 中央線本線（オレンジ色）
快速停車駅（東京→新宿方面）は、神田・御茶ノ水・四ツ谷・新宿の各駅で2～10分毎の運行。特別快速は14時台で4本運行。

🚉 総武線本線（黄色）
千葉方面・小岩から新宿方面への普通は、2～8分毎の運行。御茶ノ水・秋葉原から小岩方面への普通は、2～13分毎の運行。

🚉 総武線（黄色）
東京から新小岩方面への快速は、平日1時間に2本程の運行。新小岩から東京方面への快速も同2本程。

🚉 京葉線（赤色）・🚉 武蔵野線（朱色）
……東京～舞浜間の記述
東京ディズニーリゾート最寄駅は舞浜駅、葛西臨海公園は特に平日、停車しない電車があり、注意。

🚉 常磐線（エメラルドグリーン色）
下り（亀有・金町方面）普通は、6～12分毎の運行。金町からの上り線普通も同。快速下りは、上野から日暮里・三河島・南千住・北千住の各駅のみ停車で10～18分毎の運行。上りも同。綾瀬で東京メトロ千代田線と相互直通運転＊普通のみ

🚉 埼京線（緑）
池袋・新宿・渋谷方面から大崎でりんかい線に乗り入れお台場・新木場に向かう上りは、14時台で3本。新木場からのりんかい線で大崎からJR線乗り入れの下りも同。

🚉 横須賀線
東京からの下り、西大井方面は14時台で5本の運行。

🚉 東海道本線
東京から新橋・品川に向かう下りは、14時台で10分毎の運行。品川からの上りは、14時台で5本の運行。

山手線

常磐線

東海道本線

私鉄線他

東京モノレール
日中3分～10分毎の運行。モノレール浜松町駅～羽田空港第2ビル駅。

ゆりかもめ（東京臨海新交通）
日中3分～9分毎の運行。ゆりかもめの新橋駅～豊洲駅。

りんかい線（東京臨海高速鉄道）（銀色青・緑帯）
5～12分毎の運行。新木場～大崎駅。大崎からJR埼京線・川越線と相互直通運転……JR埼京線参照

つくばエクスプレス（首都圏新都市鉄道）
5～9分毎の運行。秋葉原駅～つくば駅（茨城県つくば市）。

京浜急行電鉄（京急）
京浜急行本線（泉岳寺～品川～青物横町～大森海岸～平和島～京急蒲田方面）普通は6～10分毎の運行。泉岳寺から都営浅草線、押上駅から京成線、北総線と相互直通運転。

京浜急行空港線（京急蒲田〜羽田空港）約 10 分毎の運行。

東武鉄道

伊勢崎線（東武スカイツリーライン）（浅草〜とうきょうスカイツリー〜曳舟〜東向島〜堀切〜北千住〜西新井〜竹ノ塚方面）普通は 5 〜 15 分、準急は 60 分毎の運行。北千住で東京メトロ日比谷線と相互直通運転。

亀戸線（亀戸〜東あずま〜曳舟）5 〜 10 分毎の運行。

大師線（西新井〜大師前）8 〜 15 分毎の運行。

東上線（池袋〜ときわ台〜下赤塚〜成増方面）普通は 5 〜 20 分毎の運行。和光市で東京メトロ有楽町線と相互直通運行。

京成線

京成本線（京成上野〜日暮里〜町屋〜堀切菖蒲園〜お花茶屋〜青砥〜京成高砂〜小岩〜江戸川方面）普通は 5 〜 10 分毎の運行。

京成押上線（押上（スカイツリー前）〜京成曳舟〜八広〜青砥）普通は 3 〜 10 分毎の運行。

京成金町線（京成金町〜柴又〜京成高砂）普通のみで 10 〜 20 分毎の運行。

北総開発鉄道（京成高砂駅 - 印旛日本医大駅間）

京成高砂駅 - 印旛日本医大駅の原駅間を「北総線」と呼ぶ。（この北総線は北総開発鉄道が管理、運行）
北総線（京成高砂〜新柴又〜矢切方面）普通は 3 〜 20 分毎の運行。京成線、都営浅草線、京浜急行線と相互直通運行。

西武鉄道

西武池袋線（池袋〜江古田〜練馬〜石神井公園〜大泉学園〜東久留米〜清瀬方面）普通は 4 〜 10 分毎の運行。練馬から西武有楽町線を経由して東京メトロ有楽町線と相互直通運行。

西武新宿線（新宿〜高田馬場〜中井〜新井薬師前〜沼袋〜上井草方面）普通は 5 〜 15 分毎の運行。

西武有楽町線（小竹向原〜新桜台〜練馬）8 〜 18 分毎の運行。小竹向原で東京メトロ有楽町線と相互直通運行。

西武豊島線（練馬〜豊島園）約 10 分毎の運行。一部は池袋から直通。

京王電鉄

京王新線（都営新宿線と相互直通運転で新線新宿〜初台〜幡ヶ谷〜笹塚）（P79）普通は 2 〜 20 分毎の運行、一部を除き笹塚折り返し。新線新宿発着の全ての列車が初台、幡ヶ谷に停車。

京王線（新宿〜〔初台〜幡ヶ谷間通過〕〜明大前〜芦花公園〜仙川〜つつじヶ丘〜調布〜飛田給〜高幡不動方面）（P79）普通は 2 〜 20 分毎の運行。

京王井の頭線（渋谷〜神泉〜駒場東大前〜下北沢〜明大前〜西永福〜久我山〜井の頭公園〜吉祥寺）（P79）普通は 6 分毎、急行は 12 分毎の運行。

京王相模原線（京王多摩川〜京王よみうりランド〜京王多摩センター方面）同線内各駅停車の快速は約 20 分毎の運行。

京王動物園線（高幡不動〜多摩動物公園）15 〜 20 分毎の運行。

東京急行（東急）

東急田園都市線（渋谷〜三軒茶屋〜桜新町〜用賀〜二子玉川方面）普通は 3 〜 12 分毎の運行。渋谷で東京メトロ半蔵門線と相互直通運行。

東急目黒線（目黒〜洗足〜大岡山〜田園調布〜武蔵小杉）4 〜 10 分毎の運行。目黒で都営三田線、東京メトロ南北線と相互直通運行。

東急大井町線（大井町〜中延〜旗の台〜大岡山〜自由が丘〜九品仏〜等々力〜上野毛〜二子玉川）3 〜 15 分毎の運行。

東急池上線（五反田〜旗の台〜池上〜蓮沼〜蒲田）2 〜 12 分毎の運行。

東急東横線（渋谷〜代官山〜中目黒〜祐天寺〜学芸大学〜自由が丘〜田園調布〜新丸子〜武蔵小杉方面）普通は 5 〜 10 分毎の運行。渋谷で東京メトロ副都心線と相互直通運行。

東急多摩川線（蒲田〜下丸子〜多摩川）3 〜 15 分毎の運行。

東急世田谷線（三軒茶屋〜世田谷〜下高井戸）約 7 分毎の運行。

小田急電鉄

小田急小田原線（新宿〜南新宿〜参宮橋〜代々木八幡〜代々木上原〜下北沢〜よみうりランド前方面）（P79）普通は 4 〜 13 分毎の運行。代々木上原で東京メトロ千代線と相互直通運行（本厚木まで）。

小田急多摩線（代々木上原〜下北沢〜読売ランド前〜小田急多摩センター方面）普通は 3 〜 10 分毎の運行。代々木上原で東京メトロ千代線と相互直通運行。

東京都内 23 区図

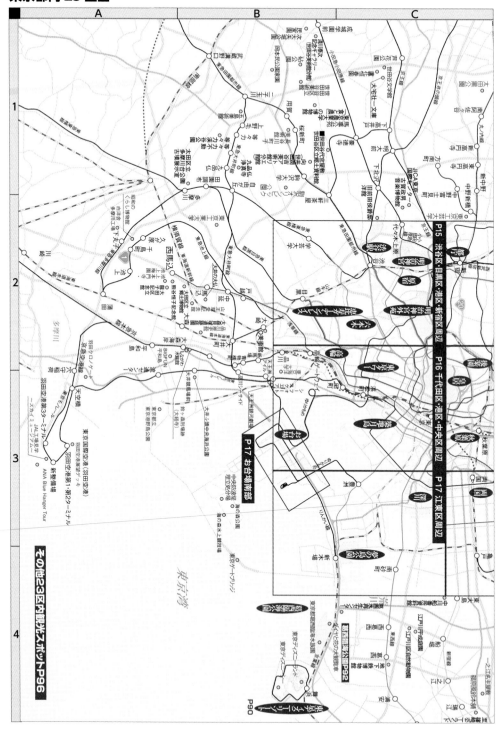

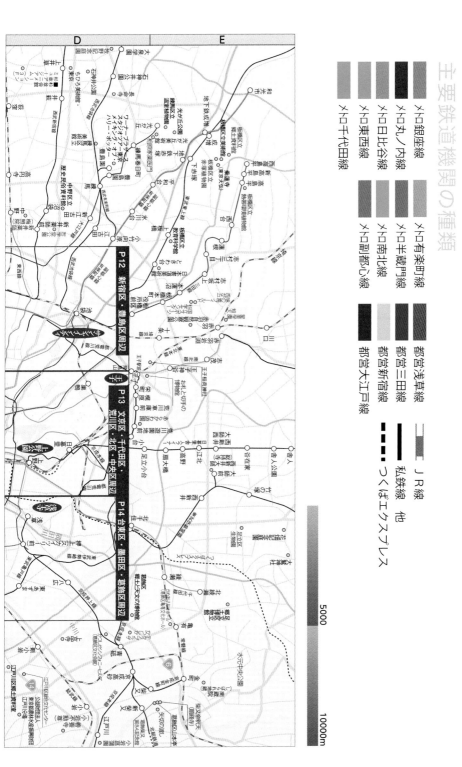

主要鉄道機関の種類

メトロ銀座線
メトロ丸ノ内線
メトロ日比谷線
メトロ東西線
メトロ千代田線

メトロ有楽町線
メトロ半蔵門線
メトロ南北線
メトロ副都心線

都営浅草線
都営三田線
都営新宿線
都営大江戸線

JR線
私鉄線 他
つくばエクスプレス

5000

10000m

P12 新宿区・豊島区周辺

P13 文京区・千代田区・荒川区・北区・中央区周辺

P14 台東区・墨田区・葛飾区周辺

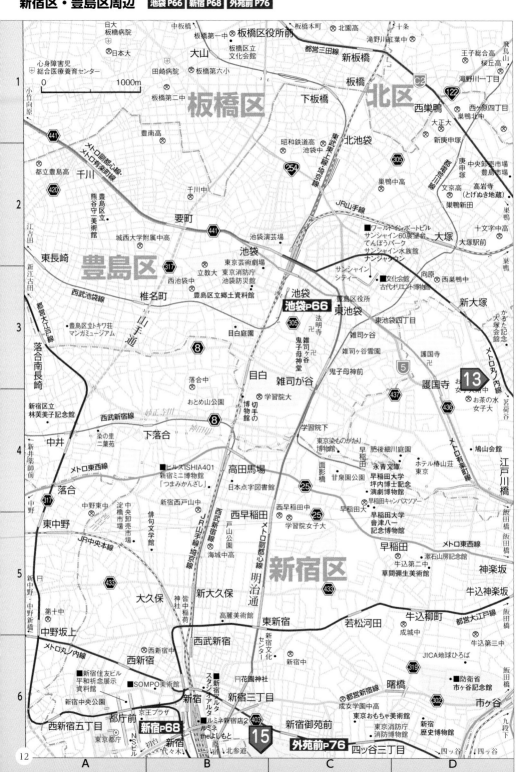

板橋区役所前
都営三田線
新板橋
北区
板橋
122
西巣鴨

心身障害児
総合医療療育センター
0　　1000m

大山
板橋区立
文化会館
板橋第一中
板橋本町
北園高
十条
滝野川紅葉中
王子総合高
桜丘高
飛鳥山

日大
板橋病院
日本大
中板橋
板橋第六小
下板橋
新板橋
滝野川一丁目

1

板橋区

田崎病院
板橋第二中
昭和鉄道高
池袋本町

02
滝野川
西ヶ原四丁目

441

豊南高
北池袋
巣鴨
大正大
新庚申塚
西巣鴨
巣鴨北中

メトロ副都心線・
メトロ有楽町線

都立豊島高
千川
254

中央卸売市場
豊島市場
庚申塚

420

豊島区立
熊谷守一美術館
千川中
JR山手線

高岩寺
(とげぬき地蔵)
巣鴨

2

要町
441
池袋演芸場
ワールドインポートビル
サンシャイン60展望台
てんぼうパーク
サンシャイン水族館
ナンジャタウン
大塚
高田
巣鴨新田

江古田
東長崎

豊島区

池袋
東京芸術劇場
サンシャイン
シティ
大塚駅前
十文字中高
巣

新江古田

317
立教大
東京消防庁
池袋防災館
文化会館
古代オリエント博物館
向原
西巣鴨

都営大江戸線

西武池袋線
椎名町
西池袋中
豊島区立郷土資料館
池袋
池袋 P66
305
豊島区役所
東池袋
東池袋四丁目
雑司ヶ谷
新大塚

3

落合南長崎

豊島区立トキワ荘
マンガミュージアム
8
目白庭園
法明寺
鬼子母神堂
雑司ヶ谷
雑司ヶ谷霊園
護国寺
437
かるた記念
大塚会館
茗荷谷

メトロ丸ノ内線

新宿区立
林芙美子記念館
西武新宿線
目白
雑司が谷
鬼子母神前
5
護国寺
436
お茶の水
女子大

中井
染の里
二葉苑
下落合
8
おとめ山公園
妙正寺川
切手の
博物館
学習院大
学習院下
早稲田
肥後細川庭園
永青文庫
早稲田大学
坪内博士記念
演劇博物館
ホテル椿山荘
東京
鳩山会館
江戸川橋

4

新井薬師前

メトロ東西線
落合

317
中野東中
ヒルズISHIA401
新宿ミニ博物館
「つまみかんざし」
高田馬場
日本点字図書館
面影橋
甘泉園公園
早稲田キャンパスツアー
早稲田大学
會津八一
記念博物館
早稲田
メトロ有楽町線
飯田橋
飯田橋

中野
東中野
淀橋
中央卸売市場
市場
新宿西戸山中
西早稲田
25
西早稲田
25
学習院女子大
夏目漱石記念館
早稲田
牛込第二中
メトロ東西線
神楽坂

俳句文学館
戸山公園
海城中高
草間彌生美術館
牛込神楽坂

5

中野坂上

JR中央本線
433
大久保
神社
皆中稲荷
新大久保
433
若松河田
成城中
牛込柳町
都営大江戸線
飯田橋

第十中
中野新橋
高麗美術館
東新宿
新宿文化
センター
JICA地球ひろば
319
飯田橋

メトロ丸ノ内線
西新宿中
西新宿
新宿区
明治通
新宿
防衛省
市ヶ谷記念館

6

新宿住友ビル
平和祈念展示
資料館
SOMPO美術館
新宿中央公園
都庁前
京王プラザ
新宿
スタジオアルタ
花園神社
新宿三丁目
新宿御苑前
成女学園中高
東京おもちゃ美術館
東京消防庁
消防博物館
新宿
歴史博物館
市ヶ谷

西新宿五丁目
東京都庁
NSビル
新宿 P68
新宿
ルミネ新宿店
ルミネthe
よしもと
409
15
外苑前 P76
四谷三丁目
九段下
四ツ谷

A　　　B　　　C　　　D

北千住

足立区

荒川区

葛飾区

台東区

墨田区

亀戸

13

6　浅草・東京スカイツリーP82

蔵前

両国 P84

17

14

読売新聞社東京本社 マスコミ
地図 P36B1　案内 P115

明治7年(1874)11月2日創刊、「ギネスブック」が認定する世界一の発行部数を誇り、日本を代表する一般大衆向けの新聞社。社名は江戸時代の瓦版売りを意味する「読み売り」に由来する。ここでは取材や校閲など、新聞記者のさまざまな仕事を学ぶことができる。

日本銀行貨幣博物館

貨幣博物館(日本銀行金融研究所) 政治・経済
地図 P36D2　案内 P106

日本の貨幣を中心に和同開珎や大判・小判の実物、貨幣に関する絵画など貴重な資料を多数展示している。
千両箱などの重さが体験できる展示や、さまざまな記念スタンプがそろっている。

日本銀行(本店見学) 政治・経済
地図 P36C1　案内 P113

明治15年(1882)、現在の日本橋箱崎町で開業、後に現在地に移転。日本の中央銀行として金融政策、金融システムの安定をはじめ多様な業務を行っている。美しい西洋式建築物の本館の地下金庫や営業場、中庭などを解説付で見学することができる。

©FW&Co.,2017

信託博物館(三菱UFJ信託銀行) 政治・経済
地図 P36B2　案内 P109

信託とは信頼できる人に財産などを託すこと。こ

こではモニターでその仕組みを紹介する「ガイダンスシアター」や、その起源・発展を実際の展示物を交えて紹介する「信託の歴史ゾーン」があり、信託をより身近なものとして学べる施設となっている。また、信託に縁の深いピーターラビット™の絵本の世界を旅して写真を撮れるコーナーなどもある。

出光美術館
地図 P40D2　案内 P105

出光興産の創業者、出光佐三が蒐集した美術品を公開している。平安時代に描かれた「伴大納言絵巻」(国宝)をはじめ、大和絵・水墨画・浮世絵・陶磁器と様々なジャンルの品々が収蔵されている。アジア各国・中近東の陶磁資料を集めた「陶片資料室」を持つ。

東京国際フォーラム
地図 P40D2　案内 P112

平成9年(1997)、東京都庁舎の新宿副都心移転跡地に建設された。個性的なホールを備えた4つのホール棟と、シンボリックなガラス棟から構成。「相田みつを美術館」や多彩なショップ＆レストランを備えるコンベンション＆アートセンター。

相田みつを美術館
地図 P40D2　案内 P105

書家・詩人として、自分の書、自分の言葉を探求し続け、独自のスタイルを確立し、多くの作品を生み出してきた相田みつを(1924〜1991)の記念館。コンセプトは「人生の2時間を過ごす場所」。

警視庁(本部見学) 防災
地図 P40B2　案内 P107

東京都を管轄する警察本部で、警視庁の活動などを学ぶことができる。明治以降の歴史的な事件や災害など警視庁に関係ある貴重な資料や、約1,000点の参考資料を展示する「警察参考室」、警察の活動や交通安全、非行防止について学ぶ「ふれあいひろば警視庁教室」などがある。

展示室「教育」

文部科学省 情報ひろば 政治・経済
地図 P40A3　案内 P115

わが国の教育・スポーツ・文化・科学技術など、様々な分野を担う文部科学省の教育政策の歴史や教育施策の取組などをパネル、ミニシアター、レプリカ等を用いて展示・紹介する施設。昭和8年(1933)の姿に復原された「旧大臣室」なども見学できる。小学生・中学生・高校生等は申込をすれば、展示解説を受ける事もできる。(5名以上)

農林水産省「消費者の部屋」 政治・経済
地図 P40B2・3　案内 P113

わが国の安全な食料の安定供給や食の市場の拡大、水田や畑、森林、海などの環境保全、農山漁村の振興を目的とした日本政府の行政機関の一つ。食品選びの目印といえる食品表示ルールの整備や、農地の有効活用にも取り組んでいる。「消費者の部屋」ではその仕事を分かりやすく紹介するとともに、食生活や農漁村など幅広いテーマを取り上げた特別展示を行っている。

博品館 TOY PARK 銀座本店
地図 P40D4　案内 P113

1982年9月に銀座にオープンしたおもちゃ専門店。地下1階から4階までの5フロアにはおもちゃ、ドール、ステーショナリー、ぬいぐるみ、ゲーム、キャラクターグッズ、など遊び心ある商品を約20万点取り揃えている。また、店内には手ぶらで車の走行ができるスロットカーサーキット「博品館 RACING PARK」(5分間200円)など体感して楽しめる施設もある。

衆議院事務局 憲政記念館 政治・経済
地図 P42D2　案内 P107

昭和45年(1970)、わが国で議会開設80年を迎えたことを記念して、昭和47年(1972)に開館。憲政の歴史と仕組みが分かりやすく説明されているほか、憲政功労者の遺品・写真・関係資料などを常設展示・特別展が見学できる。

本会議場

中央広間

国会議事堂（参議院） 政治・経済
地図 P42C2　案内 P108

国会議員が日本の将来のため重要な話し合いをする場所。昭和11年（1936）に完成した建物には美しい装飾が施された中央広間があり、伊藤博文ら偉人の銅像が配置され、2階〜6階までが吹き抜けとなっている。見学では中央広間のほかに、傍聴席、御休所、皇族室など見ることができる。また、小・中学生を対象として委員会・本会議での法案審議をロールプレイ形式で模擬体験できる「特別体験プログラム」などもある。

HPより転載

最高裁判所 政治・経済
地図 P42C1　案内 P108

司法機関として憲法に定められた最高の国家機関。事件で高等裁判所で行われた裁判の結果に不服な当事者から提出される上告や、違憲を理由とする特別の抗告に対して裁判権を有している。最高裁判所の大法廷内は見学する事もでき、係員の説明も受けられる。

気象科学館 防災
地図 P52D3・P44B1　案内 P106

令和2年（2020）開館の日本で唯一の「気象業務」を中心とした総合ミュージアム。気象、地震・津波、火山等について学ぶことで防災・減災について学ぶことができる。学習・体験できる装置が豊富で、局地的大雨の対策等を解説する「大雨ヒヤリハット」や、緊急地震速報の仕組みや発報した時の行動を解説する「緊急地震速報トライアル」などがあり、子供から大人まで幅広い層が楽しめる展示となっている。

外務省外交史料館 別館展示室
地図 P44A2　案内 P106　政治・経済

外務省の歴史的価値のある記録文書を保存管理する施設。別館展示室の常設展では教科書でも紹介されている「日米修好通商条約」などの条約書、国書・親書、外交文書等を数多く展示している。本館ロビーには、ユダヤ人をナチスの迫害から救った外交官である杉原千畝に関する史料や、江戸時代からの歴代のパスポートなどが展示されている。

東京タワー
地図 P44B3　案内 P111

高さ333m、重さ4,000t。昭和33年（1958）の開業以来、東京のシンボルとして堂々と佇む。276灯の投光器が塔体各所に設置され、季節によって違ったタワーを楽しめる。展望台は「トップデッキ（150m）」と「トップデッキ（250m）」の2ヵ所。平成30年（2018）には体験型展望ツアー「トップデッキツアー」がグランドオープンしている。

©RED°TOKYO TOWER

レッドトーキョータワー スポーツ
地図 P44B3 案内 P115

日本最大規模の esports パーク。4階「アトラクションゾーン」では実際に体を動かすフィジカルな esports が楽しめ、重さ約34gのマイクロドローンを使ったダイナミックな障害物ドローンレースや、世界的に人気のパラスポーツ「ボッチャ」のテクノロジー版のほか、頭脳を使ったアトラクションなど様々な体験型コンテンツが充実している。5階「アルティメットゾーン」は世界最先端のXR技術を駆使したイベントが繰り広げられる2つの次世代アリーナと、eモータースポーツのシミュレーター、ポーカーやボードゲームなどのマインドスポーツ、さらにカフェ&バーがあり、新感覚のエンターテインメントが楽しめる場所となっている。

警視庁交通管制センター 交通・物流
地図 P44C2・D2　案内 P107

道路交通に関する情報の収集・分析及びその提供を行うほか、交通渋滞解消のための信号機調整などを行っている施設。ここでは実際の現場を見学することで、その仕事と安全で快適な道路環境を作る役割を学ぶ事ができる。

増上寺
地図 P44C3　案内 P109

浄土宗の七大本山の一つで、明徳4年（1393）、江戸貝塚（千代田区紀尾井町）に創建。慶長3年（1598）に家康の入府の後、江戸城拡張とともに現在地に移転した。都内有数の建築物にして東日本最大級を誇る三解脱門の向こうには、約16,000坪（東京ドームの1.1倍）の境内が広がっている。

NHK放送博物館 マスコミ
地図 P44C1　案内 P106

昭和31年（1956）に世界初の放送専門ミュージアムとして開館。放送の歴史をイラストや映像などで紹介すると共に、最新の8Kスーパーハイビジョンや、アナウンサーを体験できる放送体験スタジオなどがあり、最新技術やテレビ放送の舞台裏を学べる施設となっている。

日本アセアンセンター 国際
地図 P44C2・D2　案内 P113

ASEAN（アセアン：東南アジア諸国連合）に加盟する10カ国と日本政府との協定によって設立された国際機関。事前に予約をすれば、日本とASEAN諸国との関係やセンターの活動について学ぶプログラムを受けることが可能。

警察博物館 防災
地図 P46C1　案内 P107

警察の歴史や仕事について紹介する博物館。実物の白バイとパトカーなどの展示や、110番・交番・指紋採取などが疑似体験できる体験型コンテンツが充実している。また、街のどこに危険が潜んでいるかを理解できるジオラマシミュレーションなどもあり、我々の日々の暮らしに役立つ情報も紹介している。

国立映画アーカイブ
地図P46D1　案内P107

国立近代美術館の映画部門として開設され、昭和45年(1970)に機能を拡充する形でフィルムセンターとして開館。映画の博物館・資料館として、映画文化・芸術の拠点とし、映画による国際交流の場としての機能をもつ。平成30年(2018)に東京国立近代美術館より独立し、国立映画アーカイブとなった。

ZUKAN MUSEUM GINZA
地図P40D3・46B2　案内P109

令和3年(2021)にオープンしたデジタルとリアルが融合した空間を巡りながら図鑑の世界に入り込む新感覚の体験型施設。来場者は生き物を検知・記録するための特別なアイテム「記録の石」を持ち、森林ゾーン、深海ゾーン、草原ゾーンなどで多様な生き物を発見する旅をする。生態や反応を体験しながら学べるとともに、24時間という時間の経過や、天候の変動など環境変化によって観察できる生き物が変わるリアルな地球の自然を体感できる場所となっている。

築地本願寺(西本願寺東京別院)
地図P46D3　案内P110

元和3年(1617)、西本願寺の別院として、浅草横山町に建立。のちに築地に移り、現在は古代インド仏教様式で石造りという異国情緒たっぷりな建物となっている。建築家・伊東忠太が手がけ、昭和9年(1934)に完成。聖徳太子作と伝わる「阿弥陀如来」を祀る。

宮崎駿デザインの日テレ大時計　©NTV

日テレ社内見学　マスコミ
地図P46A4　案内P113

日本テレビの本社ビル。「宮崎駿デザインの日テレ大時計」、日本テレビのオリジナルグッズショップ「日テレ屋」。その他、ファーストフード、カフェなどアミューズメント施設多数。見学体験型ツアーも行っており人気。

アド・ミュージアム東京　マスコミ
地図P48B1　案内P105

吉田秀雄記念事業財団によって2002年に設立された、マーケティングと広告の総合的な資料館。広告に関する様々な資料や図書を閲覧できる日本で唯一の広告専門の図書館と、江戸時代から今日までの広告作品が陳列されている展示ホールからなる。

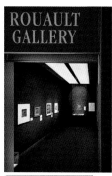

パナソニック 汐留美術館
地図P48B1　案内P113

パナソニックが収集・所蔵してきたジョルジュ・ルオー(1871〜1958)の油彩・版画作品の公開を目的に本社ビル4階に開館。油彩画や代表的版画作品などを含むルオー・コレクションは約240点を所蔵・展示する。

東京中央 卸売市場豊洲市場
地図P16D4・5　案内P112

平成30年(2018)10月に老朽化などの問題を抱えていた築地市場が移転し、オープンした豊洲新市場。敷地面積は概算値407,000㎡(東京ドームおよそ9個分)となり、青果棟、水産仲卸売場棟、水産卸売場棟など取り扱う生鮮食品や市場での役割に応じた3つの街区で構成された総合市場である。見学者のためのコースも設置されており、PRコーナーやマグロせり見学デッキ、物販・飲食店舗なども楽しむことができる。小中学生向けの団体見学も行なっており、ビデオ上映や職員による説明受けることができる。(要予約)

浜離宮 恩賜庭園
地図P48B2　案内P113

江戸時代の代表的な大名庭園で、都内唯一の潮入の池と二つの鴨場がある。元々は四代将軍家綱の弟・松平綱重の別邸があったが、明治維新後は皇室の離宮となり、戦後東京都に下賜された。現在、国の特別名勝及び特別史跡に指定されている、四季の風情も豊かな庭園である。

旧芝離宮 恩賜庭園
地図P48A3　案内P107

小石川後楽園と共に、現存する最古の江戸時代の代表的な大名庭園。池を中心とした「回遊式泉水庭園」で、池には中島や浮島を配し、一角には小さな洲浜が設けられた。江戸の造園技術を今に伝える歴史深い名園であり、昭和54年(1979)に国の名勝に指定された。

築地 外市場
地図P48C1　案内P110

築地市場の外に設けられた市場。民間業者で構成されており、一般買物客にも小売り販売をしていて、鮮魚、野菜、果物などの生鮮食品や乾物だけでなく、食器などあらゆるものが揃う。店は、ほとんどが昼頃に閉店する。

くすりミュージアム　科学技術
地図P50A1　案内P107

平成24年(2012)にオープンした「第一三共胃腸薬」でお馴染みの製薬会社が運営するくすりの正しい知識を学べるミュージアム。　館内では性別や年齢などを入力したICチップ内蔵のメダルを受け取り、それによって一人一人違った内容の様々な展示を体験できる。

東証アローズ(東京証券取引所)　政治・経済
地図P50B2　案内P112

明治11年(1878)に、現在の東京証券取引所(東証)の前身である東京株式取引所が設立された。有価証券の売買を行うための市場施設の提供、相場の公表及び有価証券の売買等の公正の確保その他の取引所金融商品市場の開設に係る業務を行っている。東証は、市場第1部、市場第2部、マザーズ・JASDAQといった現物株式市場を中核と

した市場を開設・運営している。東証アローズはリアルタイムの市場情報を投資家に提供する場であり、上場企業に的確な情報開示とサポートする場として平成12年（2000）にオープンしている。案内付き見学ツアーと株式投資体験をセットにしたプログラムもある。

マーケットセンター

水天宮（弁財天）
地図 P50D2　案内 P109

古くは、安徳天皇とその一族の霊を慰める社が、今に続く水天宮の起源と伝わる。安産、子授けの宮で、境内には「子宝いぬ」「安産子育て河童」など、お産に関するユニークなマスコット像があり、かわらしい。縁日は毎月5日、5月5日は水天宮大祭。

皇居
地図 P52B4　案内 P107

かつての徳川幕府の居城。現在は皇居として、天皇皇后両陛下の住居である「御所」、国賓などの接伴や国の公の儀式・行事などに使われる「宮殿」などを有する。申し込めば、指定された手続きを経て、ガイドによる皇居内の一部を参観ができる。(P57参照)

©TCVB

皇居 東御苑
地図 P52D3　案内 P107

皇居造営の一環として、旧江戸城の一部を整備し、昭和43年（1968）に皇居附属庭園として完成した。面積約21万㎡の庭園には、天守閣の跡や、江戸城最大の検問所百人番所、大手門などかつての栄華を伝えるポイントも多い。

©TCVB

大手門

三の丸尚蔵館
地図 P36A1・P52D3　案内 P108

皇室に代々受け継がれた絵画・書・工芸品などの美術品類を管理・展示公開する目的で皇居東御苑内に建設され、平成5年（1993）に開館。皇室家からの寄贈などにより現在約9,800点余の美術品類が収蔵されている。
※リニューアル工事中、令和5年秋にオープン予定

北の丸公園
地図 P52B2　案内 P106

元は江戸城北の丸であったが、現在は整備され総面積19万3,000㎡の森林公園となっている。園内には、武道館、科学技術館、国立近代美術館、国立公文書館等の施設があり、散策に最適。緑が多く、四季の表情が豊かである。

東京 国立近代美術館（本館）
地図 P52C2　案内 P111

約180〜250点の作品を、時代ごとに構成、展示しており、明治中期から現代に至る日本の近代美術の流れが概観できる。絵画・彫刻・水彩画・素描・版画・写真など、約13,000点の美術作品を所蔵。特に近代のコレクションは豊富で重要文化財を多数所蔵する。

科学技術館 　科学技術
地図 P52C2　案内 P106

昭和39年（1964）に設立された日本最大の理工系博物館。様々なテーマで実験や実演、シミュレーションゲームなど参加体験型の展示を実施し、科学技術に興味、関心を深めてもらえるように工夫、構成されている。星をイメージしたデザインの外壁が特徴的。

三種の神器

昭和館　　戦争と平和
地図 P52B2　案内 P109

主に戦没者遺児をはじめとする戦没者遺族が経験した戦中・戦後の国民生活上の労苦についての歴史的資料・情報を収集、保存、陳列している。当時多くの子どもたちの仕事であった「米つきの体験」ブースなど体験型展示も充実している。

しょうけい館（戦傷病者史料館）　戦争と平和
地図 P52C1　案内 P109

厚生労働省が戦傷病者等の援護施策の一環として、戦傷病者等が体験した戦中・戦後の労苦を後世に語り継ぐ施設として開館。館内では戦地でケガをした時に使う実物資料を展示しているなど戦争で傷つき、そのため現在まで労苦を重ねてきた先人たちの平和への思いを今に伝えている。

靖国神社 遊就館　　戦争と平和
地図 P52A1　案内 P115

戊辰戦争の戦死者を祀るために明治2年（1869）に創建。以降、日本の戦没者を慰霊追悼・顕彰するための、施設及びシンボルとなっている。また、敷地内にある遊就館展示室は武具甲冑などをはじめとした明治維新、西南戦争、日清戦争、日露戦争、大東亜戦争で犠牲となった英霊の遺書・遺品と歴史記述パネルなどを展示おり、日本の戦争の歴史を知り、命の尊さを学ぶことができる施設となっている。

秋葉原電気街
地図 P54C1　案内 P105

デジタルネットワーク商品から一般家電まで世界のアキハバラとして大人気の街、近年は秋葉原ダイビル、秋葉原UDXなどが建ち、より秋葉原の魅力を高めている。現在の秋葉原は以前の「パソコン」「アニメ」のオタクだけではなく様々な年齢・客層が訪れている。

21

©TCVB

神田 明神 (神田神社) 伝統
地図 P54B1　案内 P106

天平2年(730)創建の長い歴史のある神社。かつては千代田区にあったが、江戸総鎮守として江戸大手門である現在地に移転。有名な5月の神田祭では、200基に及ぶ神輿と鳳輦が賑やかに神幸する。

東京都水道歴史館 歴史と文化
地図 P54A1　案内 P112

淀橋浄水場が明治31年(1898)に通水を開始してからの東京の近代水道の歴史や、徳川時代の江戸上水の歴史などを展示紹介。私たちに安全でおいしい水を供給するための技術や設備も学ぶことができる。

鋳鉄管

明治大学博物館
地図 P54A2　案内 P114

3つ部門を持つ博物館。商品部門では、日本の伝統的工芸品の全体像を一覧できる。刑事部門では、江戸時代から法を展示、世界の拷問・処刑具など人権抑圧の歴史を伝える。考古学部門では、旧石器から古墳時代に至る出土資料が展示される。

湯島天神 (湯島天満宮) 伝統
地図 P58A4　案内 P105

雄略天皇2年(458)創建された勝運・勝負運のご利益を持つ神様天之手力雄命と、学問の神様菅原道真公を祀る。学問の神「文神」として、林道春、新井白石など多くの学者や文人の崇敬を受けており、現在でも多くの受験生や就活生などが訪れる場所となっている。修学旅行生へは由緒書(パンフレット)を授与(無料)や、特別昇殿参拝(合格祈願・学業祈願・身体健全等)なども受付けている。

東京都上野恩賜公園
地図 P58B2　案内 P105

元々は江戸時代には東叡山寛永寺の境内地。総面積は53万㎡余で、サクラ・イチョウ・ケヤキなどが生い茂る緑豊な公園で、園内には、西郷隆盛の銅像や東京国立博物館、上野動物園、東京都美術館などが建てられていて、文化観賞や自然散策には最適の地である。

東京都恩賜上野動物園
地図 P58B2　案内 P106

明治15年(1882)開園の日本最初の公立動物園で、総面積は約14万㎡。ジャイアントパンダやニシローランドゴリラ、アジアゾウ、イヌ科のドールなど、人気動物や珍獣がたくさん。「東園」と不忍池側の「西園」とに分かれていて、両園を結ぶモノレールがある。

東京国立博物館
地図 P58C2　案内 P111

全国で4つある国立博物館の1つで通称「東博」。明治5年(1871)、「文部省博物館」としてはじまり、昭和27年(1952)に現在の名称に改められた。内外の美術品と考古遺物など収蔵し、5つの展示館で公開している。

© 国立西洋美術館

国立西洋美術館
地図 P58C2　案内 P108

西洋美術専門の美術館として、昭和34年(1959)に設立。実業家・松方幸次郎がヨーロッパ各地で収集した、松方コレクションを基礎とする。新館は19〜20世紀美術も展示。平成28年(2016)にユネスコの世界遺産に登録されている。

地球館

国立科学博物館上野本館
地図 P58C2　案内 P107

明治10年(1877)に創立された、日本で唯一の国立の総合科学博物館。「日本列島の自然と私たち」をテーマとする日本館、「地球生命史と人類」をテーマとする地球館や、「THEATER36〇」などの常設展示があり、楽しみながら学習できるイベントを多数開備している。

東京都美術館
地図 P58B2　案内 P112

大正15年(1926)に東京府美術館として開館されて以来、美術団体の公募展会場として広く利用されている。分野は日本画・油絵・彫刻・工芸・書のほか版画・写真・盆栽など多岐にわたる。ミュージアムを活用した授業や校外活動対応するプログラムあり。(要確認)

清水観音堂

寛永寺
地図 P58B1　案内 P106

寛永2年(1625)に慈眼大師天海大僧正によって創建。徳川家の菩提寺でもあり、江戸期に家綱をはじめ6人の将軍が葬られている。かつては広大な寺域を誇ったが戊辰戦争で焼失し、現在では根本中堂や不忍池辯天堂、京都東山の清水寺を模した舞台造りのお堂「清水観音堂」などが上野公園に点在しており、当時の隆盛をわずかに感じさせてくれる。

台東区立下町風俗資料館 伝統
地図 P58B3　案内 P110

江戸の風情をとどめる大正期の東京・下町の街並みを再現する(1階展示室)。実際に使われていた様々な調度品や生活道具が並ぶ商家・長屋で下町の暮らしを体感できる。下町地域ゆかりの資料、生活道具、年中行事に関連するものなど、さまざまな資料を展示する

アメ横（アメヤ横丁） 案内P105
地図 P58B3

戦後の闇市時代のバイタリティーを感じさせる活気溢れたストリートで、JR上野駅から御徒町駅までのガード下とその西側にある。小店舗約400軒が所狭しと並び、衣料品・化粧品・時計・バッグ・靴・食料品（主に魚介類や乾物）・文房具と様々な商品を扱う。

横山大観記念館 案内P115
地図 P58A3

日本画の巨匠・横山大観が生活し、制作活動を行った日本家屋を公開した記念館。大観の作品や習作をはじめ、陶磁器などの収集物、交流のあった近代作家の絵画、彫刻、書簡などを所蔵。3ヶ月ごとに展示替えして公開している。

旧岩崎邸庭園 案内P107
地図 P58A4

江戸期の大名庭園を一部踏襲する三菱創設者・岩崎家の邸宅とその庭園。当時は、20棟以上の建物があったというが、現在は3棟（重文）のみ。うちの1棟（洋館）は、木造2階建の本格的なヨーロッパ式邸宅で、近代日本住宅を代表する西洋木造建築である。

三菱史料館（三菱経済研究所附属） 企業
地図 P58A4　案内P114

明治3年（1870）（三菱創業）から昭和20年代の三菱本社解体、新しい三菱グループの発足に至るまでの三菱の歴史に関する史料を収集・保管・公開する。また、三菱及び日本の産業発展史の調査・研究を行っている。

下町風俗資料館付設展示場（旧吉田屋酒店） 伝統
地図 P58B1　案内P108

江戸時代から代々酒屋を営んでいた「吉田屋」。明治43年（1910）に建てられた建物には、江戸中期から明治時代の商家建築の特徴が見られる。屋内には、枡・漏斗・枡・樽・徳利・宣伝用ポスターや看板など酒類の販売に用いる道具や商いに関する資料を展示。

東京ドームシティ アトラクションズ
地図 P60C2　案内P111

後楽園ゆうえんちを前身に、平成15年（2003）、現在の名称で、生まれ変わった。スリルライド派にも満足なアトラクションが目白押し。フリーゲートなので、散歩や会社帰りにも気軽に入場できるのがうれしい。

東京大学キャンパスツアー
地図 P60D1・2　案内P111

文政10年（1827）建立の赤門（重要文化財）や、夏目漱石の長編小説「三四郎」のモチーフとなった育徳園心字池（三四郎池）、実業家安田善次郎の意向とその寄附によって建てられた安田講堂などを歴史ある本郷キャンパスを学生ガイドが案内し、建物や歴史の解説だけでなく、学生生活なども紹介してくれる。

東京ドーム 案内P111
地図 P60C3

昭和63年（1988）、日本初の全天候型多目的スタジアムとしてオープン。野球をはじめ、各種スポーツやコンサートなど様々なイベントが行われる。広さは46,755㎡、収容人数約5万5千人、日本を代表する大型ドームである。

野球殿堂博物館 スポーツ
地図 P60C3　案内P115

日本で唯一の野球専門博物館。国内外の野球に関する資料を収集・展示公開しており、現在のプロ野球の主力選手のユニホームやバット、球史残る名選手たちの用具や記念品など2,000点余りが公開されている。

講道館（柔道資料館・柔道図書館） スポーツ
地図 P60C2　案内P107

講道館創設以来の歴史を辿る貴重な記録や写真、資料を展示するほか、柔道発展に功績のあった顕彰者の掲示、嘉納治五郎師範ゆかりの品々を公開している。

小石川後楽園 案内P107
地図 P60B2

江戸初期、水戸徳川家の祖・頼房が中屋敷のとしてはじめ、2代光圀の時に完成。回遊式泉水庭園で、随所に中国趣味が見られる。昭和27年（1952）、特別史跡及び特別名勝に指定。「天下の憂いに先だって憂い、天下の楽しみに後れて楽しむ」から名付けられたという。

印刷博物館 マスコミ
地図 P60A2　案内P105

加速度的なデジタル化が進展する現代に、印刷文化を支えたアナログの技術や表現を保存・伝承するために平成12年（2000）に開館。令和2年（2020）にリニューアルオープン。さまざまな展示や体験を通して、印刷文化をより身近に感じることができる。

弥生美術館・竹久夢二美術館
地図 P62D4　案内 P115

弁護士・鹿野琢見が、挿絵画家・高畠華宵のコレクションを公開すべく創設。明治末から戦後に活躍した挿絵画家たちの挿絵・雑誌・漫画などの出版美術を中心に3ヶ月ごとに企画展を行う。隣接する竹久夢二美術館は、鹿野の夢二コレクションを展示している。

小石川 植物園
地図 P62A3　案内 P107

徳川幕府により作られた「小石川御薬園」を前身とする、日本で一番古い植物園。青木昆陽が飢饉対策作物としてサツマイモを試作したのもここである。16万1,588㎡の敷地は地形の変化に富み、これを利用して様々な植物が配置されている。

六義園
地図 P62A1　案内 P115

池を巡る回遊を歩きながら移り変わる景色を楽しめる繊細で温和な日本庭園で、当時から小石川後楽園とともに江戸の二大庭園と言われている。紀州和歌の浦の景勝や和歌に詠まれた名勝の景観が八十八境として映し出されている。

文京区立森鷗外記念館
地図 P62C2　案内 P114

小説「舞姫」や「高瀬舟」などの作品で有名な明治の文豪。記念館では軍医、小説家、戯曲家、評論家などいくつもの顔をもつ森鷗外の自筆原稿をはじめ、生前発行の貴重な図書や雑誌、研究書などを所蔵しており、年間様々な企画展や特別展を開催している。

お札と切手の博物館　　政治・経済
地図 P64A1　案内 P106

明治4年（1871）の創設以来、日本のお札や切手をつくりつづけてきた国立印刷局の博物館。お札の製造技術や歴史のほか、世界の珍しいお札や切手などを貴重な資料とともに展示している。また、体感で学べる「偽造防止技術体験コーナー」などがある。

北区防災センター（地震の科学館）　　防災
地図 P64B2　案内 P106

地震波模型や展示パネルで、地震の起きる仕組みや地震の歴史、地震によって引き起こされる被害、北区の防災体制等を学ぶ。起震装置とコンピュータにより、過去に起きた大地震の揺れを体験できたり、煙が充満した通路を歩く煙体験ができたりする。

晩香廬

渋沢史料館
地図 P64A2　案内 P108

近代日本経済社会の基礎を築いた渋沢栄一の旧邸「曖依村荘」跡に、昭和57年（1982）に開館。旧邸内に残る大正期の2つの建物「晩香廬」と「青淵文庫」（いずれも国指定重要文化財）と後に増設された「本館」からなり、諸資料の展示は本館で行われる。

畠山記念館
地図 P65C2　案内 P113

荏原製作所の創始者畠山一清が蒐集した茶道具を中心に、書画、陶磁、漆芸、能装束など、日本、中国、朝鮮の古美術品を展示する。収蔵品は、中国南宋時代の「林檎花図　伝趙昌筆」（国宝）など、国宝6件、重要文化財33件を含む約1,300件。

泉岳寺
地図 P65C1　案内 P109

慶長17年（1612）、徳川家康が門庵宗関を迎えて外桜田の地に創立。寛永18年（1641）の寛永の大火で焼失した後、現在地に移転。赤穂城主浅野長矩と赤穂義士の墓があることで知られ、「赤穂義士記念館」などをはじめ、ゆかりの物件などが多い。

赤穂義士記念館
地図 P65C1　案内 P109

赤穂浪士討ち入り300年を記念して建てられた、赤穂義士に関する資料館。主要な展示物は、大石内蔵助良雄木像、大石主税良金木像、大石良雄書「額」、首請取状、堀部彌兵衛書「刷毛屋の看板」や堀部安兵衛書「はみがき屋の看板」、浅野長矩公夫人княжья像など。忠臣蔵についてのビデオなども上映している。

物流 博物館　　交通・物流
地図 P65C2　案内 P114

物流史年表、江戸時代の馬による輸送や飛脚の資料、明治時代以降の物流の歴史を物語る、数々の資料を展示。地下の「現代の物流展示室」では、道路、鉄道、船、飛行機の物流の様子がジオラマで展示されており、わかりやすく物流について学べる施設となっている。

マクセル アクアパーク品川
地図 P65D2　案内 P105

品川プリンスホテル内にある水族館。館内は「GROUND FLOOR」と「UPPER FLOOR」に分かれていて、室内にも関わらず、ダイナミックなアトラクションやイルカショーのステージも楽しめる。
最先端のテクノロジーを駆使した意欲的な展示が特徴的で、タッチパネルを搭載した水槽では魚群を集めたり情報を見ることができる。

© 日本ユニセフ協会

ユニセフハウス 〔国際〕

地図 P65C2　案内 P115

ユニセフ (UNICEF　国際連合児童基金) とは世界 150 以上の国と地域で子供の命と健康を守るために活動する国連機関。ここでは世界の子どもの現状とユニセフの活動について、実際に現地で使われている支援物資などの展示やガイドツアーで学ぶことができる。

アレクサンダー大王

サンシャインシティ

地図 P66D2　案内 P108

昭和 53 年 (1978)、副都心構想の中心的存在として誕生。主にサンシャイン 60、サンシャインシティプリンスホテル、専門店街アルパ、ワールドインポートマート、文化会館の 5 つのビルで構成される。中には水族館や博物館をはじめ、ビジネス・アミューズメント・文化施設などが凝縮されている。

古代オリエント博物館

地図 P66D2　案内 P108

日本最初の古代オリエント専門の博物館として、文化会館 7 階に開館。ハンドアックス (石器) や銘入り粘土釘、彩色人物浮彫など中近東・西アジア地域の古代文明を展示・紹介する。また、考古学・美術史学・文化財史・博物館学の調査研究も行っている。

サンシャイン 水族館 〔水族館〕

地図 P66D2　案内 P108

ワールドインポートマートビルの屋上にある、水や緑に包まれて生物がいきいきと暮らす高層水族館。アシカ、カワウソ、ペンギン、ペリカンのパフォーマンス・フィーディングタイムがあり人気。

切手の博物館 〔交通・物流〕

地図 P66A4　案内 P107

国内外の郵便切手約 35 万種を所有する博物館。1 階展示室は 3 ヵ月ごとにテーマを決めて企画展示が行われており、2 階図書室には郵趣関連の書籍を所蔵する。また、夏休み、クリスマスなどの前後には 3 階展示室にて特別展示イベントなどが開かれている。好きな色の古切手を切り、台紙に貼って小さなアートを作る「切手はり絵」の製作体験もできる。

東京消防庁 池袋防災館 〔防災〕

地図 P66A2　案内 P111

防火・防災に関する知識、技術、行動力を高めるための防災体験学習施設。視聴覚教室では、迫力満点の画像と臨場感たっぷりの防災映画や防災アニメなどを上映。要予約の防災体験ツアーの所要は 1 時間 40 分。その他、防災ブック「東京防災」学習コーナーなどがある。

コンピュータエンターテインメント協会 (学生向けゲーム業界学習講座)

地図 P68A2　案内 P108

1970 年代の家庭用ゲーム機の発売から急速に発展したゲーム産業。ここではゲーム産業の構造・規模など基本情報をはじめ、ソフトが誕生し、消費者が手にするまでを統計資料を交えて紹介し、業界で働くこと、また協会が主催する「東京ゲームショウ」の紹介ビデオを見るなど、協会の各種活動について説明を受けることができる。

東京都庁 〔政治・経済〕

地図 P68A2　案内 P112

平成 3 年 (1991) 完成の第一本庁舎や都議会議事堂を自由に見学できる。第一本庁舎では展望室 (45F) や全国観光 PR コーナー (1F)、都議会議事堂では議場 (7F) など。オリンピック・パラリンピックフラグ展示コーナーも設けられている。

抑留者の手作りスプーン

平和祈念展示資料館 〔戦争と平和〕

地図 P68 B2　案内 P114

シベリアなどに抑留され、強制労働を課せられた「戦後強制抑留」など、三つのコーナーで戦争が終わってからの労苦 (苦しくつらい) 体験について紹介。様々な実物資料、グラフィック、映像などを使って戦争体験のない世代にもわかりやすく伝える展示をしている。

SOMPO 美術館

地図 P68B2　案内 P110

昭和 51 年 (1976)、本社ビル 42 階に開設。令和 2 年 (2020) に移転。東郷青児自身による自作 156 点と内外作家の作品 189 点寄贈によりはじまった。現在、東郷青児作品やゴッホ「ひまわり」をはじめ、ゴーギャン、セザンヌ、ルノワール、グランマ・モーゼスらの作品約 640 点を所蔵。

新宿御苑 地図 P68D3 案内 P109

明治 39 年（1906）、信州高遠藩主内藤氏の江戸屋敷であった地に、皇室の庭園として誕生。現在は国民公園として一般公開されている。約 18 万坪の広大な敷地には様々な庭園があり、明治時代に造られた旧洋館御休所や大温室など、貴重な歴史建築も残されている。

©TCVB

原宿 竹下通り 地図 P70 B/C2

1970 年代以降 10 代の若者を中心に流行の発信地として有名になり、現在でも雑貨やアクセサリー、洋服の店が所狭しと並び多くの人で賑わっている。またクレープやパンケーキなどの人気のスイーツお店には行列ができており、若者のファッションとグルメの聖地ともいえる。

東京 将棋会館 地図 P70C・D2 案内 P111

日本将棋連盟の本部。会館 1 階の売店ではプロのタイトル戦で使用された将棋盤や駒、オリジナルグッズ、プロ棋士の直筆色紙額セットや直筆サイン入り扇子、将棋に関する書籍など販売している。2 階道場では将棋を楽しむことができ、専門棋士による入門・初心者への指導から高度な実戦指導まで、各種教室を定期的に開催している。

明治神宮 地図 P70A2 案内 P114

明治天皇と昭憲皇太后の崩御の後、その神霊を祀るために、大正 9 年（1920）に創建された神社。第二次大戦の際、空襲で多くの社殿が焼失したが、昭和 33 年（1958）に復興。東京ドーム 15 個分の広さの豊かな杜は人工的に作られた森である。

明治神宮御苑 地図 P70B2 案内 P114

明治時代に宮内省の所管となるまで、江戸初期以来加藤家、井伊家の下屋敷の庭園だった。苑内には隔雲亭、お釣台などが配され、武蔵野特有の面影をとどめている。150 種・1,500 株の江戸系のハナショウブが植えられている菖蒲田は特に有名。

明治神宮ミュージアム 〔伝統〕 地図 P70B3 案内 P114

明治神宮鎮座百年祭記念事業の一環として、令和元年（2019）10 月に開館。杜に溶け込むような、隈研吾設計の建物が特徴。1 階「杜の展示室」では神宮の歴史や年中行事、参道を清める箒や巫女さんが身に付ける冠などの品々を展示紹介。2 階「宝物展示室・企画展示室」では、御祭神である明治天皇・昭憲皇太后ゆかりの品々や、大日本帝国憲法発布当日に使われた荘厳な六頭曳儀装車（馬車）をはじめとした御宝物を展示する。

浮世絵太田記念美術館 〔伝統〕 地図 P70C3 案内 P106

徳川時代初期に誕生、発展を見せた浮世絵。歌川広重や葛飾北斎、菱川師宣などを含め、初期から末期までの代表作品を網羅した浮世絵コレクション約 12,000 点を収蔵展示している。これらは、東邦生命保険相互会社の元会長である太田清蔵のコレクションであった。

キデイランド原宿店 地図 P70C4 案内 P107

昭和 25 年（1950）、代々木公園がワシントンハ

イツ（アメリカ軍の駐屯地）だった頃、書店としてオープン。外国人顧客向けに洋書や雑貨を早くから取り扱っていた。
人気キャラクターの専門店も設置した表参道のランドマーク的ショップ。

ラフォーレ原宿 地図 P70C3 案内 P115

古くは「竹の子族」に始まり、ゴスロリなど独自のファッション文化や、日本のクレープ発祥の地である原宿に昭和 53 年（1978）オープン。常に時代のニーズを先読みしたショップの展開で、数々のブームを巻き起こした原宿文化の仕掛け人とも評されるファッションビルである。数多くのショップが集積しており、ファッション、音楽、雑誌、あらゆるジャンルのカルチャーの最新情報を吸収できる。

渋谷ヒカリエ 地図 P72C3 案内 P108

平成 24 年（2012）4 月に開業した施設。百貨店よりカジュアルな商業施設であり、堅苦しくなく、リラックスした気持ちで入れる施設になっている。地下 3 階から 5 階まで食品・化粧品・ファッション・雑貨などの店舗が軒を連ねる。6〜7 階はレストランになっており、ハンバーガーや自家製パンなど食事スポットとして利用することもできる。

渋谷スクランブルスクエア（渋谷スカイ） 地図 P72C3 案内 P108

令和元年（2019）11 月に誕生した渋谷の新ランドマーク。地上 47 階建ての建物にはオフィス、ショップ＆レストラン、ワークショップなどのイベントスペースとしても活用できる共創施設「SHIBUYA QWS（渋谷キューズ）」が入る。注目は展望施設の「SHIBUYA SKY（渋谷スカイ）」。

SHIBUYA109
地図 P72B2　案内 P108

人が集まる渋谷でもひときわ人気が高く「マルキュー」の愛称で知られる「SHIBUYA109」。店内には流行のウェア、アクセサリー、バック、シューズ、雑貨がズラリと並んでいる。上階にはレストランフロアもあり、カフェで軽くお茶を飲むのも良し、食事を楽しむのも良し。

忠犬ハチ公像
地図 P72B2

駅前にある渋谷のシンボルで、待ち合わせの最適地。ハチ公は大学教授・上野英三郎の飼い犬で、通勤する主人の送り迎えで渋谷駅に伴われていた。残念ながら、上野はハチを飼い始めた翌年に死去。その後、上野の親類縁者に預けられたが、渋谷駅に亡き主人を求めて通い続けたという。「忠犬ハチ公」の物語は有名になり、映画にもなっているほかJR渋谷駅の玄関口は「ハチ公口」とされている。ハチは死後、剥製になっており、国立科学博物館に所蔵されている。

©UNIC Tokyo (写真提供　国連広報センター)

国際連合広報センター　国際
地図 P72D2　案内 P107

国連の活動全般にわたる広報活動を行うため、国連広報局直属の機関として設置された。「国連デー記念講演会」「国連教育シンポジウム」などテーマ別に講演会やNGOとの懇談会などを組織する。

戸栗美術館
地図 P74D3　案内 P112

昭和62年 (1987)、古陶磁専門美術館として開館。実業家・戸栗亨が長年にわたり蒐集していた東洋陶磁器を中心とする美術品約7,000余点を収蔵、展示。特に江戸時代に製作された「肥前陶磁」(伊万里、鍋島)に力を入れて展示紹介している。

渋谷区立 松濤美術館
地図 P74D4　案内 P109

昭和56年 (1981) に開館。絵画、彫刻、工芸など幅広い分野・時代にわたる年5回の特別展のほか、2〜3月には渋谷区に関連する展覧会(区内者の公募展や区内の小中生による絵画展など)を開催している。

日本民藝館
地図 P74B3　案内 P113

民衆の生活工芸品に「健康の美」「正常の美」を認めた、民芸運動の創始者で美学者であった柳宗悦によって開館。内外の陶磁器をはじめ、織物・染物・絵画・木漆工など、コレクションは多岐にわたり、その数約17,000点におよぶ。

明治神宮外苑
地図 P74B3　案内 P114

明治天皇・昭憲皇太后二柱を祀る内苑(明治神宮)に対する外苑。聖徳記念絵画館や明治記念館や、国立競技場、神宮球場、秩父宮ラクビー場など、各種施設が整備されている。イチョウ並木が有名な憩いの苑。

提供：日本オリンピック委員会

日本オリンピックミュージアム　スポーツ
地図 P76B3　案内 P113

令和元年 (2019) にオープンした日本オリンピック委員会 (JOC) が運営するオリンピック博物館。館内には実物・映像・音響機器を使った様々な展示や体験コーナーがあり、オリンピックを見るだけでなく、知って学び、体感できる。2F「EXHIBITION AREA」では大会の起源から、人類最大の祭典になるまでのストーリーを学ぶ「イントロダクション」に始まり、日本人の挑戦にスポットを当てた「日本とオリンピック」など、7つのエリアでオリンピック・パラリンピックへの理解が深められる展示となっている。

聖徳記念絵画館
地図 P76B2　案内 P109

大正15年 (1982) に建設されたこの施設は、東側に日本画、西側に洋画を展示してる。幕末から明治時代まで明治天皇の生涯で世の中に起こった出来事を、年代順に前半日本画40枚、後半洋画40枚を展示する。徳川慶喜の「大政奉還」や、西郷隆盛の「江戸開城談判」「岩倉大使欧米派遣」など日本史の教科書で見かけたことがある数多くの絵を見ることができる。

TEPIA先端技術館　科学技術
地図 P76B4　案内 P110

より良い未来社会をつくるために解決が必要な社会的課題と、その解決に役立つ先端技術を、子供から大人まで体験を交え、分かりやすく紹介する無料の展示施設。30分程度のワークショップに参加でき、初心者でも簡単に楽しみながらプログラミングを学ぶことが可能。映像視聴のほか3Dプリンタやレーザー加工機の動く様子なども見学でき、随時スタッフが説明や案内をしてくれる。

迎賓館赤坂離宮
地図 P76D2　案内 P107

明治42年 (1909) に東宮御所として建設された、日本では唯一のネオ・バロック様式による宮殿建築物。世界各国から賓客を迎える国の迎賓施設であり、本館は国宝に指定されている。本館・和風別館・庭園は一般見学も可能となっており、条約・協定の調印式、晩餐会などが行われる装飾が施された部屋は圧巻である。見学は内閣府HPを要確認。

東京消防庁 消防博物館　防災
地図 P76BI　案内 PIII

四谷消防署との合築で、平成 4 年 (1992) にオープンした、わが国で初めての消防博物館。江戸時代の火消しにはじまり、明治・大正・昭和の消防の変遷、現代の消防活動を映像やクイズ、ジオラマなどを使って分かりやすく説明している。

六本木ヒルズ
地図 P78C2　案内 PI15

森美術館、東京シティビューなどで構成されている森アーツセンターを中核施設とする。敷地内にはテレビ朝日、TOHO シネマズ、各商業施設が充実しており買い物や食事も楽しめる。

東京シティビュー
地図 P78C2　案内 PIII

海抜 250m、高さ 11m を超えるガラス張りの開放的な空間から、眼下に東京を眺望できる。軽食が楽しめるカジュアルなカフェがあり、ビュー観賞の合間の休憩にオススメ。同料金で 53F の森美術館も楽しめる。(展覧会開催中のみ)

国立新美術館
地図 P78BI　案内 PI08

平成 19 年 (2007) 開館。コレクションを所蔵せず、国内最大級の延べ 14,000 ㎡の展示スペースを利用した各種展覧会の開催など、アートセンターとしての役割を果たす新タイプの美術館。外壁面を覆うガラスカーテンウォールが、波のようにうねる美しい曲線を描く。

テレビ朝日　マスコミ
地図 P78C2　案内 PI10

六本木ヒルズにあるテレビアニメ「ドラえもん」で有名な放送局である。一般の人でも自由に行き来できる 1F の入口には、人気番組の企画展示や参加・体験できるイベントが行われている。また、テレビ朝日のマスコットキャラクター「ゴーちゃん。」や、ドラえもんと記念撮影もでき、修学旅行生や観光客の写真スポットとなっている。

フジフイルムスクエア　企業
地図 P78CI　案内 PI13

年末年始時期に「お正月を写そう」というテレビ CM でも有名な会社。写真文化やカメラの進化の歴史を紹介するとともに、最新の写真技術が体験できる場所として人気がある。スクエア内はフィルムや貴重なアンティークカメラなど約 100 点を展示する「写真歴史博物館」がある。

サントリー美術館
地図 P78CI　案内 PI08

「生活の中の美」をテーマに、幅広い展示・収集活動を展開。絵画・陶磁・漆工・染色・ガラスなど、所蔵品は 3000 件を越える。建築は伝統と現代の融合させた「和のモダン」を基調に設計され、美術館としての機能はもとより、都市の居間としての快適性を追求している。小中高生を対象としたスクールプログラムも用意されている。

テレビ東京　マスコミ
地図 P78DI　案内 PI10

テレビ局の仕事や放送のしくみなどについて学ぶ「校外学習」を通じて、小学生から大学生を対象に「仕事」や「働くこと」について楽しく考える場を提供している。社内の様々な場所を見学して、リアルな体験ができる。

有栖川宮記念公園
地図 P78B4　案内 PI05

日本古来の林泉式の景観と起伏のある自然を生かした庭園で、明治 29 年 (1896) に有栖川宮威仁親王の栽仁王新邸造成の御用地となり、のちに東京に賜与して一般に公開された。都心にありながらひっそりとしていて、四季折々の美しさを堪能できる。東京ドームの約 1.4 倍ある広大な敷地内には都立中央図書館や、麻布運動場が隣接する。

岡本太郎記念館
地図 P78A2　案内 PI06

万国博の「太陽の塔」などで知られる岡本太郎の記念館。膨大なデッサン・彫刻・モニュメント・壁画など、生前のエネルギーが今もなお感じられる。建物は昭和 29 年 (1954) から生活した岡本太郎のアトリエ兼住居で、設計は坂倉準三 (パリ博の日本館設計者)。

杉野学園衣装博物館
地図 P80D4　案内 PI09

昭和 32 年 (1957) 開館、日本で最初の衣装をテーマにした博物館。創設者の杉野芳子は日本で服飾教育を進めた人物として知られる。西洋歴史衣装、日本の着物や女房装束 (十二単) などの服飾資料に加えて、1950 ～ 1970 年代に作られた楮製紙製のマネキン 30 体も収蔵する。

国立科学博物館附属自然教育園
地図 P80D3　案内 PI08

昭和 24 年 (1949) に全域が天然記念物および史跡に指定を受け一般公開された。都会に残された自然豊かな園。一般的な植物園や庭園と違い、できる限り自然の本来の姿に近い状態にあり、季節ごとに様々な植物や昆虫、鳥たちが姿を見せる。

山種美術館
地図 P80CI　案内 PI15

山種証券 (現 SMBC フレンド証券) の創業者・故山崎種二が収集した近・現代日本画を中心とした美術館と、旧安宅コレクションの速水御舟作品を公開。竹内栖鳳「班猫」など 6 点の重要文化財を含む、明治から現代に渡る日本画 1,800 点余を所蔵する。

東京都写真美術館
地図 P80C3　案内 P112

日本初の写真と映像に関する総合的な美術館。収蔵作品を中心に構成される展示及び国内外から広く作品を集め、独自企画による多様な展覧会を開催している。その他、企画展などを開催している。1Fホールでは映画上映を行い、質の高い作品を公開している。小中高生向けのスクールプログラムも用意されている。

外観

大食堂

本館玄関

東京都庭園美術館
地図 P80D3　案内 P112

元々は昭和8年 (1933) に朝香宮邸として建造。基本設計と内装の一部は宮内省内匠寮の建築家が担当し、アール・デコ様式に日本独特の感性を付け加えている。様々な草木が繁る広大な庭園に囲まれ、自然と建物と美術作品が合わせて楽しめる環境になっている。

たばこと塩の博物館
地図 P82C3・D3　案内 P110

かつてJTの専売品であった「たばこ」と「塩」に関する資料の収集、調査・研究を行い、その歴史と文化を広く紹介する施設。たばこの常設展示では古代から現代に至る日本のたばこ文化について、実物資料とデジタルコンテンツを交えながら紹介する。一方、塩の展示室にはその性質・用途・製法など科学の面から紹介するコーナーなどがあり、大人から子供まで楽しめる展示となっている。

浅草公会堂 (スターの広場) 　伝統
地図 P82B3　案内 P109

浅草公会堂の入口前にずらりと並んだスターの手形とサイン。区が大衆芸能の振興に貢献した芸能人の功績を称え、昭和54年 (1979) より手型とサインを「スターの広場」に設置した。その数は、300人を超えている。大衆芸能ゆかりの地・浅草のシンボルとして親しまれている。

©TCVB

浅草寺　伝統
地図 P82B2　案内 P109

草創は推古天皇36年 (628) とされる古刹で、江戸時代は幕府の祈願所となり大いに繁栄した。有名な「雷門」をはじめ見所が多い。寺社への参拝や観光の人々の数では日本一とされ、門前の仲見世通りでは、雷おこし・江戸玩具・七味唐辛子などの老舗が、下町・浅草の活気ある呼び声を上げている。

東京本願寺 (浄土真宗東本願寺派本山東本願寺)
地図 P82A3　案内 P112

天正19年 (1591) に京都東本願寺の教如上人が神田に開創した江戸御坊光端寺が、前身。度々火災に見舞われ、特に明暦の大火で焼失し、明暦6年 (1660) 浅草に移築された。江戸における本願寺の録所 (教務所・出張所) である。

浅草神社
地図 P82B2　案内 P105

浅草寺本堂に向かって右隣にある浅草神社は、慶安2年 (1649) 家光が寄進したもので、拝殿・幣殿・本殿が重要文化財に指定されている。通称の三社様・三社権現としてよく知られる。

浅草花やしき
地図 P82B2　案内 P105

嘉永6年 (1853)、植木商・森田六三郎により、牡丹と菊細工を主とした花園「花屋敷」として誕生、昭和24年 (1949) に遊園地として再建。ファミリーや友達、カップルの憩いの場として長く親しまれてきた歴史ある遊園地で、懐かしさと新しさが味わえる。

太鼓館　伝統
地図 P82A3　案内 P110

世界各地から収集した太鼓、参考資料約3800点以上を収蔵、その一部を公開する。収集品はいずれも歴史的・文化的・民族学的に価値の高いものばかりで、特に和太鼓に関しては、質・量ともに他に類を見ないコレクション。実際に叩くこともできる。

江戸たいとう伝統工芸館　伝統
地図 P82B1　案内 P106

平成9年 (1997) 開館、令和元年 (2019) にリニューアルオープン。館内では下町の歴史と風土の中で育まれ受け継がれてきた職人たちの高い技術によって作られた江戸簾や東京桐たんすなどの伝統工芸品48種類約250点を紹介。量産品にはない手のぬくもりを感じられる作品を展示している。

すみだ水族館
地図 P82D2　案内 P109

東京スカイツリータウン® ウエストヤードの5階と6階の2層からなる水族館。上下フロアの移動は3つのルートからなり、決められた順路は無く、さまざまな角度や視点で水槽を鑑賞することができる。また、屋内開放水槽では間近でペンギンやオットセイを見ることができ、生き物を見るだけではなく体験できるワークショップ「アクア・アカデミー」も開設している。

コニカミノルタプラネタリウム"天空"
地図 P82D2　案内 P108

「空が無い街」大都会東京で、満天の星空を手軽に楽しめる場所・プラネタリウム。「天空」は、驚くほどリアルで奥行きのある星空が再現されている。上映される作品も、著名アーティストとのコラボ作品や、海外で制作された人気の作品など、1日に複数の作品が上映され、テーマや興味によって選択できる。

郵政博物館　[交通・物流]
地図 P82D2　案内 P115

郵便および通信に関する所蔵品を展示・紹介し、手紙や郵便の根源にある「伝える」気持ちを感じさせてくれるテーマパーク。身体の動きやジェスチャーで操作が可能な郵便配達シミュレーター「Go!Go! ポストマン」など他、7つの体感・体験コンテンツが充実しており、楽しみながら学べる施設となっている。

東京スカイツリー
地図 P82D2　案内 P111

2012年5月にオープン。世界一の自立電波塔で高さは634m。第1展望台350m、第2展望台450mとあり、特に第2展望台には窓ガラスで覆われた空中回廊などエ夫が凝らされていて、浅草を中心に半径70キロ、具体的には東京お

および千葉のほとんどが見渡せる。法隆寺の五重塔を参考にし、また微妙な曲線や反り・丸みを生かした日本の伝統建築を思わせる姿は、現代的でありながら日本的な美的要素を感じさせる。

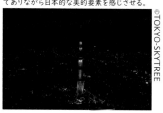

©TOKYO-SKYTREE

相撲博物館　[スポーツ]
地図 P84C2　案内 P109

両国国技館の1階にある。常設展示はなく、年6回の企画展示により大相撲の伝統や様式美を紹介。江戸時代の大相撲の様子、各横綱の特集、相撲を題材とした浮世絵など、さまざまな企画展示を実施している。

提供・東京都江戸東京博物館

東京都江戸東京博物館　[伝統] [防災] [戦争と平和]
地図 P84C2　案内 P106

国内初の本格的「都市史」博物館として、失われつつある江戸東京の歴史遺産を伝え、振り返ることを目的に開館。「江戸ゾーン」「東京ゾーン」「第2企画展示室」の3つのコーナーから構成され、浮世絵や絵巻、着物、古地図の他、実物大の大型模型などが展示されている。

東京都復興記念館　[戦争と平和] [防災]
地図 P84C・D1　案内 P112

大正12年(1923)に発生した関東大震災の被害を後世に伝え、東京を復興させた大事業を記念するために昭和6年(1931)に開館。その後、第二次世界大戦の空襲により焦土化した東京の戦災復興を伝える場所としても用いられている。

NTTドコモ歴史展示スクエア　[科学技術]
案内 P106

日本初の携帯電話から最新機種までたくさんの実物を展示し、移動通信技術の進化していく過程を紹介する施設。また、スマートフォンと昔の携帯電話を比較しながらその違いについて学ぶことができる「新旧比較コーナー」など、体感しながら学べるコンテンツがある。

すみだ北斎美術館
地図 P84D2　案内 P109

墨田区ゆかりの浮世絵師葛飾北斎を紹介する美術館。常設展示では各期の代表作(実物大高精細レプリカ)とエピソードを交えて、北斎の生涯を辿ることができる。また、北斎アトリエの再現模型や、最新技術を使った展示で楽しみながら北斎について理解を深めることができる。年に数回企画展も行われている。

刀剣博物館
地図 P84C2　案内 P112

時代劇や映画ではよく目にする日本刀を専門に扱う博物館。国宝の太刀銘「延吉」や銘「国行(来)」などをはじめとする刀剣・刀装・刀装具・甲冑・金工資料など国の指定・設定物件を多数所蔵しており、年5〜6回の展覧会を行っている。最近ではアニメ「刀剣乱舞」、ゲーム「戦国BASARA」などがきっかけでいわゆる刀剣ブームが起こっており、日本刀が武器としてだけでなく美術工芸品としても認識され、国内外で人気となっている。

芭蕉記念館
地図 P86B1　案内 P113

江戸の俳人・松尾芭蕉の記念館。芭蕉は、深川の草庵「芭蕉庵」を拠点に俳諧活動を展開し、多くの名句や『おくのほそ道』などの紀行文を残した。展示室では、芭蕉の書簡や短冊、与謝蕪村「芭蕉坐像図」など、俳諧関係の資料を所蔵・展示している。

深川江戸資料館 [伝統]
地図 P86C2　案内 P113

地下1階から地上2階までが吹き抜けになった広い空間に江戸時代の深川を再現。火の見櫓や堀割、船宿、大店などを本物の大きさで展示し、日の出から夕暮れまでの一日の時の流れを20分ほどに集約。江戸天保年間の深川庶民の生活を体験できる。

©TCVB

富岡八幡宮
地図 P86C4　案内 P112

寛永4年(1627)創建の江戸最大の八幡さん。庶民の信仰も篤く、毎月1日、15日、28日の月次祭は縁日として賑わいを見せる。8月15日の例祭は「深川八幡祭」とも呼ばれる「江戸三大祭」の一つ。江戸っ子の元気な掛け声が響き渡り、深川一体が盛り上がる。

レインボーブリッジ (遊歩道)
地図 P16B5　案内 P115

レインボータウンと都心を結ぶ二重構造の吊り橋。橋長は798m。附帯施設である展望遊歩道は、芝浦地区とお台場を結ぶ南北2つのルートがある。

レゴランド・ディスカバリーセンター
地図 P90B1　案内 P115

300万個を超えるレゴブロックで飾られた屋内型施設。レゴブロックで遊びながら、ものを作り出す楽しさを感じる「レゴ教室」や「レゴレーサー」など創造力を刺激する体験型アトラクションがいっぱい。シューティングゲームや4Dシネマ、東京の街並みを再現した「ミニランド」など子供だけではなく大人も楽しめるアトラクションもある。

デックス東京ビーチ
地図 P90B1　案内 P110

お台場の「エンターテイメントリゾート」を演出し、海沿いの開放溢れる巨大な建物の中に楽しいショップや施設が多数入っている。最先端のファッション、個性的なインテリアなど豊富な品揃えでショッピングを楽しめる。

東京ジョイポリス
地図 P90B1　案内 P111

SEGAが運営する屋内大型アミューズメントパーク。アトラクションではデジタル要素を広く取り入れており「プロジェクションマッピング」など、よりリアルな映像表現を体験できる場所として楽しめる。

マダム・タッソー東京
地図 P90B1　案内 P114

レディー・ガガなど海外の大物アーティストやスポーツ選手、日本の人気タレントや著名人60体以上の等身大フィギュアを展示している屋内型アトラクション。フィギュアとのオリジナルフレームでの記念撮影ができ、等身大フィギュアの作り方などを紹介している。

東京都虹の下水道館 [環境エネルギー]
地図 P90B1　案内 P113

平成25年(2013)4月リニューアルオープン。館内では普段入ることのできない下水道管やポンプ所、中央監視室、水質監査室で下水道の仕事を見学できる。学校(団体見学)向けのワークショップもあり、実験や映像、ワークシートなどで水の大切さや下水道について学べる特別プログラムを用意している。

©Small Worlds

©Small Worlds

スモールワールズ [科学技術]
地図 P91D1　案内 P109

令和2年(2020)6月にオープンした、アジアNO.1のミニチュアテーマパーク。最先端テクノロジーによって作られた小さな世界では、プログラミングによるロケットの打ち上げや飛行機の離発着などのアトラクションも見学できる。団体利用での学習プログラムテーマはSDGs探究、キャリア探究、モノづくり体験など。施設の設計段階から探究学習を前提としており、俯瞰して世界を見学し、視点を広げる学びの場としても利用できる。

カワサキロボステージ [科学技術]
地図 P90B1　案内 P106

川崎重工業によるロボットのショールーム。普段見ることができない工場などで働く、人の手や腕の代わりになる産業用ロボットが展示されており、川崎重工業がもつ最先端の技術やノウハウを体感できる。さらにパソコンで作成したプログラムで本物の産業用ロボットを動かしプログラミングを学べるイベントなども不定期に開かれている。

台場一丁目商店街～みんなでお買い物～
地図 P90B1　案内 P110

平成14年(2002)オープン。昭和30～50年代の下町を再現したフード&ショッピングエリア。音響や照明、イベントなどで活気に満ちた当時の商店街の雰囲気を演出。懐かしい給食メニュー店、レトロ洋食屋さんなど、個性的でどこかノスタルジックなお店が軒を連ね、たくさんの昭和が肌で感じられる街だ。

アクアシティお台場

地図 P90B1　案内 P105

平成 12 年 (2000) 開業の日本最大級の本格的ショッピングモール。ずらりと並ぶブティック街はなんと 300 m も続く。お台場海浜公園に隣接し、自由の女神やレインボーブリッジなど恵まれたロケーションも人気の理由。

ダイバーシティ東京　プラザ

地図 P90B1　案内 P110

日本でも有数の観光地である東京臨海副都心地区に平成 24 年 (2012) に誕生した商業施設。国内外の話題のファッションブランドが集結しており、昼食におススメの店舗が集まるフードコート「東京グルメスタジアム」などがある。

うんこミュージアム東京

地図 P90B1　案内 P106

この世に生まれた瞬間に流され消えていく、そんな儚い運命をもつ「うんこ」をテーマとした世界初のアミューズメント施設。巨大オブジェからうんこが飛び出す「大広場」にはじまり、キラキラしたうんこが並ぶ「ウンスタジェニックエリア」などがある。他にもうんこグッズ販売や、クソゲーなどのエリアもあり、子供だけでなく、大人も楽しめる場所となっている。近年、うんこをテーマにした学習ドリルなども出版されており、「うんこ」のユーモア・笑いの要素は、子供の学力と学習意欲の向上に対して一定の効果があり、最近ではさまざまな問題に関心を寄せてもらおうと官公庁や自治体、企業とコラボしている。

パナソニックセンター東京

地図 P91D1　案内 P113

子どもたちの探求心や創造性の育成をコンセプトにしたパナソニックのショウルーム。1 階では SDGs に関する基本的な情報や、持続可能な社会の実現に貢献するパナソニックのさまざまな事業活動を紹介。2 階 AkeruE (アケルエ) は「学び」と「コト・モノづくり」が体験できるクリエイティブミュージアムとなっており、学校教育における探求学習の実践の場として利用することができる。事前に申し込めば「プログラミングコース」など体験予約コースも受けることができる (有料)。

東京グローバルゲートウェイ　国際

地図 P91D1　案内 P113

近年の訪日外国人の急増や日系企業の海外進出などに対応する人材育成のため、英語の実践の場として東京都教育委員会が開設した体験型英語学習施設。館内はアトラクション・エリアとアクティブイマージョン・エリアの 2 つのメインエリアに分かれており、グループワークをしたり課題に対してディスカッションをしたりと、協働性を育みながら主体的にやりとりし、知識を深められる場所となっている。

フジテレビ本社ビル　マスコミ

地図 P90B1　案内 P113

平成 9 年 (1997) オープンのフジテレビ本社にある、お台場のシンボルといえる 25 階・高さ約 100 m の球体展望室「はちたま」は 270 度のパノラマで、東京タワーやレインボーブリッジ、晴れた日には富士山までが見渡せる。24 階では実際に使われていたスタジオを公開。5 階「フジテレビギャラリー」では、ドラマや映画、アニメなどの展示を行っている。申し込めば、テレビ局員が実際に働く現場を案内してもらえる。(学生限定)

江戸デッキ

TOKYO ミナトリエ　交通・物流

地図 P90A2　案内 P112

東京のみならず東日本の経済や生活を支える東京港の成り立ちから臨海副都心の最新のまちづくりを紹介する施設。江戸の河岸の様子を再現したジオラマや樽廻船、菱垣廻船の模型などで江戸時代の海運、港が生んだ文化を紹介する『江戸デッキ』。タブレットを使用した AR 映像や 360 度映像で東京臨海部を探検する『みなとづくりバーチャル探検』コーナーがある『フューチャーデッキ』など、東京臨海部の知られざる姿が発見できる。

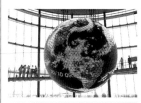

日本科学未来館「Miraikan」　科学技術

地図 P90A2　案内 P113

宇宙飛行士・毛利衛が館長を勤めていた最先端の科学館。展示・実演や操作など、参加体験型が多く、未来を身近に感じることができる。常設展示では「地球とつながる」「世界をさぐる」「未来をつくる」の 3 つのゾーンで構成されており、ワークシートを使って科学的な視点や考え方を養う学習がオススメ。

東京税関 情報ひろば 〔交通・物流〕
地図 P90A2　案内 P111
迫力のジオラマで税関の仕事を立体的に解説したり、国際貿易における税関の役割をパネルにより紹介するなど、「税関って何してるの？」という疑問に分かりやすく答える展示施設。X線検査装置の模型を使った税関検査の方法や、密輸の歴史や手口、麻薬探知犬の関連品なども紹介しており、楽しく学べるコーナーが充実している。

東京ビッグサイト（東京国際展示場）
地図 P91D2　案内 P112
平成8年（1996）に開業した。施設総面積23万㎡、広大な敷地に国際的なイベントやビジネスに対応可能な展示ホールと会議施設をもつ日本有数の総合コンベンション施設。逆ピラミッド型の外観が個性的。

そなエリア東京（東京臨海広域防災公園） 〔防災〕
地図 P91E1　案内 P109
「そなえる」＋「エリア」の造語。1F「防災体験ゾーン」では地震発生から組織的な救助活動行われる72時間後までの生き残る方法を、発災から避難までの一連の流れで体験できる。2F「防災学習ゾーン」では展示や映像、各種防災ゲームが体験できる。ここでは体験と学習を通じて、「災害をイメージする力」と「対応力」を身に付け、災害への備えができる場所になっている。

東京都水の科学館 〔環境・エネルギー〕
地図 P90C1　案内 P112
命の源「水」を知ってもらう東京都水道局のPR館。人間の生活に密接に関わる水と自然について学ぶ。水の性質を科学的にアプローチする「アクア・ラボラトリー」など水の不思議を体で感じる参加体験型のミュージアム。

第五福竜丸 展示館 〔戦争と平和〕
地図 P92上B1　案内 P110
昭和29年（1954）3月1日に太平洋のマーシャル諸島にあるビキニ環礁で、アメリカの水爆実験で被害を受けた木造マグロ漁船「第五福竜丸」の関係資料を展示。主な展示品は全長28.56 mの船体、付属品、いかり、船員手帳、手紙類、大漁旗などがある。

東京都夢の島熱帯植物館 〔環境・エネルギー〕
地図 P92上C1　案内 P112
温室の熱源は隣接する新江東清掃工場の余熱を利用。また、情報ギャラリーやイベントホール、映像ホールなどの設備も充実しており、植物と人間生活との関わりについて遊びながら楽しく学べる。エキゾチックな雰囲気を楽しみながら、ゆったりと過ごすことができる大型植物館。

葛西臨海公園　ダイヤと花の大観覧車
地図 P92下B2　案内 P110
葛西臨海水族園に隣接する最大級の巨大観覧車。良い天気の日は、地上117m（6人乗り×68台）の上空から見渡すと、東京ディズニーリゾート、レインボーブリッジ、アクアラインの海ほたる、都庁、東京タワー、東京スカイツリー、房総半島から富士山に至るまでを一望できる。

東京都葛西臨海水族園 〔水族園〕
地図 P92下C3　案内 P111
世界で初めて、マグロ類が群れで泳ぐ姿を見られる水族館としてオープン。飼育生物数約600種という日本一の規模を誇り、オリジナルビデオの制作やガイドツアー、スポットガイドの実施など教育活動も充実している。

©TCVB

西仲通り商店街（通称「月島もんじゃストリート」）
地図 P16D3　案内 P110

大江戸線月島駅と勝どき駅を結ぶ西仲通り商店街、通称「月島もんじゃストリート」では、約50店のもんじゃ焼き屋がひしめき合う。地元の店主達が集まって発足した「もんじゃ振興会協同組合」に寄ってから、店選びをするのがおすすめ。

石川島資料館　［交通・物流］
地図 P16D2　案内 P105

石川島は、日本近代的造船業の発祥の地。リバーシティ21内に開設された石川島資料館では、造船所のはじまりから現在まで、それと深い関わりを持つ石川島・佃島の歴史や文化とともに、貴重な資料や当時を再現したジオラマ模型などで紹介している。

朝倉 彫塑館
地図 P13C3　案内 P105

彫塑家朝倉文夫が、自ら設計・監督した西洋建築のアトリエ棟と、竹をモチーフとした日本建築（数寄屋造り）の住居棟で構成される。昭和初期の雰囲気が漂う広いスペースには「墓守」、「時の流れ」、「三相」、「大隈重信倚像」などの彫塑作品を展示。

宮城道雄記念館
地図 P13A5　案内 P114

「現代邦楽の父」と称される宮城道雄の記念館。道雄は「春の海」などで知られる盲目の作曲家で、「現代邦楽の父」と称される。ゆかりの楽器や遺品の数々を展示するほか、道雄の作品を聴いたり、ビデオを楽しむことのできる。

旧 古河庭園
地図 P13A1　案内 P107

設計者の異なる洋風庭園と和風庭園からなる広さ30,780㎡の庭園で国の名勝。洋風庭園と洋館は、旧岩崎邸庭園洋館などを手掛けた英国人ジョサイア・コンドル博士の設計。テラス式の庭園はバラが見事で、春・秋シーズンには大勢の見物客で賑わう。日本庭園は京都の名庭師小川治兵衛の作庭。

大谷美術館
地図 P13A1　案内 P106

コンドル最晩年の作で、大正6年（1917）に竣工。古典様式・レンガ造りの洋館は、赤味をおびた新小松石（安山岩）で覆われた外壁と天然スレート葺きの屋根が落ち着いた雰囲気。事前申込みで、ガイドによる解説付きの見学ができる。

豊島区立トキワ荘マンガミュージアム
地図 P12A3　案内 P112

「鉄腕アトム」の作者手塚治虫や「天才バカボン」の作者赤塚不二夫、「ドラえもん」の作者藤子・F・不二雄や「怪物くん」の作者藤子不二雄Ⓐなど、日本を代表するマンガ家が若き日を過ごしたアパートで昭和57年（1982）に解体された「トキワ荘」を再現した施設。

JICA 地球ひろば　［国際］
地図 P12D6　案内 P109

市民による国際協力を推進するための拠点として2006年に設立。開発途上国や国際協力について学習できる体験ゾーン（展示・相談コーナー）、交流ゾーン（貸出スペース）、J's Cafeの3つの機能があり、国際協力の重要性など学ぶことができる。国際協力の現場で生の体験をしてきたガイド「地球案内人」が体験ゾーンの展示などを丁寧に説明、質問にも答えてくれる。

i-muse
地図 P17A3　案内 P105　［科学技術］

i-museは、IHIの歴史と技術をたどるミュージアムで、平成30年（2018）にリニューアルオープン。石川島造船所から東京駅の建設、世界最大のタンカーへの挑戦、ジェットエンジンやロケットシステムの製作など、各時代を象徴するエピソードとその時代に生まれた代表的製品を知ることが出来る。

キッザニア東京
地図 P17A3　案内 P107

子ども達が好きな仕事にチャレンジして、楽しみながら社会の仕組みが学べる体験型商業施設。スーパーバイザーと呼ばれるスタッフ達が、興味津々、好奇心溢れる子ども達のサポートをする。学校団体向けに「キャリア教育実践プログラム」も用意されている。

がすてなーに ガスの科学館 環境・エネルギー
地図 P17A4 案内 P106

"暮らしを支えるエネルギー・ガス"の特長やエネルギーと地球環境との関わりを体験型展示物やクイズ、実験を通して楽しみながら学ぶことができる。見るだけでなく、実際に触れることでエネルギーや地球環境について感じたり、考えたりできる場所となっている。

早稲田大学キャンパスツアー
地図 P12C4 案内 P115

明治 15 年 (1882) に大隈重信が創設した東京専門学校を前身とする大学。創業以来、「学問の独立」を謳った「在野精神」「反骨の精神」を掲げており、新しい分野への取り組みも積極的で、産学官連携、ITビジネスなどにも早くから関わってきている。ガイドツアーでは学生ガイドが「大隈講堂（重文）」や「大隈銅像」などの大学の歴史・伝統にくわえ、最新の早稲田を学生生活のエピソード交えながら紹介してくれる。

漱石山房記念館
地図 P12D5 案内 P109

小説『吾輩は猫である』や『三四郎』などで有名な夏目漱石が晩年を過ごした地に平成 29 年 (2017)9 月に開館。漱石と新宿の関わり、生涯、人物像、家族などをグラフィックパネルと映像で紹介する。さらに「漱石山房」の一部、数々の作品を生み出した書斎・客間・ベランダ式回廊が再

現されており、漱石の人となりを体感できる展示となっている。

東京スイソミル 環境・エネルギー
地図 P17B3 案内 P111

水素を酸素と反応させてエネルギーを作り、地球温暖化の原因とされる二酸化炭素 (CO_2) が出ないい環境に配慮した社会に目指す目的で平成 28 年 (2016) にオープン。館内では水素からエネルギーを作り出す方法などを紹介する「水素エネルギーの可能性」や、運んだり使ったりできる水素全体の仕組みや、詳細を解説。体験やタッチパネルによるクイズをしながら水素エネルギーについて学び施設となっている。また、自転車を使った水素の製造・発電体験ができるコーナーなどもある。

煙体験コーナー

消火体験コーナー

東京消防庁 本所防災館 防災
地図 P14B5 案内 P111

防災の知識を深めることができる施設。地震や火災、暴風雨体験ができ、それぞれの備えなどを学習することができる。各体験コーナーは、インストラクターが案内するツアー方式になっておりスタート時間が決まっているので注意。

花王ミュージアム 企業
地図 P14C5 案内 P106

我々が日常でよく使う洗剤の「アタック」や「マジックリン」などで有名な花王株式会社。清浄文化や清浄生活の向上に深く関わってきた花王が、これまで収集した数々の史料を展示・公開し、事業活動の歴史から最新の製品までを紹介する。

松岡美術館
地図 P15C5 案内 P114

実業家松岡清次郎が長年にわたって蒐集した東洋古美術品などを一般に公開するために開設。収蔵品は室町水墨画にはじまり、橋本雅邦などの近代日本画、19 世紀の印象派を中心にしたフランス近代絵画など。多岐にわたるコレクションは貴重なものばかり。

東武博物館 交通・物流
地図 P14C3 案内 P112

身近な公共交通である電車やバスを紹介する。蒸気機関車による SL 運転ショーの、高らかに汽笛を鳴らし車輪を回転させる姿は迫力満点。SL の走る様子を間近で観察できる。その他、ポイントと信号機、電車の走る仕組み、さらに車輪やモーター、ブレーキ装置などの下部構造を至近距離から観察できる。

台東区立一葉記念館
地図 P14A3 案内 P105

「5 千円札の顔」。明治の女流作家・歌人であり、24 歳の若さでこの世を去った樋口一葉 (1872 ～ 1896) の記念館。一葉自筆の『たけくらべ』未定稿、処女作『闇桜』原稿、師・半井桃水宛書簡などの文学的資料のほか、卒業証書や櫛・かんざしなどの遺品も展示している。

23 区内郊外エリアは P96 ～

東京駅 大手町駅

エリア MAP 内の路線・駅名称

銀座線	G10 京橋	G11 日本橋	G12 三越前
丸ノ内線	M17 東京	M18 大手町	
東西線	T09 大手町	T10 日本橋	
千代田線	C10 二重橋	C11 大手町	
有楽町線	Y18 有楽町		
半蔵門線	Z08 大手町	Z09 三越前	
浅草線	A13 日本橋		
三田線	I08 日比谷	I09 大手町	
JR線	ⒼⒽⒾ 東京 新日本橋		

・丸ノ内線以外を利用する場合は、地下通路で10分程の大手町駅を利用すると各方面に便利。東京駅から日本橋・三越前方面へは、徒歩でもよい。そこから浅草線・日比谷線が使える。

〜丸の内〜

慶長8年（1603）から本格的に始まった江戸城の拡張の際、新たに作られた外堀に囲まれていたことから御曲輪内と呼ばれ、大名屋敷や奉行所が置かれていたことから大名小路とも呼ばれていた。明治には陸軍練兵場など軍の町として発展したが、大正3年（1914）の東京駅完成後に丸ビルなどが建ち、ビジネス街として急速に発展した。平成24年（2012）には丸の内駅舎が5年にわたる保存・復元工事を経て再びオープンし、平成25年（2013）に旧東京中央郵便局の局舎を利用した複合施設「JPタワー」がオープンなどその発展は今もめざましいものがある。

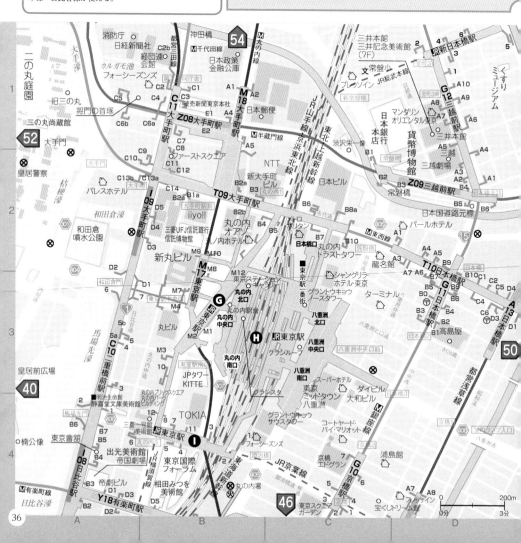

グランスタ

東京駅地下1階の丸の内と八重洲を結ぶエキナカゾーン。名店の味が気軽に楽しめる惣菜やスイーツ、生活を彩る雑貨など価値あるショップが勢揃いしている。

グランルーフ

グラントウキョウノースタワーとサウスタワーを結ぶ歩行者専用デッキ。上部には大きな屋根を設置、店舗や緑を配置され新しい東京駅の憩いの場となっている。

東京駅 丸の内駅舎

大正3年（1914）に辰野金吾設計により創建された東京駅丸の内駅舎は、昭和20年（1945）の戦災で破壊され、3階建てを2階建てにするなどたびたび復興工事が行われていたが、2003年に国の重要文化財に指定されたことで本格的な保存復元が決まった。2012年10月、約5年にわたる保存・復元工事を経て、ドーム型屋根を備えた「赤レンガ駅舎」が東京駅に再びオープンしている。外観や内装も残存していたものを可能な限り保存した作りとなっており、レンガや壁面装飾レリーフ、南北ドーム見上げ装飾など創建時の古写真と文類類の記述をもとに復元している。

JPタワー 「KITTE」

旧東京中央郵便局の局舎の保存部分と新築部分に囲まれたガラス天井のアトリウムが最大の特徴である「KITTE」は、地下1階から6階までの7フロアに全国各地のご当地銘品を扱う食物販店舗や日本ならではの美意識を感じさせる物販店舗が出店しており、約4年にして来場者数は1億人を超える程の盛況ぶりをみせている。また、4階にある郵便局長室や、外装のタイル、屋上の煙突など当時と同じ状態に復元しており、日本の古き良き時代の景観を残した作りとなっている事にも注目したい。屋上からは東京駅丸の内駅舎も間近に見られ、夜景スポットとしてもおすすめできる場所になっている。

目的地のエリア	参照	乗り物案内			所要分（乗車時間）	乗換回数	券
		乗る駅	アクセス（🚶は乗換）	降りる駅			
東京駅大手町駅	36	M17	M丸ノ内線	M18 大手町	1	0	*
		M17	M丸ノ内線でM16 銀座(P46)🚶G09M銀座線	G10 京橋	3	1	*
霞が関日比谷	40	C11・I09	M千代田線・都三田線	C09・I08 日比谷	3・1	0	*
		H	JR山手線外回りでJR有楽町(P46)🚶Y18M有楽町線		4	1	
		C11・I09	M千代田線・都三田線でC09・I08 日比谷(P40)下車、徒歩5分でY18 有楽町からM有楽町線	Y17 桜田門	5・4	1	*
		I09	都三田線	I07 内幸町	4	0	*
		M17	M丸ノ内線でM16 銀座(P46)🚶G09M銀座線	G07 虎ノ門	7	1	*
霞が関永田町国会議事堂	40 42	M17	M丸ノ内線	M15 霞ヶ関・M14 国会議事堂前・M13 赤坂見附	5・7・9	0	*
		Z08	M半蔵門線	Z04 永田町	9	0	*
		C11	M千代田線	C06 赤坂・C07 国会議事堂前	9・7	0	*
東京タワー	44 10	I09	都三田線	I06 御成門・I05 芝公園・I04 三田	5・7・9	0	*
		M17	M丸ノ内線でM15 霞ヶ関(P40)🚶H07M日比谷線	H06 虎ノ門ヒルズ・H05 神谷町	6・7	1	*
銀座築地	46	H	JR山手線外回り	JR有楽町	2	0	
		I09・C11	I08・C09 日比谷(P40)下車、徒歩5分	有楽町	3・1	0	*
		M17	M丸ノ内線でM16 銀座(P46)🚶H09M日比谷線	M16 銀座	3	1	
				H10 東銀座・H11 築地・H12 八丁堀	5・7・9	1	*
新橋築地	48	H	JR山手線外回り	JR新橋	4	0	
		M17	M丸ノ内線でM16 銀座(P46)🚶G09M銀座線	G08 新橋	5	1	*
		T09	M東西線でT12 門前仲町(P86)🚶E15都大江戸線	E18 築地市場・E19 汐留	11・13	1	*
		H	JR山手線外回り	ゆりかもめ（汐留・竹芝）	6・8	1	
		T09	M東西線でT10 日本橋(P50)🚶A13都浅草線	A09 大門	8	1	*
		H	JR山手線外回り	JR浜松町	6	0	
月島	16	T09	M東西線でT12 門前仲町(P86)🚶E15都大江戸線	E16 月島	6	1	*
品川駅周辺	10 65	H	JR京浜東北線快速／JR山手線外回り	JR（田町・品川）／JR大崎	6・9/14	0/0	
		I09	都三田線でI04 三田(P16)🚶A08都浅草線	A07 泉岳寺・A06 高輪台	11・13	1	*

地名・名称 大手町（おおてまち） 貨幣博物館（かへいはくぶつかん） 常盤橋公園（ときわばしこうえん） 有楽町駅（ゆうらくちょう） 二重橋前駅（にじゅうばしまえ） 八重洲通（やえすどおり）

目的地のエリア	参照	乗る駅	アクセス （大大は乗換）	降りる駅	所要分（乗車時間）	乗換回数	券
日　本　橋	50	Z08	Ｍ半蔵門線	Z09 三越前・Z10 水天宮前	2・4	0	＊
		T09	Ｍ東西線	T10 日本橋・T11 茅場町	1・3	0	＊
		Ｇ	Ｍ東西線で T10 日本橋(P50)大大A13都浅草線	A14 人形町	2	1	＊
		Ｇ	JR総武線	JR新日本橋	2	0	
北の丸公園	52	T09	Ｍ東西線	T08 竹橋・T07 九段下	1・3	0	＊
		Z08	Ｍ半蔵門線	Z06 九段下・Z05 半蔵門	4・7	0	＊
お茶の水秋　葉　原	54	M17	Ｍ丸ノ内線	M20 御茶ノ水	5	0	＊
		Ｈ	JR山手線内回り	JR（神田・秋葉原）	2・4	0	＊
		T09	Ｍ東西線で T11 茅場町(P50)大大H13Ｍ日比谷線	H16 秋葉原	8	1	＊
		C11	Ｍ千代田線	C13 湯島	4	0	＊
上　　野	58	Ｈ	JR京浜東北・根岸線快速	JR（上野・田端）	5・11	0	＊
		Z08	Ｍ半蔵門線で Z09 三越前(P50)大大G12Ｍ銀座線	G16 上野	8	1	＊
		T09	Ｍ東西線で T11 茅場町(P50)大大H13Ｍ日比谷線	H18 上野・H19 入谷	11・14	1	＊
		Ｈ	JR山手線内回り	JR（鶯谷・日暮里・駒込）	10・12・18	0	＊
後　楽　園	60 12	T09	Ｍ東西線	T06 飯田橋	5	0	
		I09/Z08	都三田線 /Ｍ半蔵門線で I10/Z07 神保町(P52)大大S06都新宿線	S04 市ケ谷・S03 曙橋	5・8	1	＊
	62	M17	Ｍ丸ノ内線	M21 本郷三丁目・M22 後楽園	7・9	0	＊
駒　　　込千　駄　木	13 13	C11	Ｍ千代田線	C14 根津・C15 千駄木	6・8	0	＊
		I09	都三田線	I13 白山・I15 巣鴨	8・12	0	＊
王　　子	13 10 64	M17	Ｍ丸ノ内線で M22 後楽園(P60)大大N11Ｍ南北線	N14 駒込・N15 西ケ原・N16 王子	16・18・20	1	＊
		Ｈ	JR京浜東北・根岸線快速	JR（上中里・王子・赤羽）	13・15・20	0	＊
池　　　袋	66 12	M17	Ｍ丸ノ内線	M25 池袋	17	0	＊
		T09	Ｍ東西線で T06 飯田橋(P60)大大Y12Ｍ有楽町線	Y12 江戸川橋・Y10 東池袋	8・12	1	＊
		Ｈ	JR山手線内回り	JR目白	27	0	＊
中　　井	12	T09/M18	Ｍ東西線で T03 高田馬場(P12)大大西武新宿線 /Ｍ丸ノ内線で M06 中野坂上大大E30都大江戸線	西武線中井・E32 中井	17/26	1	＊
早　稲　田	12	T09	Ｍ東西線	T04 早稲田・T03 高田馬場	10・13	0	＊
新　　　宿	68	Ｈ	JR中央線快速	JR新宿	15	0	＊
		M18	Ｍ丸ノ内線	M08 新宿・M07 西新宿	19・21	0	＊
		T09	Ｍ東西線で T06 飯田橋(P60)大大E06都大江戸線	E01 新宿西口・E28 都庁前	16・19	1	＊
		M17	Ｍ丸ノ内線で M08 新宿(P68)下車、徒歩 3 分の E01 新宿西口から都大江戸線	E31 東新宿	21	1	＊
大　久　保	12	Ｈ	JR山手線で JR新宿(P68)大大JR中央・総武線各停	JR大久保	16	1	＊
原　　　宿表参道駒　　　場	70 74	Ｈ	JR山手線外回り	JR原宿	26	0	＊
		C11	Ｍ千代田線	C05 乃木坂・C04 表参道・C03 明治神宮前・C02 代々木公園・C01 代々木上原	11・13・15・17・19	0	＊
渋　　　谷外　　　苑前	72 76	Z08	Ｍ半蔵門線	Z03 青山一丁目・Z02 表参道・Z01 渋谷	11・14・16	0	＊
駒　　　場初　　　台	74	Ｈ	JR中央快速で JR新宿(P68)大大 小田急小田原線	小田急線参宮橋	17	1	＊
		Ｈ	JR中央快速で JR新宿(P68)大大 京王新線	京王新線(初台・幡ケ谷)	16・18	1	＊
		Z08	Ｍ半蔵門線で Z01 渋谷(P72)大大 京王井の頭線	京王線(神泉・駒場東大前)	17・18	1	＊
外　苑　前	68 76・70 76	Z08	Ｍ半蔵門線で Z03 青山一丁目(P76)大大E24都大江戸線	E26 代々木	16	1	＊
		Ｈ	JR中央快速線で四ツ谷(P76)大大JR中央・総武線各停	JR(信濃町・千駄ケ谷)	11・13	1	＊
		M17	Ｍ丸ノ内線	M12 四ツ谷・M11 四谷三丁目	12・14	0	＊
		M17	Ｍ丸ノ内線で M13 赤坂見附(P42)大大G05Ｍ銀座線	G04 青山一丁目・G03 外苑前	11・13	1	＊
		Z08	Ｍ半蔵門線で Z03 青山一丁目(P76)大大E24都大江戸線	E25 国立競技場	13	1	＊
六　本　木恵　比　寿	78 80	M17	Ｍ丸ノ内線で M15 霞ケ関(P40)大大H07Ｍ日比谷線	H04 六本木・H03 広尾・H02 恵比寿	10・13・16	1	＊
		M17	Ｍ丸ノ内線で M14 国会議事堂前(P42)下車、徒歩 5 分の N06 溜池山王から Ｍ南北線	N05 六本木一丁目	8	1	＊
恵　比　寿目　　　黒	15 80	Ｈ	JR山手線外回り	JR（目黒・恵比寿）	18・21	0	＊
		I09	都三田線	I02 白金台・I01 目黒	15・17	0	＊
		Z08	Ｍ半蔵門線で Z01 渋谷(P72)大大 東急東横線	東急線代官山	19	1	＊
浅　　　草・東京スカイツリー	82	T09	Ｍ東西線で T10 日本橋(P50)大大A13都浅草線	A18 浅草・A19 本所吾妻橋	8・10	1	＊
		Z08	Ｍ半蔵門線で Z09 三越前(P50)大大G12Ｍ銀座線	G18 田原町・G19 浅草	11・13	1	＊
		Ｈ	JR山手線内回りで JR神田(P54)大大G13Ｍ銀座線	G19浅草	12	1	＊
		Z08	Ｍ半蔵門線	Z14 押上	15	0	＊
		Ｈ	JR山手線外回りで JR新橋(P48)大大A10都浅草線	A20 押上	17	1	＊
三　ノ　輪向　　　島	14 14	T09	Ｍ東西線で T11 茅場町(P50)大大H13Ｍ日比谷線	H20 三ノ輪・H21 南千住	16・18	1	＊
		Z08	Ｍ半蔵門線・東武伊勢崎線準急乗入れ	東武線曳舟	18	0	＊
花畑記念庭園	10	C11	Ｍ千代田線で C18 北千住(P14)大大 東武伊勢崎線	東武線竹ノ塚(東武バス団地入口下車)	25	1	＊
両　　　国	84	Ｈ	JR山手線内回りで JR秋葉原(P54)大大JR中央・総武線各停	JR両国	8	1	＊
		M18・M17	Ｍ丸ノ内線で M21 本郷三丁目(P60)大大E08都大江戸線	E12 両国	14・15	1	＊
		T09	Ｍ東西線で T12 門前仲町(P86)大大E15都大江戸線		11	1	＊
錦　糸　町		Ｇ	JR総武線快速	JR錦糸町	8	0	＊
亀　　　戸	14	Ｇ	JR総武線快速で JR錦糸町(P14)大大JR中央・総武線各停	JR亀戸	10	1	

目的地のエリア	参照	乗る駅	乗り物案内　アクセス　(🚶🚶 は乗換)	降りる駅	所要分(乗車時間)	乗換回数	券
深　　　川	86	M18/M17	Ⓜ丸ノ内線で M19 淡路町(P54)下車、徒歩3分の S07 小川町から 🚇新宿線	S10 浜町・S11 森下	(7・8)/(8・9)	1	＊
		T09	🚇東西線で T12 門前仲町(P86)🚶🚶E15🚇大江戸線	E13 森下	9	1	＊
		Z08	Ⓜ半蔵門線	Z11 清澄白河	7	0	＊
		T09	🚇東西線	T12 門前仲町・T13 木場・T16 西葛西	5・7・14	0	＊
夢の島公園	17	I09	🚇三田線で I08 日比谷(P40)下車、徒歩5分の Y18 有楽町から Ⓜ有楽町線	Y22 豊洲・Y24 新木場	10・15	1	＊
葛西臨海公園	86						
東京ディズ	92	Ⓗ	JR京葉線	JR(越中島・潮見・葛西臨海公園)	4・7・13	0	
ニーリゾート	94	Ⓘ	JR京葉線快速	JR(新木場・舞浜)	8・13	0	
				ゆりかもめ汐留	5	1	
				ゆりかもめ竹芝	8	1	
				ゆりかもめ芝浦ふ頭	11	1	
				ゆりかもめお台場海浜公園	17	1	
お　台　場	90	Ⓗ	JR山手線外回りで JR新橋(P48)🚶🚶 ゆりかもめ	ゆりかもめ台場	19	1	
(有明・青海・				ゆりかもめ東京国際クルーズターミナル	20	1	
豊洲市場）				ゆりかもめテレコムセンター	22	1	
				ゆりかもめ青海	24	1	
				ゆりかもめ東京ビッグサイト	26	1	
				ゆりかもめ有明	28	1	
				ゆりかもめ市場前	28	1	
	17			ゆりかもめ豊洲	34	1	
			JR山手線外回りで JR有楽町(P46)🚶🚶Y18Ⓜ有楽町線	Y22 豊洲	10	1	
青　　　海	90	Ⓘ	JR京葉線快速で JR新木場(P92)🚶🚶 りんかい線	りんかい線国際展示場	13	1	
				りんかい線東京テレポート	15	1	
羽田クロノゲート	97	Ⓗ	JR山手線外回りで JR浜松町(P48)🚶🚶 東京モノレール	東京モノレール天空橋	24	1	
ANA Blue Hanger Tour JAL工場	10	Ⓗ	JR京浜東北・根岸線快速で JR浜松町(P48)から 東京モノレール	東京モノレール新整備場	27	1	
昭和のくらし博物館	10	Ⓗ	JR京浜東北・根岸線快速で JR蒲田(P10)🚶🚶 東急多摩川線	東急線下丸子	24	1	
白洋舎多摩川工場	97						
品川歴史館	10·97	Ⓗ	JR京浜東北・根岸線快速	JR(大井町・大森)	12・15	0	
しながわ水族館	10	Ⓗ	JR京浜東北・根岸線快速で JR品川(P16)🚶🚶 京急本線	京急線大森海岸	19	1	
東武博物館	14	Z08	Ⓜ半蔵門線・東武伊勢崎線準急乗入れ	東武線東向島	20	1	
向島百花園	96						
堀切菖蒲園	14	Ⓗ	JR山手線内回りで JR日暮里(P13)🚶🚶 京成本線	京成本線(堀切菖蒲園・お花茶屋)	21・23	1	
葛飾区郷土と天文の博物館							
柴又帝釈天	10	Ⓗ	JR山手線内回りで JR日暮里(P13)🚶🚶 京成本線特急で京成高砂🚶🚶 京成金町線	京成金町線柴又	26	2	
葛飾柴又寅さん記念館	96						
西新井大師	10	Ⓗ	JR線で上野(P58)🚶🚶H17Ⓜ日比谷線・東武スカイツリーライン乗入れで西新井🚶🚶 東武大師線	東武大師線大師前	26～	2	
(総持寺）							
赤塚植物園	10	M17	Ⓜ丸ノ内線で M25 池袋(P66)🚶🚶 東武東上線	東武線下赤塚	35	1	
万葉植物園							
ちひろ美術館	10	T09	🚇東西線で T03 高田馬場(P12)🚶🚶 西武新宿線	西武線(沼袋・上井草)	21・35	1	
光が丘公園	10	M17	Ⓜ丸ノ内線で M06 中野坂上(P10)🚶🚶E30🚇大江戸線	E36 豊島園・E38 光が丘	35・40	1	＊
石神井公園	10	M17	Ⓜ丸ノ内線で M25 池袋(P66)🚶🚶 西武池袋線準急	西武線(石神井公園・大泉学園・清瀬)	28・30・40	1	
牧野記念庭園							
世田谷文学館	10	Ⓗ	JR中央快速で JR新宿(P68)🚶🚶 京王線	京王線芦花公園	33	1	
蘆花恒春園							
砧　公　園	10	Z08	Ⓜ半蔵門線・東急田園都市線乗入れ	東急線用賀	29	1	
世田谷美術館							
長谷川町子美術館	10	Z08	Ⓜ半蔵門線・東急田園都市線乗入れ	東急線(桜新町・用賀・二子玉川)	27・29・31	1	
	96						
等々力渓谷公園	10	Ⓗ	JR京浜東北・根岸線快速で JR大井町(P10)🚶🚶 東急大井町線	東急線(等々力・上野毛)	32・34	1	
五島美術館							
次大夫堀公園	10	C11	Ⓜ千代田線・小田急多摩急行乗入れ	小田急線成城学園前	32	1	
民家園							
三鷹の森ジブリ美術館		Ⓗ	JR中央線中央特快	JR三鷹	32	1	
万葉植物園		Ⓗ	JR中央線中央特快	JR(国分寺・立川)	35・41	1	
昭和記念公園							
JR横浜駅	100	Ⓗ	JR東海道本線	JR横浜	26	1	
	101	Ⓗ	JR横須賀線	JR横浜	30	1	

日比谷
霞ヶ関

エリアMAP内の路線・駅名称

有楽町線	Y17 桜田門 Y18 有楽町
丸ノ内線	M14 国会議事堂前 M15 霞ヶ関
	M16 銀座 M17 東京
日比谷線	H07 霞ヶ関 H08 日比谷 H09 銀座
千代田線	C08 霞ヶ関 C09 日比谷 C10 二重橋前
銀座線	G07 虎ノ門 G08 新橋 G09 銀座
三田線	I07 内幸町 I08 日比谷
浅草線	A10 新橋
JR線	新橋 ①-有楽町

日比谷駅から地下通路で銀座駅に行けば、丸ノ内線を
利用できる。

～日比谷～

文禄元年（1592）、徳川家康が城下町を作るため入江だった場所を埋め立て、市街地を建設したことに始まる。明治16年（1883）に完成した鹿鳴館（現・NBF日比谷ビルの位置）では、国賓や外国の外交官を洋風で接待した。また明治20年（1887）には外務大臣井上馨が渋沢栄一らに諮り、帝国ホテルが建設されている。渋沢らは日本最初の洋式劇場である帝国劇場（明治44年建設）も手がけている。その後も東京宝塚劇場、日生劇場などが完成し劇場の町として名高い。また、明治36年（1903）に日本初の洋風式近代公園として誕生した日比谷公園は、日比谷焼討ち事件など数々の事件の舞台ともなっている。

目的地のエリア	参照	乗る駅	アクセス（🚶🚶は乗換）	降りる駅	所要分（乗車時間）	乗換回数	券
東京駅 大手町駅	36	Ⓗ	JR山手線内回り	JR東京	2	0	
		I08	都三田線でI09 大手町(P36)🚶🚶M18M丸の内線	M17 東京	4	1	*
		M15	M丸ノ内線	M17 東京・M18 大手町	5・6	0	*
		C09・I08	M千代田線・都三田線	C11・I09 大手町	4・1	0	*
		C09・C08	M千代田線	C10 二重橋前	3・3	0	*
日比谷・霞が関	40	Y18	M有楽町線	Y17 桜田門	2	0	*
		C08・C09	M千代田線	C07 国会議事堂前	1・4	0	*
永田町 国会議事堂	42	M15	M丸ノ内線	M13 赤坂見附	4	0	*
		Y18	M有楽町線	Y16 永田町	4	0	*
		C08・C09	M千代田線	C06 赤坂	3・6	0	*
東京タワー	44 16	H07・H08	M日比谷線	H05 神谷町	2・5	0	*
		I08	都三田線	I05 神谷町・I04 三田	5・7	0	*
銀座 築地	46	H08・H07	M日比谷線	H09 銀座	1・4	0	*
		M15	M丸ノ内線	M16 銀座	4	0	*
		H08・H07	M日比谷線	H10 東銀座・H11 築地	(3・5)/(6・8)	0	*
新橋 築地	48	Ⓗ	JR山手線外回り	JR新橋	2	0	
		H08・H07	M日比谷線でH09 銀座(P46)🚶🚶G09M銀座線	G08 新橋	3・6	1	*
		Y18	M有楽町線でY21 月島(P16)🚶🚶E16都大江戸線	E18 築地市場・E19 汐留	9・11	1	*
		H08・H07	M日比谷線でH10 東銀座(P46)🚶🚶A11都浅草線	A09 大門	7・10	1	*
月島	16	Ⓗ	JR山手線外回り	JR浜松町	4	0	
		Y18	M有楽町線	Y21 月島	5	0	*
品川駅周辺	15・16 65	Ⓗ	JR山手線外回り	JR品川	10	0	
		I08	都三田線でI04 三田(P16)🚶🚶A08都浅草線	A07 泉岳寺・A06 高輪台	9・12	1	*
		H08・H07	M日比谷線でH10 東銀座(P46)🚶🚶A08都浅草線	A06 高輪台	14・17	1	*
日本橋	50	I08	都三田線でI09 大手町(P36)🚶🚶Z08M半蔵門線	Z10 水天宮前	5	1	*
		M15	M丸ノ内線でM16 銀座(P46)🚶🚶G09M銀座線	G11 日本橋・G12 三越前	5・7	1	*
		C09・C08	M千代田線でC11 大手町(P36)🚶🚶T09M東西線	T10 日本橋	3・5	1	*
		H08・H07	M日比谷線	H13 茅場町・H14 人形町	8・11	0	*
		I08	都三田線でI09 大手町(P36)🚶🚶Z08M半蔵門線	Z09 三越前	4	1	*
北の丸公園	52	M15	M丸ノ内線でM18 大手町(P36)🚶🚶T09M東西線	T08 竹橋・T07 九段下	7・10	1	*
		I08	都三田線でI09 大手町(P36)🚶🚶T09M東西線	T08 竹橋・T07 九段下	2・4	1	*
お茶の水 秋葉原	54	C09・C08	M千代田線	C12 新御茶ノ水	5・7	0	*
		M15	M丸ノ内線	M20 御茶ノ水	10	0	*
		Ⓗ	JR山手線内回り	JR秋葉原	6	0	
		H08・H07	M日比谷線	H16 秋葉原	14・17	0	*
上野	58	C09・C08	M千代田線	C13 湯島・C14 根津・C15 千駄木	7～・9～・11～	0	*
		H08・H07	M日比谷線	H18 上野	17・20	0	*
後楽園	13 60	Y18	M有楽町線	Y14 市ヶ谷・Y13 飯田橋	8・10	0	*
		M15	M丸ノ内線でM12 四ツ谷(P76)🚶🚶N08M南北線	N09 市ヶ谷・N10 飯田橋	9・11	1	*
		I08	都三田線でI09 大手町(P36)🚶🚶M18M丸の内線	M21 本郷三丁目	7	1	*
		M15	M丸ノ内線	M21 本郷三丁目	12	0	*
		I08	都三田線	I11 水道橋・I12 春日	6・8	0	*
		M15	M丸ノ内線	M22 後楽園	14	0	*
駒込・千駄木	62	I08	都三田線	I13 白山	10	0	*
王子	64	M15	M丸ノ内線でM12 四谷(P76)🚶🚶N08M南北線	N15 西ヶ原・N16 王子	22・24	1	*
池袋	66	M15	M丸ノ内線	M25 池袋	22	0	*
早稲田	12	I08/C08	都三田線又はM千代田線でI09/C11 大手町(P36)🚶🚶T09M東西線	T04 早稲田・T03 高田馬場	(11・14)/(14・19)	1	*
新宿	68	M15	M丸ノ内線	M08 新宿	14	0	*
		H07・H08	M日比谷線でH04 六本木(P78)🚶🚶E23都大江戸線	E28 都庁前	16・19	1	*
原宿・表参道	70	C08・C09	M千代田線	C04 表参道・C03 明治神宮前	(7・9)/(10・12)	0	*
渋谷	72	C08・C09	M千代田線でC04 表参道(P70)🚶🚶G02M銀座線	G01 渋谷	10・13	1	*
外苑前	76	M15	M丸ノ内線	M12 四ツ谷・M11 四谷三丁目	7・9	0	*
		H06・H07	M日比谷線でH04 六本木(P78)🚶🚶E23都大江戸線	E24 青山一丁目・E25 国立競技場	(7・9)/(10・12)	1	*
		C08・C09	M千代田線でC04 表参道(P70)🚶🚶G02M銀座線	G03 外苑前	9・12	1	*
		M15	M丸ノ内線でM13 赤坂見附(P42)🚶🚶G06M銀座線	G03 外苑前	8	1	*
六本木	78	H07・H08	M日比谷線	H04 六本木	5・8	0	*
		Y18	M有楽町線でY16 永田町(P42)🚶🚶N07M南北線	N05 六本木一丁目	7	1	*
六本木・恵比寿・目黒	78-80	H07・H08	M日比谷線	H03 広尾・H02 恵比寿	(8・11)/(11・14)	0	*
		I08	都三田線	I01 目黒	15	0	*
浅草・東京スカイツリー	82	H08・H07	M日比谷線でH10 東銀座(P46)🚶🚶A11都浅草線	A18 浅草	14・17	1	*
		C08	M千代田線でC11 大手町(P36)🚶🚶Z08M半蔵門線	Z14 押上	13	1	*
両国	84	Y18	M有楽町線でY21 月島(P16)🚶🚶E16都大江戸線	E12 両国	13	1	*
深川 地下鉄博物館	10 86	I08	都三田線でI10 神保町(P52)🚶🚶S06都新宿線	S10 浜町・S11 森下	11・12	1	*
		I08・C08	都三田線又はM千代田線でI09・C11 大手町(P36)🚶🚶Z08M半蔵門線	Z05 清澄白河	9・11	1	*
		I08	都三田線でI09 大手町(P36)🚶🚶T09M東西線	T12 門前仲町・T23 葛西	6・18	1	*
お台場 （有明・青梅）	90	Y18	M有楽町線でY22 豊洲(P17)🚶🚶ゆりかもめ	ゆりかもめ有明・台場	14・24	1	*
		G07	M銀座線でG08 新橋(P46)🚶🚶ゆりかもめ	ゆりかもめ	17	1	
夢の島公園 葛西臨海公園	92	Y18	M有楽町線	Y22 豊洲・Y24 新木場	8・13	0	*
		Y18	M有楽町線でY24 新木場(P92)🚶🚶JR京葉線	JR葛西臨海公園	16	1	

地名・名称 憲政記念館（けんせいきねんかん） 霞ヶ関駅（かすみがせき） 伏見櫓（ふしみやぐら） 二重橋前駅（にじゅうばしまえ） 有楽町駅（ゆうらくちょう） 日比谷駅（ひびや）

永田町 国会議事堂

主な見学地

最高裁判所〔C1〕〔P108〕
憲政記念館〔D1・C2〕〔P107〕
国会議事堂〔C2〕〔P108〕
文部科学省情報ひろば〔D3〕〔P115〕

エリアMAP内の路線・駅名称

銀座線	G05 赤坂見附	G06 溜池山王
丸ノ内線	M13 赤坂見附	M14 国会議事堂前
千代田線	C06 赤坂	C07 国会議事堂前
有楽町線	Y16 永田町	
半蔵門線	Z04 永田町	
南北線	N06 溜池山王	N07 永田町

三田線沿線→永田町駅から半蔵門線神保町駅乗換え又は国会議事堂前駅から千代田線日比谷駅乗換え。

～永田町～

江戸時代に馬場のあった道筋に永田姓の旗本屋敷が並んでいたため「永田馬場」と呼ばれていたことに由来する。明治5年（1872）に永田町と呼ばれるようになったが、軍用地が置かれていたため現在の政治の中心地となったのは国会議事堂（昭和11年完成）が建てられてからになる。実は明治20年（1887）には議事堂建築は決まっていたが、多大な工事費が必要であったため、完成まで国会は仮議事堂で行っていた。終戦後には霞が関に中央合同庁舎第1号館（農林水産省など）が建ち、永田町は国会の代名詞ともなった。

目的地のエリア	参照	乗る駅	アクセス （徒歩 は乗換）	降りる駅	所要分（乗車時間）	乗換回数	券
東京駅 大手町駅	36	M14/M13	M丸ノ内線	M17 東京・M18 大手町	(7・8)/(9・10)	0	*
		C07/C06	M千代田線	C10 二重橋前・C11 大手町	(5・6)/(7・8)	0	*
		Z04	M半蔵門線	Z08 大手町	9	0	*
霞が関 日比谷	40	Y16	M有楽町線	Y18 有楽町	4	0	*
		C07・C06	M千代田線	C09 日比谷	3・5	0	*
		M14・M13	M丸ノ内線	M15 霞ヶ関	2・4	0	*
		Y16	M有楽町線	Y17 桜田門	2	0	*
東京タワー	44	C07/C06	M千代田線でC09 日比谷(P40)徒歩 I08 都三田線	I06 御成門・I05 芝公園	(6・8)/(8・10)	1	*
		M14・M13	M丸ノ内線でM15 霞ヶ関(P40)徒歩 H07 日比谷線	H06 虎ノ門ヒルズ・H05 神谷町	2～6	1	*
新橋 銀座 築地	46・48	M14・M13	M丸ノ内線	G08 新橋・G09 銀座	(4・6)/(6・8)	0	*
		G06/G05	M銀座線	G08 新橋・G09 銀座	(4・6)/(6・8)	0	*
		N06・N07	M南北線でN04 麻布十番(P78)徒歩 E22 都大江戸線	E20 大門・E19 汐留・E18 築地市場	7～9～12～	1	*
		Y16	M有楽町線	Y19 銀座一丁目・Y20 新富町・Y21 月島	6・7・9	0	*
		Y16	M有楽町線でY18 有楽町(P40)徒歩 JR山手線外回り	JR浜松町	8	1	*
品川駅周辺	15・16・65	Y16	M有楽町線でY18 有楽町(P40)徒歩 JR山手線外回り	JR品川	14	1	*
		G06/G05	M銀座線でG08 新橋(P48)徒歩 A10 都浅草線	A07 泉岳寺 A06 高輪台	(11・13)/(12・15)	1	*
日本橋	50	Z04	M銀座線	Z09 三越前・Z10 水天宮前	11・13	0	*
		G06・G05	M銀座線	G10 京橋・G11 日本橋・G12 三越前	7～9～11～	0	*
		C07・C06	M千代田線でC09 日比谷(P40)徒歩 H08 日比谷線	H14 人形町	14・16	1	*
		G05	M銀座線でG08 新橋(P48)徒歩 A13 都浅草線	A14 浅草橋	13	1	*
		C07/C06	M千代田線でC11 大手町(P36)徒歩 T09 東西線	T10 日本橋・T11 茅場町	(7・9/9・11)	1	*
北の丸公園	52	Z04	M半蔵門線でZ06 九段下(P52)徒歩 T07 東西線	T08 竹橋	7	1	*
		C07/C06	M千代田線でC11 大手町(P36)徒歩 T09 東西線	T08 竹橋・T07 九段下	(7・9/9・11)	1	*
		Z04	M半蔵門線	Z05 半蔵門・Z06 九段下・Z07 神保町	2・5・6	0	*
		M14	M丸ノ内線でM13 赤坂見附下車、徒歩5分のZ04 永田町からM半蔵門線	Z05 半蔵門・Z06 九段下・Z07 神保町	4・6・8	1	*
お茶の水 秋葉原	54	C07・C06	M千代田線	C12 新御茶ノ水	9・11	0	*
		M14・M13	M丸ノ内線	M20 御茶ノ水	12・14	0	*
		M14・M13	M丸ノ内線でM16 銀座(P48)徒歩 H09 日比谷線	H16 秋葉原	17・19	1	*
上野 駒込・千駄木	58 62	G06・G05	M銀座線	G16 上野	17・19	0	*
		C07	M千代田線	C13 湯島・C14 根津・C15 千駄木	11・13・15	0	*
		Z04	M半蔵門線でZ08 大手町(P36)徒歩 C11 千代田線	C13 湯島・C14 根津・C15 千駄木	16・15・17	1	*
三ノ輪	58・14	G06・G05	M銀座線でG16 上野(P58)徒歩 H18 日比谷線	H19 入谷・H20 三ノ輪・H21 南千住	19～21～23～	1	*
後楽園 駒込・千駄木	13・60 62	Y16	M有楽町線	Y14 市ヶ谷・Y13 飯田橋	4・6	0	*
		N06/N07	M南北線	N09 市ヶ谷・N10 飯田橋	(6・8)/(4・6)	0	*
		M14・M13	M丸ノ内線	M21 本郷三丁目	14・16	0	*
		N06/N07	M南北線	N11 後楽園・N13 本駒込	(10・14)/(8・12)	0	*
王子	64	N06/N07	M南北線	N15 西ヶ原・N16 王子	(19・21)/(17・19)	0	*
池袋	66	Y16	M有楽町線	Y10 東池袋・Y09 池袋	13・16	0	*
		M14・M13	M丸ノ内線	M25 池袋	24・26	0	*
早稲田	12	N06/N07	M南北線でN10 飯田橋(P60)徒歩 T06 東西線	T04 早稲田・T03 高田馬場	(13・16)/(11・14)	1	*
新宿	68	M13・M14	M丸ノ内線	M08 新宿	9・12	0	*
		G05・G06	M銀座線でG04 青山一丁目(P76)徒歩 E24 都大江戸線	E28 都庁前	11・13	1	*
原宿 表参道	70	C06/C07	M千代田線	C04 表参道・C03 明治神宮前	(4・6/6・8)	0	*
		Z04	M半蔵門線でZ02 表参道(P70)徒歩 C04 千代田線	C03 明治神宮前	6	1	*
表参道・渋谷	70・72	Z04	M半蔵門線	Z02 表参道・Z01 渋谷	5・7	0	*
		Z04	M半蔵門線	G01 渋谷	8・10	0	*
外苑前	76	M14・M13	M丸ノ内線	M12 四ツ谷・M11 四谷三丁目	(5・7)/(2・4)	0	*
		Z04	M半蔵門線	Z03 青山一丁目	2	0	*
		G06/G05	M銀座線	Z03 青山一丁目・G03 外苑前	(4・6)/(2・4)	0	*
		G06・G05/Z04	G04/Z03 青山一丁目(P76)徒歩 E24 都大江戸線	E25 国立競技場	6・4/4	1	*
六本木 恵比寿・目黒	78・80	G06・G05/Z04	G04/Z03 青山一丁目(P76)徒歩 E24 都大江戸線	E23 六本木	6・4/4	1	*
		N06/N07	M南北線	N05 六本木一丁目・N01 目黒	(1・11)/(3・13)	0	*
		M14・M13	M丸ノ内線でM15 霞ヶ関(P40)徒歩 H07 日比谷線	H03 広尾・H02 恵比寿	(10・13)/(13・15)	1	*
浅草 東京スカイツリー	82	G06・G05	M銀座線	G18 田原町・G19 浅草	(20・22)/(22・24)	0	*
		Z04	M半蔵門線	Z14 押上	24	0	*
		M14	M丸ノ内線でM18 大手町(P36)徒歩 Z08 半蔵門線	Z14 押上	23	1	*
両国・深川	84・86	Y16	M有楽町線でY21 月島(P16)徒歩 E06 都大江戸線	E12 両国	17	1	*
		M14	M丸ノ内線でM21 本郷三丁目(P60)徒歩 E08 都大江戸線	E12 両国	22	1	*
		Z04	M半蔵門線でZ11 清澄白河(P86)徒歩 E14 都大江戸線	E13 森下・E12 両国	17・19	1	*
		Z04	M半蔵門線	Z11 清澄白河	16	0	*
		Y16	M有楽町線でY21 月島(P16)徒歩 E16 都大江戸線	E15 門前仲町	10	1	*
		M14	M丸ノ内線でM18 大手町(P36)徒歩 T09・T10 東西線	T12 門前仲町・T13 木場	13・15	1	*
お台場	90	G06・G05	M銀座線でG08 新橋(P48)徒歩 ゆりかもめ	ゆりかもめ台場	19・21	1	*
夢の島公園 葛西臨海公園	10 92	Y16	M有楽町線	Y22 豊洲・Y24 新木場	12・17	0	*
		Z04	M有楽町線でZ06 九段下(P52)徒歩 T09 東西線	T17 葛西	26	1	*
		Y16	M有楽町線でY24 新木場(P92)徒歩 JR京葉線	JR葛西臨海公園	21	1	*
		M14・M13	M丸ノ内線でM17 東京(P36)徒歩 JR京葉線	JR葛西臨海公園	21・22	1	*

地名・名称　　赤坂見附駅　日枝神社　溜池山王駅　金刀比羅宮　憲政記念館　円通寺　平河天満宮　永田町駅

東京タワー

エリア MAP 内の路線・駅名称

日比谷線	H05 神谷町　H06 虎ノ門ヒルズ
南北線	N05 六本木一丁目
浅草線	A09 大門
三田線	I05 芝公園　I06 御成門
大江戸線	E20 大門　E21 赤羽橋

〜東京タワー〜

正式名称「日本電波塔」は昭和 33 年（1958）完成以来、東京を代表する観光スポットとなっている。しかし主目的は関東一円（北は水戸、東は銚子、南は沼津、西は甲府）にテレビの電波を届けることにあり、地上波アナログテレビ放送、FM放送、地上デジタル放送のアンテナとして活躍していた。地上波テレビ放送のデジタル化と高層ビルによる電波障害回避のため、平成 25 年（2013）東京スカイツリーに電波塔としての機能を託すが、予備電波塔として存在し続けている。

日本アセアンセンター
参照 表紙裏（表2）・P19・P113

目的地のエリア	参照	乗る駅	乗り物案内 アクセス（🚶🚶は乗換）	降りる駅	所要分（乗車時間）	乗換回数	券
東 京 駅 大 手 町 駅	36	H06・H05	Ⓜ日比谷線でH07 霞ヶ関(P40)🚶🚶Ⓜ15Ⓜ丸ノ内線	M17 東京	6・7	1	*
		I06・I05	都三田線でI09 大手町(P36)🚶🚶Ⓜ18Ⓜ丸ノ内線	I09 大手町	6・8	1	*
		I06・I05	都三田線	I09 大手町	5・7	0	*
		H06・H05	Ⓜ日比谷線でH07 霞ヶ関(P40)🚶🚶Ⓜ15Ⓜ丸ノ内線	M18 大手町	7・8	1	*
		H06・H05	Ⓜ日比谷線でH08 日比谷(P40)🚶🚶C09Ⓜ千代田線	C10 二重橋前	5・6	1	*
		I06・I05	都三田線でI08 日比谷(P40)🚶🚶C09Ⓜ千代田線		4・6	1	*
霞 が 関 日 比 谷	40	I06・I05	都三田線	I08 日比谷	3・5	0	*
		H06・H05	Ⓜ日比谷線	H07 霞ヶ関・H08 日比谷	1～5	0	*
		H06・H05/ I06・I05	Ⓜ日比谷線/都三田線でH08/I08 日比谷(P40)下車、徒歩5分のY18 有楽町からⓂ有楽町線	Y17 桜田門	5	1	*
永 田 町 国 会 議 事 堂	42	H06・H05/ I06・I05	Ⓜ日比谷線でH07 霞ヶ関(P40)/都三田線でI08 日比谷(P40)🚶🚶C09Ⓜ千代田線	C06 赤坂	5/9～	1	*
		I06・I05	Ⓜ日比谷線でH07 霞ヶ関(P40)🚶🚶Ⓜ15Ⓜ丸ノ内線	M14 国会議事堂前・M13 赤坂見附	5・6	1	*
		I06・I05	都三田線でI08 日比谷(P40)🚶🚶C09Ⓜ千代田線	C07 国会議事堂前	7・9	1	*
		E21	都大江戸線でE22 麻布十番(P78)🚶🚶N04Ⓜ南北線	N07 永田町	6	1	*
銀座・築地	46	H06・H05	Ⓜ日比谷線	H09 銀座・H10 東銀座・H11 築地	5～10	0	*
新 橋 築 地	48	H06・H05	Ⓜ日比谷線でH09 銀座(P46)🚶🚶G09Ⓜ銀座線	G08 新橋	7・8	1	*
		I05・I06	都三田線でI04 三田(P16)🚶🚶A08都浅草線	A10 新橋	5・7	1	*
		E21	都大江戸線でE20 大門(P48)🚶🚶A09都浅草線	A10 新橋	4	1	*
		E21	都大江戸線	E20 大門・E19 汐留・E18 築地市場	2・4・7	0	*
月 島	16	E21	都大江戸線	E17 勝どき・E16 月島	9・11	0	*
泉 岳 寺 品 川 周 辺	15・ 16・ 65	I05・I06	都三田線	I04 三田	1・3	0	*
		I05・I06	都三田線でI04 三田(P16)🚶🚶A08都浅草線	A07 泉岳寺	3・5	1	*
		I05・I06	都三田線でI04 三田(P16)🚶🚶A08都浅草線	A06 高輪台	6・8	1	*
		I05・I06	都三田線でI04 三田(P16)🚶🚶A08都浅草線・エアポート快特	京急線品川	6・8	1	
日 本 橋	50	I06	都三田線でI09 大手町(P36)🚶🚶Z08Ⓜ半蔵門線	Z09 三越前・Z10 水天宮前	7・9	1	*
		I06	都三田線でI09 大手町(P36)🚶🚶T09Ⓜ東西線	T10 日本橋・T11 茅場町	6・8	1	*
		H06・H05	Ⓜ日比谷線でH09 銀座(P46)🚶🚶G09Ⓜ銀座線	G10 京橋・G11 日本橋・G12 三越前	6～11	1	*
		H06・H05	Ⓜ日比谷線	H13 茅場町・H14 人形町	12～16	0	*
北 の 丸 公 園	52	I06	都三田線でI09 大手町(P36)🚶🚶T09Ⓜ東西線	T08 竹橋・T07 九段下	6・8	1	*
		I06	都三田線でI09 大手町(P36)🚶🚶Z08Ⓜ半蔵門線	Z06 九段下・Z05 半蔵門	9・12	1	*
		E21	都大江戸線でE24 青山一丁目(P76)🚶🚶Z03Ⓜ半蔵門線	Z05 半蔵門・Z06 九段下	10・13	1	*
お 茶 の 水 秋 葉 原	54	I06・I05	都三田線	I10 神保町	8・10	0	*
		I06・I05	都三田線でI09 大手町(P36)🚶🚶Ⓜ18Ⓜ丸ノ内線	M20 御茶ノ水	9・11	1	*
		H06・H05	Ⓜ日比谷線でH08 日比谷(P40)🚶🚶C09Ⓜ千代田線	C12 新御茶ノ水	9・10	1	*
		H06・H05	Ⓜ日比谷線でH09 銀座(P46)🚶🚶G09Ⓜ銀座線	G13 神田	10・11	1	*
秋葉原・上野	54・58	H06・H05	Ⓜ日比谷線	H16 秋葉原・H18 上野	18～22	0	*
三 ノ 輪	58・ 14	H06・H05	Ⓜ日比谷線	H19 入谷・H20 三ノ輪・H21 南千住	24～29	0	*
上 野・駒 込・千 駄 木	58・ 62	I06	都三田線でI09 大手町(P36)🚶🚶C11Ⓜ千代田線	C13 湯島・C14 根津・C15 千駄木	9・11・13	1	*
		H06・H05	Ⓜ日比谷線でH08 日比谷(P40)🚶🚶C09Ⓜ千代田線		11～16	1	*
後 楽 園 駒込・千駄木	13・ 60	I06・I05	都三田線でI10 神保町(P52)🚶🚶S06都新宿線	T06 飯田橋	10・12	1	*
		I06・I05	都三田線でI10 神保町(P52)🚶🚶S06都新宿線	S04 市ヶ谷	11・12	1	*
		E21	都大江戸線でE22 麻布十番(P78)🚶🚶N04Ⓜ南北線	N09 市ヶ谷・N10 飯田橋	11・12	1	*
		I06	都三田線でI09 大手町(P36)🚶🚶Ⓜ18Ⓜ丸ノ内線	M21 本郷三丁目・M22 後楽園	11・12	1	*
		H06・H05	Ⓜ日比谷線でH07 霞ヶ関(P40)🚶🚶Ⓜ15Ⓜ丸ノ内線	M21 本郷三丁目・M22 後楽園	13～16	1	*
	60・62	I06	都三田線	I11 水道橋・I12 春日・I13 白山	10・12・14	0	*
王 子	64	E21	都大江戸線でE22 麻布十番(P78)🚶🚶N04Ⓜ南北線	N15 西ヶ原・N16 王子	24・26	1	*
池 袋	66	I06・I05	都三田線でI09 大手町(P36)🚶🚶Ⓜ18Ⓜ丸ノ内線	M25 池袋	21・23	1	*
		H06・H05	Ⓜ日比谷線でH07 霞ヶ関(P40)🚶🚶Ⓜ15Ⓜ丸ノ内線	M25 池袋	23・24	1	*
早 稲 田 新 宿	12 68	I06・I05	I09 大手町(P36)🚶🚶T09Ⓜ東西線	T04 早稲田・T03 高田馬場	15～18	1	*
		E21	都大江戸線	E26 代々木・E27 新宿・E28 都庁前	11・13・15	0	*
原 宿 表 参 道	70	H06・H05	Ⓜ日比谷線でH07 霞ヶ関(P40)🚶🚶C09Ⓜ千代田線	C04 表参道・C03 明治神宮前	8～11	1	*
		I06	都三田線でI08 日比谷(P40)🚶🚶C09Ⓜ千代田線	C04 表参道・C03 明治神宮前	13・15	1	*
渋 谷 外 苑 前	70 72	E21	都大江戸線でE24 青山一丁目(P76)🚶🚶G04Ⓜ銀座線	G03 外苑前・G02 表参道・G01 渋谷	8・9・12	1	*
外 苑 前	76	H06・H05	Ⓜ日比谷線でH07 霞ヶ関(P40)🚶🚶Ⓜ15Ⓜ丸ノ内線	M12 四ツ谷・M11 四谷三丁目	8～11	1	*
		E21	都大江戸線	E24 青山一丁目・E25 国立競技場	6・8	0	*
六 本 木	78	E21	都大江戸線でE22 麻布十番(P78)🚶🚶N04Ⓜ南北線	E22 麻布十番・E23 六本木	1・3	0	*
		E21	都大江戸線	N05 六本木一丁目	2	1	*
六本木・恵比寿	78・80	H06・H05	Ⓜ日比谷線	H03 広尾・H02 恵比寿	5～9	0	*
目 黒	80	I05・I06	都三田線	I01 目黒	9・11	0	*
浅 草・東京スカイツリー	82	E21	都大江戸線でE20 大門(P48)🚶🚶A09都浅草線	A18 浅草	17	1	*
		I05・I06	都三田線でI04 三田(P16)🚶🚶A08都浅草線	A18 浅草	18・20	1	*
		H06・H05	Ⓜ日比谷線でH09 銀座(P46)🚶🚶G09Ⓜ銀座線	G18 田原町・G19 浅草	19～22	1	*
		A09	都浅草線	A20 押上	18	0	*
		H06・H05	Ⓜ日比谷線でH10 東銀座(P46)🚶🚶A11都浅草線	A20 押上	22・23	1	*
両 国 深 川	84・86	I06・I05	都三田線でI10 神保町(P52)🚶🚶S06都新宿線	S10 浜町	15・17	1	*
		E21	都大江戸線	E15 門前仲町・E14 清澄白河・E13 森下・E12 両国	13・16・18・20	0	*
お 台 場	90	E21	都大江戸線でE19 汐留(P48)🚶🚶ゆりかもめ	ゆりかもめ台場	18	1	*
東京モノレール	10	E21	都大江戸線でE20 大門(P48)下車、徒歩9分のモノレール浜松町(P48)🚶🚶東京モノレール	東京モノレール各	6～23	1	*
深 川・夢 の 島 公 園	13・ 86・ 16	I06	都三田線でI09 大手町(P36)🚶🚶T09Ⓜ東西線	T13 東陽町・T17 葛西	12・22	1	*
		E21	都大江戸線でE16 月島(P16)🚶🚶Y21Ⓜ有楽町線	Y22 豊洲・Y24 新木場	14・19	1	*
葛西臨海公園	92	H06・H05	Ⓜ日比谷線でH12 八丁堀(P50)🚶🚶JR京葉線	JR葛西臨海公園	22・23	1	*

地名・名称 愛宕神社（あたごじんじゃ） 赤羽橋駅（あかばねばしえき） 塩釜神社（しおがまじんじゃ） 御成門駅（おなりもんえき） 増上寺（ぞうじょうじ） 東照宮（とうしょうぐう）

銀座

エリア MAP 内の路線・駅名称

銀座線	G08 新橋	G09 銀座　G10 京橋
丸ノ内線	M16 銀座	
日比谷線	H08 日比谷	H09 銀座　H11 築地
千代田線	C09 日比谷	
有楽町線	Y18 有楽町	Y19 銀座一丁目
	Y20 新富町	
浅草線	A10 新橋	A11 東銀座 A12 宝町
大江戸線	E18 築地市場	E19 汐留
JR線	**有楽町　新橋**	
ゆりかもめ	新橋　汐留	

三田線沿線→日比谷駅・三田駅乗換え。

～銀座～

慶長17年（1612）に銀貨を鋳造する銀座役所が置かれた事に由来するが、町名となったのは明治に入ってからになる。それまでの呼び名は新両替町。それから西欧風の煉瓦街などが建ち並び、文明開化を象徴する繁華街として発展したが、大正12年（1923）の関東大震災によってほぼ全滅している。それから戦後の復興を経て、日本初の歩行者天国を実施、三越、GINZA SIX など高級デパートが立ち並び、世界の高級ブランド品を扱うショップが集中しているエリアとなった。日本一の街にあやかって、今でも日本各地に「銀座」と名が付く商店街が多数存在している。

目的地のエリア	参照	乗る駅	アクセス（ 🚶🚶 は乗換）	降りる駅	所要分 (乗車時間)	乗換回数	券
東 京 駅 大 手 町 駅	36	M16	Ⓜ丸ノ内線	M17 東京・M18 大手町	3・4	0	＊
		H10	Ⓜ日比谷線で H09 銀座(P46) 🚶🚶 M16 Ⓜ丸ノ内線		5	1	＊
		H09・H10	Ⓜ日比谷線で H08 日比谷(P40) 🚶🚶 C09 Ⓜ千代田線	C10 二重橋前	2・4	1	＊
霞 が 関 日 比 谷	40	H09・H10	Ⓜ日比谷線	H08 日比谷	1・3	0	＊
		M16	Ⓜ丸ノ内線	M15 霞ヶ関	2	0	＊
		Y19	Ⓜ有楽町線	Y17 桜田門	3	0	＊
永 田 町 国 会 議 事 堂	42	M16	Ⓜ丸ノ内線で M15 霞ヶ関(P40) 🚶🚶 C08 Ⓜ千代田線	C06 赤坂	5	1	＊
			Ⓜ丸ノ内線	M11 国会議事堂前・M13 赤坂見附	4・6	0	＊
		Y19	Ⓜ有楽町線	Y16 永田町	5	0	＊
東 京 タ ワ ー	44	H09/H10	Ⓜ日比谷線で H08 日比谷(P40) 🚶🚶 I08 ㊞三田線	I06 御成門・I05 芝公園	(4・6)/(6・8)	1	＊
		H09・H10	Ⓜ日比谷線	H06 虎ノ門ヒルズ・H05 神谷町	5～8	0	＊
		A11	㊞浅草線	A09 大門	4	0	＊
新 橋 築 地	48	H10・H09	Ⓜ日比谷線	H11 築地	2・4	0	＊
		G09・A11	Ⓜ銀座線・㊞浅草線	G08・A10 新橋	2・2	0	＊
	16	A11	㊞浅草線で A09 大門(P48) 🚶🚶 E20 ㊞大江戸線	E19 汐留・E18 築地市場	5・8	1	＊
		Y19		Y20 新富町・Y21 月島	1・3	0	＊
品 川 周 辺	65	A11	㊞浅草線	A07 泉岳寺・A06 高輪台	8・10	0	＊
		A11	㊞浅草線・エアポート快特	京急線品川	11	0	＊
日 本 橋	50	G09	Ⓜ銀座線で G12 三越前(P50) 🚶🚶 Z09 Ⓜ半蔵門線	Z10 水天宮	7	1	＊
		M16	Ⓜ丸ノ内線で M18 大手町(P36) 🚶🚶 Z08 Ⓜ半蔵門線		8	1	＊
		A11	㊞浅草線	A13 日本橋・A14 人形町	3・5	0	＊
		H10・H09	Ⓜ日比谷線	H13 茅場町・H14 人形町・H15 小伝馬町	5～・8～・9～	0	＊
東京駅・日本橋	36・50	G09	Ⓜ銀座線	G10 京橋・G11 日本橋・G12 三越前	1・3・5	0	＊
北 の 丸 公 園	52	M16	Ⓜ丸ノ内線で M18 大手町(P36) 🚶🚶 T09 Ⓜ東西線	T08 竹橋・T07 九段下	5・7	1	＊
			M18 大手町(P36) 🚶🚶 Z08 Ⓜ半蔵門線	Z06 九段下・Z05 半蔵門	8・11	1	＊
お 茶 の 水 秋 葉 原	54	M16	Ⓜ丸ノ内線	M20 御茶ノ水	8	0	＊
		G09	Ⓜ銀座線	G13 神田	6	0	＊
		H10・H09	Ⓜ日比谷線	H16 秋葉原	11・13	0	＊
上野・駒込・千駄木	58・62	M16	Ⓜ丸ノ内線で M18 大手町(P36) 🚶🚶 C11 Ⓜ千代田線	C13 湯島・C14 根津・C15 千駄木	8・10・12	1	＊
上 野	58	G09	Ⓜ銀座線	G16 上野	11	0	＊
		H10・H09	Ⓜ日比谷線	H18 上野	14・16	0	＊
三 ノ 輪	58・14	H10・H09	Ⓜ日比谷線	H19 入谷・H20 三ノ輪・H21 南千住	17～・19～・21～	0	＊
後 楽 園	60	M16	Ⓜ丸ノ内線で M18 大手町(P36) 🚶🚶 T09 Ⓜ東西線	T06 飯田橋	9	1	＊
			M16丸ノ内線で M12 四ツ谷(P76) 🚶🚶 N08 Ⓜ南北線	N09 市ヶ谷	11	1	＊
		Y19	Ⓜ有楽町線	Y14 市ヶ谷・Y13 飯田橋	9・11	0	＊
				M21 本郷三丁目・M22 後楽園	10・12	0	＊
駒込・千駄木	62	H09・H10	Ⓜ日比谷線で H08 日比谷(P40) 🚶🚶 I08 ㊞三田線	I13 白山・I15 巣鴨	11～・15～	1	＊
王 子	64	M16	Ⓜ丸ノ内線で M22 後楽園(P60) 🚶🚶 N11 Ⓜ南北線	N15 西ヶ原・N16 王子	21・23	1	＊
池 袋	66	M16	Ⓜ丸ノ内線	M25 池袋	20	0	＊
		Y19	Ⓜ有楽町線	Y10 東池袋・Y09 池袋	18・21	0	＊
早 稲 田	12	M16	Ⓜ丸ノ内線で M18 大手町(P36) 🚶🚶 T09 Ⓜ東西線	T04 早稲田・T03 高田馬場	14・17	1	＊
新 宿	68	M16	Ⓜ丸ノ内線	M08 新宿	16	0	＊
		G09	Ⓜ銀座線で G04 青山一丁目(P76) 🚶🚶 E24 ㊞大江戸線	E28 都庁前	19	1	＊
原 宿 表 参 道 渋 谷	70	M16	Ⓜ丸ノ内線で M15 霞ヶ関(P40) 🚶🚶 C08 Ⓜ千代田線	C03 明治神宮前	11	1	＊
		H09・H10	Ⓜ日比谷線で H08 日比谷(P40) 🚶🚶 C09 Ⓜ千代田線		13・15	1	＊
		G09	Ⓜ銀座線	G02 表参道・G01 渋谷	13・16	0	＊
外 苑 前	76	M16	Ⓜ丸ノ内線	M12 四ツ谷・M11 四谷三丁目	9・11	0	＊
		G09	Ⓜ銀座線	G04 青山一丁目・G03 外苑前	10・12	0	＊
			Ⓜ銀座線で G04 青山一丁目(P76) 🚶🚶 E24 ㊞大江戸線	E25 国立競技場	12	1	＊
六 本 木 目 黒 恵 比 寿	78 80	H09・H10	Ⓜ日比谷線	H04 六本木・H03 広尾・H02 恵比寿	10～18	0	＊
		G09	Ⓜ銀座線で G06 溜池山王(P42) 🚶🚶 N06 Ⓜ南北線	N05 六本木一丁目・N01 目黒	7・17	1	＊
		A11	㊞浅草線で A08 三田(P16) 🚶🚶 I04 ㊞三田線	I01 目黒	14	1	＊
浅 草 東京スカイツリー	82	A11	㊞浅草線	A18 浅草	11	0	＊
			㊞浅草線	G18 田原町・G19 浅草	14・16	0	＊
		A11・A12	㊞浅草線	A20 押上	15・13	0	＊
両 国 深 川	84 86	Y19	Ⓜ有楽町線で Y21 月島(P16) 🚶🚶 E16 ㊞大江戸線	E15 門前仲町・E14 清澄白河・E13 森下・E12 両国	4・7・9・11	1	＊
		M16	Ⓜ丸ノ内線で M19 淡路町(P54)下車、徒歩 3 分の S07 小川町から㊞新宿線	S10 浜町・S11 森下	11・12	1	＊
		G09	Ⓜ銀座線で G11 日本橋(P50) 🚶🚶 T10 Ⓜ東西線	T12 門前仲町・T13 木場	6・8	1	＊
			Ⓜ銀座線で G12 三越前(P50) 🚶🚶 Z09 Ⓜ半蔵門線	Z11 清澄白河	11	1	＊
お 台 場	90	Y19	Ⓜ有楽町線で Y22 豊洲(P17) 🚶🚶 ゆりかもめ	ゆりかもめ有明	22	1	＊
東京モノレール	10・15	G09	Ⓜ銀座線で G08 新橋から 🚶🚶 ＪＲ浜松町(P48) から東京モノレール 🚶🚶 モノレール浜松町(P48)から東京モノレール	東京モノレール各	8～25	2	
地下鉄博物館 夢の島公園 葛西臨海公園	10・92	G09	Ⓜ銀座線で G11 日本橋(P50) 🚶🚶 T10 Ⓜ東西線	T17 葛西	17	1	＊
		Y19	Ⓜ有楽町線	Y22 豊洲・Y24 新木場	6・11	0	＊
		Y19	Ⓜ有楽町線で Y24 新木場(P92) 🚶🚶 ＪＲ京葉線	ＪＲ葛西臨海公園	14	1	＊
Ｔ Ｄ Ｒ	94	Y19	Ⓜ有楽町線で Y24 新木場(P92) 🚶🚶 ＪＲ京葉線	ＪＲ舞浜	17	1	＊
柴 又 帝 釈 天	96	A11	㊞浅草線・京成本線急行乗入れで京成高砂(P10) 🚶🚶 京成金町線	京成線柴又	33	1	

地名・名称 新富町 駅（しんとみちょうえき）　汐溜 駅（しおどめえき）　築地市場 駅（つきじしじょうえき）　築地本願寺（つきじほんがんじ）　波除神社（なみよけじんじゃ）　浜離宮 恩賜庭園（はまりきゅうおんしていえん）

新橋築地

主な見学地

築地本願寺 [C1] [P110]　　　　浜離宮恩賜庭園 [B2] [P113]
日本テレビタワー [A4] [P113]　　旧芝離宮恩賜庭園 [A3] [P107]
アド・ミュージアム東京 [B1] [P105]　パナソニック汐溜美術館 [B1] [P113]

エリア MAP 内の路線・駅名称

銀座線　　G08 新橋
日比谷線　H09 東銀座　H10 築地
浅草線　　A09 大門　A10 新橋
三田線　　I07 内幸町
大江戸線　E17 勝どき　E18 築地市場　E19 汐留
　　　　　E20 大門
JR線　　 新橋　◑- 浜松町
ゆりかもめ ◖-新橋　◗-汐留　竹芝
東京モノレール　◗- 浜松町

～築地～

江戸時代に行われた埋め立てで「築き上げられた土地」ということからこの地名となった。
聖路加国際病院の場所は中津藩邸跡地であり、かつては蘭学の中心地であった。杉田玄白や藩医で蘭学者だった前野良沢らが「解体新書」を完成させたのも、幕末に福沢諭吉がら～6名の塾生を相手に「蘭学塾」（慶応義塾の前身）を開いたのも同所である。大正12年（1923）に起った関東大震災により日本橋魚河岸が築地に移転、それから町は大きく変わり、今日まで続く人気の観光スポットと発展したのである。平成30年（2018）に老朽化などの問題を抱えていた日本最大の取扱量を誇る築地市場が豊洲に移転したが、場外市場は営業を続けている。海産物を中心に小売店、飲食店などがある。。

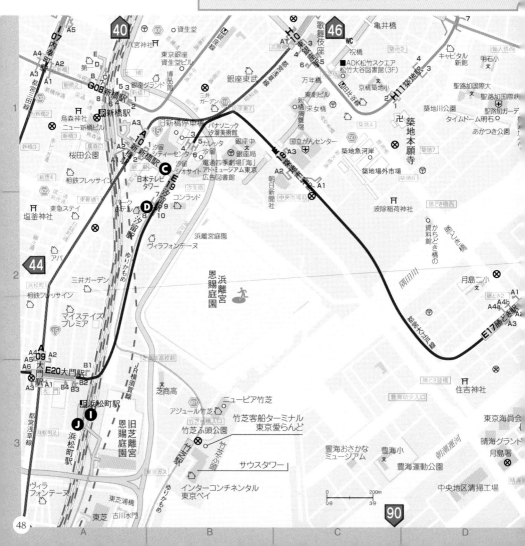

目的地のエリア	参照	乗る駅	アクセス（太字は乗換）	降りる駅	所要分（乗車時間）	乗換回数	券
東京駅 大手町駅	36	G08	M銀座線でG09 銀座(P46)🚶M16M丸ノ内線	M18 大手町・M17 東京	6・5	1	*
		❶	JR京浜東北・根岸線	JR東京	4	0	*
		E18・E19	御大江戸線でE15 門前仲町(P86)🚶T12M東西線	T09 大手町	12・14	1	*
		A10・A09	御浅草線でA13 日本橋(P50)🚶T10M東西線		6・7	1	*
霞 が 関 日 比 谷	40	G08	G09 銀座(P46)🚶H09M日比谷線	H08 日比谷・H07 霞ヶ関	3・6	1	*
		A10/A09	御浅草線でA11 東銀座(P46)🚶H10M日比谷線		(5・8)/(6・9)	1	*
		G08	M銀座線でG05 赤坂見附(P42)下車、徒歩5分のY16 永田町から M有楽町線	Y17 桜田門	8	1	*
		E18・E19・E20	御大江戸線でE16 月島(P16)🚶Y21M有楽町線	Y18 有楽町・Y17 桜田門	9 11 13～	1	*
永 田 町 国会議事堂	42	G08	M銀座線	G06 溜池山王・G05 赤坂見附	4・6	1	*
		E20・E19・E18	御大江戸線でE22 麻布十番(P78)🚶N04M南北線	N06 溜池山王・N07 永田町	8～10～13～	1	*
東京タワー	44	A10・A09	御浅草線でA08 三田(P16)🚶I04御三田線	I05 芝公園・I06 御成門	(5・6)/(4・6)	1	*
		G08	M銀座線でG09 銀座(P46)🚶H09M日比谷線	H06 虎ノ門ヒルズ・H05 神谷町	7・8	1	*
		E20・E19・E18	御大江戸線	E21 赤羽橋	2・4・7	0	*
築 地 月 島	46	A10・A09	御浅草線でA11 東銀座(P46)🚶H10M日比谷線	H11 築地	4・6	1	*
	16	E18・E19・E20	御大江戸線	E16 月島	4・6・8	0	*
品 川 周 辺	16・65	A09・A10	御浅草線	A08 三田・A07 泉岳寺・A06 高輪台	2～4～7～	0	*
			浅草線・京急本線乗入れ	京急線品川	7・9	0	*
日 本 橋	50	G08	M銀座線でG12 三越前(P50)🚶Z09M半蔵門線	Z10 水天宮前	9	1	*
		E18・E19・E20	御大江戸線でE14 清澄白河(P86)🚶Z11M半蔵門線	Z10 水天宮前・Z09 三越前	12～14～16～	1	*
		G08	M銀座線	G10 京橋・G11 日本橋・G12 三越前	3・5・7	0	*
		A10・A09	御浅草線でA13 日本橋(P50)🚶T10M東西線	A13 日本橋・A14 人形町	(5・7)/(6・8)	0	*
		A09	御浅草線でA13 日本橋(P50)🚶G11M銀座線	G12 三越前	7	1	*
		G08	M銀座線でG11 日本橋(P50)🚶T10M東西線	T11 茅場町	6	1	*
		A09	御浅草線でA11 東銀座(P46)🚶H09M日比谷線	H13 茅場町・H14 人形町	8	1	*
北の丸公園	52	A09	御浅草線でA13 日本橋(P50)🚶T10M東西線	T08 竹橋・T07 九段下	8・10 / 9・11	1	*
		A09	御浅草線でA11 東銀座(P46)🚶Z04M半蔵門線	Z05 半蔵門・Z06 九段下	12・15	1	*
		E20・E19・E18	御大江戸線でE24 青山一丁目(P76)🚶Z03M半蔵門線		13～15～18～	1	*
お茶の水 秋 葉 原	54	G08	M銀座線でG09 新橋(P48)🚶M16M丸ノ内線	M20 御茶ノ水	10	1	*
		A09	御浅草線でG09 銀座(P46)🚶M16M丸ノ内線		11	2	*
		A10・A09	御浅草線でA14 人形町(P50)🚶H14M日比谷線	H16 秋葉原	11・10	1	*
三 ノ 輪	58 14	G08	M銀座線でG16 上野(P58)🚶H18M日比谷線	H19 入谷・H20 三ノ輪・H21 南千住	15・17・19	1	*
		A09	御浅草線でA14 人形町(P50)🚶H14M日比谷線		17・19・21	1	*
上 野 駒込・千駄木	58 62	A10・A09	御浅草線でA13 日本橋(P50)🚶T10M東西線でT09 大手町(P36)🚶C11M千代田線	C13 湯島・C14 根津・C15 千駄木	10～12～14～	2	*
上 野	58	G08	M銀座線	G16 上野	13	0	*
		A09	御浅草線でA14 人形町(P50)🚶H14M日比谷線	H18 上野	14	1	*
		E18・E19・E20	御大江戸線	E09 上野御徒町	19・21・23	0	*
後 楽 園	13 60	E20・E19・E18	御大江戸線でG06 溜池山王(P42)🚶N06M南北線	N09 市ヶ谷・N10 飯田橋・N11 後楽園	10・12・14 / 14～18～21～	1	*
		E20・E19・E18	御大江戸線でG09 銀座(P46)🚶M16M丸ノ内線	M21 本郷三丁目・M22 後楽園	14～18～21～	1	*
		E18・E19・E20	御大江戸線	E08 本郷三丁目	21・23・25	0	*
王 子	64	E20・E19・E18	御大江戸線でE22 麻布十番(P78)🚶N04M南北線	N15 西ヶ原・N16 王子	27～34	1	*
池 袋	66	E20・E19・E18	御大江戸線でG09 銀座(P46)🚶M16M丸ノ内線	M25 池袋	22	1	*
		E18・E19・E20	御大江戸線でE16 月島(P16)🚶Y21M有楽町線	Y10 東池袋・Y09 池袋	26～28～30～	1	*
早 稲 田	12	A10・A09	御浅草線でA13 日本橋(P50)🚶T10M東西線	T04 早稲田・T03 高田馬場	17～20～	1	*
新 宿	68	G08	M銀座線でG04 青山一丁目(P76)🚶E24御大江戸線	E27 新宿・E01 都庁前	15・17	1	*
		E20・E19・E18	御大江戸線		16～18～	0	*
原 宿 表参道 渋谷・外苑前	70・72・76	G08	M銀座線でG02 表参道(P70)🚶C04M千代田線	C03 明治神宮前	12	1	*
		❶	JR山手線外回り	JR原宿	19	0	*
		E20・E19・E18	御大江戸線でE24 青山一丁目(P76)🚶G04M銀座線	G02 表参道・G01 渋谷	11～12～15～	1	*
外 苑 前	76	G08	M銀座線でG05 赤坂見附(P42)🚶M13M丸ノ内線	M12 四谷三丁目・M11 四谷三丁目	8・10	1	*
		E20・E19・E18	御大江戸線でE22 麻布十番(P78)🚶N04M南北線	N08 四ツ谷	12・14・17	1	*
		E20・E19・E18	御大江戸線	E24 青山一丁目・E25 国立競技場	11～13～16～	0	*
		G08	M銀座線でG04 青山一丁目(P76)🚶E24御大江戸線	E25 国立競技場	10	1	*
六 本 木 恵 比 寿 目 黒	78 80	E20・E19・E18	御大江戸線	E22 麻布十番・E23 六本木	4～6～9～	0	*
		G08	M銀座線でG06 溜池山王(P42)🚶N06M南北線	N05 六本木一丁目	5	1	*
		E20・E19・E18	御大江戸線でE22 麻布十番(P78)🚶N04M南北線	N05 六本木一丁目・N01 目黒	5～9～10～	1	*
		G08	M銀座線でG09 銀座(P46)🚶H09M日比谷線	H03 広尾・H02 恵比寿	15・18	1	*
		E20・E19・E18	御大江戸線でE23 六本木(P78)🚶H04M日比谷線		9～11～14～	1	*
		A10	御浅草線でA08 三田(P16)🚶I04御三田線	I01 目黒	12	1	*
浅 草 東京スカイツリー	82	A10・A09	御浅草線	A18 浅草	13・14	0	*
		G08	M銀座線	G18 田原町・G19 浅草	16・18	0	*
			御浅草線	A20 押上		0	*
両 国	84	E18・E19・E20	御大江戸線	E12 両国	13・15・17	0	*
深 川	86 10	E18・E19・E20	御大江戸線	E15 門前仲町・E14 清澄白河・E13 森下	6～9～11～	0	*
		A10	御浅草線でA13 日本橋(P50)🚶T10M東西線	T12 門前仲町・T13 木場・T17 葛西	8・10・19	1	*
お 台 場 豊洲市場	90	❸	ゆりかもめ	ゆりかもめ台場・市場前	15・28	0	
夢の島公園	92	E18・E19・E20	御大江戸線でE16 月島(P16)🚶Y21M有楽町線	Y22 豊洲・Y24 新木場	7～9～11～	1	*
東京モノレール	10-15	❹	東京モノレール	東京モノレール各	4～	0	

地名・名称 聖路加タワー（せいろか） 浜離宮恩賜庭園（はまりきゅうおんしていえん） 築地市場駅（つきじじょうえき） 旧芝離宮恩賜庭園（きゅうしばりきゅうおんしていえん） 波除神社（なみよけじんじゃ） 築地魚河岸（つきじうおがし） 勝どき橋（かちどきばし）

日本橋

主な見学地

エリア MAP 内の路線・駅名称

銀座線	G11 日本橋	半蔵門線	Z09 三越前
	G12 三越前		Z10 水天宮前
日比谷線	H12 八丁堀	浅草線	A12 宝町
	H13 茅場町		A13 日本橋
	H14 人形町		A14 人形町
東西線	T10 日本橋 T11 茅場町	新宿線	S10 浜町

～日本橋～

　慶長8年（1603）に徳川家康によって架けられた日本橋は翌年、徳川幕府により五街道（東海道・中山道・甲州道中・日光道中・奥州道中）の基点と定められている。名前の由来は「日本国中の人が集まるから」など諸説があるが定かではない。その後周辺地域は発展し、日本橋の南側には高札場（法度などを記した掲示板）、北側には魚市場が並ぶ日本橋魚河岸が広がっていた。現在の日本橋は明治44年（1911）に石造の橋に架け替えられていて、その銘板の文字は江戸幕府最後の将軍徳川慶喜によるもの。日本銀行や東京証券取引所など金融関係の施設が集まり、日本橋三越本店、日本橋高島屋など百貨店発祥の地ともなっている日本橋は、日本経済・文化の発信地ともいえる。現在は、首都高速道路の地下化工事が進められている。

目的地のエリア	参照	乗り物案内			所要分（乗車時間）	乗換回数	券
		乗る駅	アクセス（🚶🚶は乗換）	降りる駅			
東京駅大手町駅	36	T10/T11	Ⓜ東西線でT09 大手町(P36)🚶🚶M18Ⓜ丸ノ内線（又は徒歩10分）	M18 大手町・M17 東京	(1･2)/(2･3)	0･1	＊
		Z09/Z10	Ⓜ半蔵門線でZ08 大手町(P36)🚶🚶M18Ⓜ丸ノ内線（又は徒歩10分）		(1･2)/(4･5)	1	＊
霞が関日比谷	40	H13/H14	Ⓜ日比谷線	H08 日比谷・H07 霞ヶ関	(8･11)/(11･14)	0	＊
			Ⓜ半蔵門線又はⒺ東西線でⒶ大手町(P36)🚶🚶I09⑬三田線	I08 日比谷	4～	1	＊
永田町国会議事堂	42	G11/G12	Ⓜ銀座線	C06 赤坂	10～	1	＊
				G06 溜池山王・G05 赤坂見附	(9･11)/(11･13)	0	＊
		Z09/Z10	Ⓜ半蔵門線	Z04 永田町	10･13	0	＊
東京タワー	44・16		Ⓜ半蔵門線又はⒺ東西線でⒶ大手町(P36)🚶🚶I09⑬三田線	I06 御成門・I05 芝公園・I04 三田	6～8～10～	1	＊
		H13/H14	Ⓜ日比谷線	H06 虎ノ門ヒルズ・H05 神谷町	12～16	0	＊
銀座築地新橋	46	G11/G12	Ⓜ銀座線	G09 銀座・G08 新橋	(3･5)/(5･7)	0	＊
		Z09/Z10	Ⓜ半蔵門線でZ08 大手町(P36)🚶🚶M18Ⓜ丸ノ内線	M16 銀座	5･8	1	＊
		H13/H14	Ⓜ日比谷線	H11 築地・H10 東銀座	3～5～	0	＊
新橋築地	48	A13・A14	ⓢ浅草線	A09 大門	7･9	0	＊
		A13・A14	ⓢ浅草線でA09 大門(P48)🚶🚶E20⑫大江戸線	E19 汐留・E18 築地市場	(8･11)/(10･13)	1	＊
		Z10/Z09	Ⓜ半蔵門線でZ11 清澄白河(P86)🚶🚶E14⑫大江戸線	E16 月島・E18 築地市場・E19 汐留	(7･12･14)/(9･14･16)	1	＊
月島	16	T10・T11	Ⓜ東西線でT12 門前仲町(P86)🚶🚶E15⑫大江戸線	E16 月島	4･3	1	＊
品川周辺	15・16・65	A13・A14	ⓢ浅草線	A08 三田・A07 泉岳寺・A06 高輪台	9～11～14～	0	＊
			ⓢ浅草線・京急本線乗入れ	京急品川	14･16	0	＊
北の丸公園	52	T10/T11	Ⓜ東西線	T08 竹橋・T07 九段下	(3･5)/(4･6)	0	＊
		Z09/Z10	Ⓜ半蔵門線でZ08 大手町(P36)🚶🚶T09Ⓜ東西線	T08 竹橋	2･5	1	＊
		Z09/Z10	Ⓜ半蔵門線	Z06 九段下・Z05 半蔵門	(5･8)/(8･11)	0	＊
		T10/T11	Ⓜ東西線でT07 九段下(P52)🚶🚶Z06Ⓜ半蔵門線	Z05 半蔵門	8･9	1	＊
お茶の水秋葉原	54		Ⓜ半蔵門線又はⒺ東西線で大手町(P36)🚶🚶M18Ⓜ丸ノ内線	M20 御茶ノ水	5～	1	＊
		H14・H13	Ⓜ日比谷線	H16 秋葉原	3･5	0	＊
三ノ輪	58・14	H14・H13	Ⓜ日比谷線	H19 入谷・H20 三ノ輪・H21 南千住	9～11～13～	0	＊
		G12・G11	Ⓜ銀座線でG16 上野(P58)🚶🚶H18Ⓜ日比谷線		8～10～12～	1	＊
上野・駒込・千駄木	58・62	G12・G11	Ⓜ半蔵門線又はⒺ東西線で大手町(P36)🚶🚶C11⑪千代田線	C13 湯島・C14 根津・C15 千駄木	5～7～9～	1	＊
			Ⓜ銀座線	G16 上野	6･8	0	＊
		H14・H13	Ⓜ日比谷線	H18 上野	6･8	0	＊
駒込・千駄木	62		Ⓜ半蔵門線又はⒺ東西線でZ08・T09 大手町(P36)🚶🚶I09⑬三田線	I12 春日・I13 白山	7～9～	1	＊
後楽園	60	T10・T11	Ⓜ東西線	T06 飯田橋	7･8	0	＊
			Ⓜ半蔵門線又はⒺ東西線でZ08・T09 大手町(P36)🚶🚶T09Ⓜ東西線	T06 飯田橋	6･9	1	＊
			Ⓜ半蔵門線又はⒺ東西線でZ08・T09 大手町(P36)🚶🚶M18Ⓜ丸ノ内線	M21 本郷三丁目・M22 後楽園	7～9～	1	＊
王子	64	T10	Ⓜ東西線でT06 飯田橋(P60)🚶🚶N10Ⓜ南北線	N15 西ケ原・N16 王子	18･20	1	＊
池袋	66		Ⓜ東西線でT06 飯田橋(P60)🚶🚶N10Ⓜ南北線	M25 池袋	18～	1	＊
早稲田	12	T10/T11	Ⓜ東西線	T04 早稲田・T03 高田馬場	(12･15)/(13･16)	0	＊
新宿	68	T10・T11	Ⓜ東西線でT07 九段下(P52)🚶🚶S05⑩新宿線	S01 新宿	13･14	1	＊
		Z09・Z10	Ⓜ半蔵門線でZ06 九段下(P52)🚶🚶S06⑩新宿線		13･16	1	＊
		T10・T11	Ⓜ東西線でT06 飯田橋(P60)🚶🚶E06⑫大江戸線	E28 都庁前	21･22	1	＊
		Z09・Z10	Ⓜ半蔵門線でZ03 青山一丁目(P76)🚶🚶E24⑫大江戸線		21･24	1	＊
原宿表参道渋谷	70・72		Ⓜ半蔵門線又はⒺ東西線でZ08・T09 大手町(P36)🚶🚶C11Ⓜ千代田線	C03 明治神宮前	16～	1	＊
		G11/G12	Ⓜ銀座線	G02 表参道・G01 渋谷	(16～19)/(18～21)	0	＊
		Z09/Z10	Ⓜ半蔵門線	Z02 表参道・Z01 渋谷	(15～17)/(17～20)	0	＊
外苑前	76	G11/G12	Ⓜ銀座線でG09 銀座(P46)🚶🚶M16Ⓜ丸ノ内線	M12 四ツ谷・M11 四谷三丁目	(12･14)/(14･16)	1	＊
		Z10	Ⓜ半蔵門線でZ08 大手町(P36)🚶🚶M18Ⓜ丸ノ内線		15･17	1	＊
		G11/G12	Ⓜ銀座線	G03 外苑前	15･17	0	＊
		Z10	Ⓜ半蔵門線でZ03 青山一丁目(P76)🚶🚶G04Ⓜ銀座線		17	1	＊
六本木	76		Ⓜ半蔵門線又はⓂ銀座線で青山一丁目(P76)🚶🚶E24⑫大江戸線	E25 国立競技場	15～17	1	＊
		G11/G12	Ⓜ銀座線でG09 銀座(P46)🚶🚶H08Ⓜ日比谷線	H04 六本木	14･15	1	＊
		Z10	Ⓜ半蔵門線でZ03 青山一丁目(P76)🚶🚶E24⑫大江戸線	E23 六本木	17	1	＊
		G11/G12	Ⓜ銀座線でG06 溜池山王(P42)🚶🚶N06Ⓜ南北線	N05 六本木一丁目	10･12	1	＊
		Z09/Z10	Ⓜ半蔵門線でZ04 永田町(P42)🚶🚶N07Ⓜ南北線		10･12	1	＊
六本木恵比寿目黒	80	G11/G12	Ⓜ銀座線でG09 銀座(P46)🚶🚶H09Ⓜ日比谷線	H03 広尾・H02 恵比寿	(16･19)/(17･20)	1	＊
		Z09/Z10	Ⓜ半蔵門線でZ08 大手町(P36)🚶🚶I09⑬三田線	I01 目黒	18･21	1	＊
		A13・A14	ⓢ浅草線でA08 三田(P16)🚶🚶I04⑬三田線		17･19	1	＊
浅草東京スカイツリー	82	A14・A13	ⓢ浅草線	A18 浅草	6･8	0	＊
			Ⓜ銀座線	G18 田原町・G19 浅草	(11･13)/(9･11)	0	＊
		A14・A13	ⓢ浅草線	A20 押上	10･12	0	＊
		Z09・Z10	Ⓜ半蔵門線	Z14 押上	13･11	0	＊
両国深川	84・86	T11/T10	Ⓜ東西線でT12 門前仲町(P86)🚶🚶E15⑫大江戸線	E13 森下・E12 両国	(6･8)/(7･9)	1	＊
		Z10・Z09	Ⓜ半蔵門線でZ11 清澄白河(P86)🚶🚶E14⑫大江戸線	E12 両国	6･8	1	＊
深川	86・10	Z10・Z09	Ⓜ半蔵門線でZ11 清澄白河(P86)🚶🚶E14⑫大江戸線	E13 森下	4･6	1	＊
			Ⓜ半蔵門線	Z11 清澄白河	3･5	0	＊
		T11・T10	Ⓜ東西線	T12 門前仲町・T13 木場・T17 葛西	2～4～14～	0	＊
お台場	90	G11・G12	Ⓜ銀座線でG08 新橋(P48)🚶🚶ゆりかもめ	ゆりかもめ各駅	20･22	1	＊
夢の島公園	92	T11/T10	Ⓜ東西線でT12 門前仲町(P86)🚶🚶E15⑫大江戸線	Y22 豊洲・Y24 新木場	(6･11)/(7･12)	2	＊
			E16 月島🚶🚶Y21Ⓜ有楽町線				
東京モノレール	10・16	A13	ⓢ浅草線でA09 大門(P48)🚶🚶徒歩9分のモノレール浜松町(P48)から東京モノレール	東京モノレール各駅	12～26	1	

地名・名称　三越前（みつこしまえ）　椙森神社（すぎもりじんじゃ）　水天宮前駅（すいてんぐうまえ）　茅場町駅（かやばちょう）

51

北の丸公園

～江戸城・北の丸～

江戸城築城は康正3年・長禄元年（1457）に太田道灌によって最初に行われており、天正18年（1590）に徳川家康が居城とした後に慶長8年（1603）に江戸幕府が開かれると本格的な城の建設を始められた。本丸、二の丸、三の丸、西の丸、北の丸、吹上からなる大城郭と敷地は、3代将軍徳川家光期には北は現在の神田川、西は四ツ谷、南は虎の門にまで及んでいる。北の丸は田安家と清水家の上屋敷があり城門の名前になっている。明治以降は軍の司令部が置かれたが戦後、公園になり、一般公開されている。

エリアMAP内の路線・駅名称

東西線	T07 九段下	T08 竹橋
半蔵門線	Z05 半蔵門	Z06 九段下
	Z07 神保町	
三田線	I10 神保町	
新宿線	S05 九段下	S06 神保町

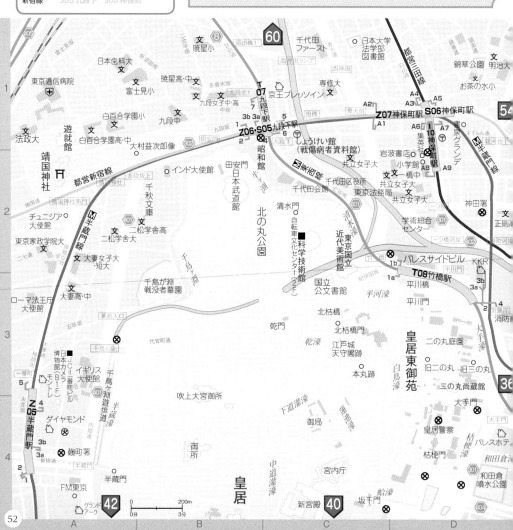

目的地のエリア 参照	乗る駅	アクセス（🚶は乗換）	降りる駅	所要分（乗車時間）	乗換回数	券
東京駅 大手町駅 36	T08・T07	Ⓜ東西線でT09 大手町(P36)🚶M18Ⓜ丸ノ内線	M17 東京	3・5	1	＊
	Z07・Z06	Ⓜ半蔵門線でZ08 大手町(P36)🚶M18Ⓜ丸ノ内線	M17 東京	4・5	1	＊
	T08・T07	Ⓜ東西線	T09 大手町	2・4	0	＊
	Z07・Z06	Ⓜ半蔵門線	Z08 大手町	3・4	0	＊
	I10	都三田線	I09 大手町	3	0	＊
霞が関 日比谷 40		各線大手町(P36)🚶I09 三田線又はC11 千代田線	I08・C09 日比谷	5〜	1	＊
	T07・T08	Ⓜ東西線でT06 飯田橋(P60)🚶Y13Ⓜ有楽町線	Y17 桜田門	9・11	1	＊
	S05・S06	都新宿線でS04 市ヶ谷(P12)🚶Y14Ⓜ有楽町線	C08 霞ヶ関	7・8	1	＊
永田町 国会議事堂 42	T07・T08	各線大手町(P36)🚶M18Ⓜ丸ノ内線	M14 国会議事堂前・M13 赤坂見附	(10・12)/(12・14)	1	＊
	Z07	Ⓜ半蔵門線でZ04 永田町(P42)🚶N07Ⓜ南北線	N06 溜池山王	7	1	＊
		Ⓜ半蔵門線	Z04 永田町	6	0	＊
		各線大手町(P36)🚶C11Ⓜ千代田線	C06 赤坂	12〜	1	＊
東京タワー 16・44		各線大手町(P36)🚶I09 三田線	I06 御成門・I05 芝公園・I04 三田	8〜10〜12〜	1	＊
	Z06・Z07	Ⓜ半蔵門線でZ03 青山一丁目(P76)🚶E24都大江戸線	E21 赤羽橋	12・14	1	＊
銀座 築地 46・48	Z06・Z07	Ⓜ半蔵門線でZ04 永田町(P42)🚶Y19Ⓜ有楽町線	Y19 銀座一丁目	9・11	1	＊
		各線大手町(P36)🚶M18Ⓜ丸ノ内線	M16 銀座	6〜	1	＊
	T08/T07	Ⓜ東西線でT10 日本橋(P50)🚶A13都浅草線	A11 東銀座・A09 大門	(6・10)/(8・12)	1	＊
		Ⓜ東西線でT11 茅場町(P50)🚶H13Ⓜ日比谷線	H11 東銀座・H10 東銀座	(8・10)/(10・12)	1	＊
		Ⓜ東西線でT11 茅場町(P50)🚶G11Ⓜ銀座線	G10 京橋・G09 銀座・G08 新橋	6〜7〜9〜	1	＊
新橋 築地 16・48		各線大手町🚶M18Ⓜ丸ノ内線でM17 東京(P36)🚶JR山手線外回り	JR 浜松町	9〜	2	
	T08/T07	Ⓜ東西線でT12 門前仲町(P86)🚶E15都大江戸線	E16 月島・E18 築地市場	(8・13)/(10・15)	1	＊
		T12 門前仲町(P86)🚶E15都大江戸線	E19 汐留・E20 大門	(15・17)/(17・19)	1	＊
品川周辺 15・16・65		各線大手町🚶M17 東京🚶M18 東京(P36)🚶JR京浜東北・根岸線快速	JR 品川	13〜	2	
	T08・T07	各線大手町🚶T10 日本橋(P50)🚶A13都浅草線	A07 泉岳寺・A06 高輪台	13〜17・16〜19	1	＊
日本橋 15・50	Z07・Z06	Ⓜ半蔵門線	Z09 三越前・Z10 水天宮前	(5・7)/(6・8)	0	＊
	T08・T07	Ⓜ東西線	T10 日本橋・T11 茅場町	(3・5)/(5・7)	0	＊
	T08・T07	Ⓜ東西線でT10 日本橋(P50)🚶A13都浅草線	A14 人形町	7・9	1	＊
お茶の水 秋葉原 54	S06・S05	各線大手町(P36)🚶M18Ⓜ丸ノ内線	M20 御茶ノ水	5〜	1	＊
	S06・S05	都新宿線	S08 岩本町	4・5	0	＊
上野・ 千駄木 58・62		各線大手町(P36)🚶C11Ⓜ千代田線	C13 湯島・C14 根津・C15 千駄木	6〜8〜10〜	1	＊
	Z07・Z06	Ⓜ半蔵門線でZ09 三越前(P50)🚶G12Ⓜ銀座線	G16 上野	11・12	1	＊
	T08・T07	Ⓜ東西線でT10 日本橋(P50)🚶G11Ⓜ銀座線	G16 上野	11・13	1	＊
後楽園 駒込・千駄木 60・62	T07・T08	Ⓜ東西線	T06 飯田橋	2・3	0	＊
	S05・S06	都新宿線	S04 市ヶ谷	2・3	0	＊
		各線大手町(P36)🚶M18Ⓜ丸ノ内線	M21 本郷三丁目	8〜	1	＊
	T07・T08	Ⓜ東西線でT06 飯田橋(P60)🚶N10Ⓜ南北線	N11 後楽園・N13 本駒込・N14 駒込	3〜7〜10〜	1	＊
	T08・T07	Ⓜ東西線でT10 日本橋(P50)🚶C11Ⓜ千代田線	C14 根津・C15 千駄木	9〜12	1	＊
王子 13・64	T07/T08	Ⓜ東西線でT06 飯田橋(P60)🚶N10Ⓜ南北線	N15 西ヶ原・N16 王子	(12・14)/(14・16)	1	＊
池袋 66	T07・T08	Ⓜ東西線でT06 飯田橋(P60)🚶Y13Ⓜ有楽町線	Y10 東池袋・Y09 池袋	(8・11)/(10・13)	1	＊
	Z07・Z06	Ⓜ半蔵門線でZ08 大手町(P36)🚶M18Ⓜ丸ノ内線	M25 池袋	18・19	1	＊
早稲田 12	T08・T07	Ⓜ東西線	T04 早稲田・T03 高田馬場	(6・9)/(8・11)	0	＊
新宿 68	S05・S06	都新宿線	S01 新宿・S02 新宿三丁目	(7・8)/(8・9)	0	＊
	T07・T08	Ⓜ東西線でT06 飯田橋(P60)🚶E06都大江戸線	E28 都庁前	15・17	1	＊
原宿・駒場 70・74	Z06・Z07	Ⓜ半蔵門線でZ02 表参道(P70)🚶C02Ⓜ千代田線	C03 明治神宮前・C02 代々木公園・C01 代々木上原	10〜12〜14〜	1	＊
渋谷 72	Z06・Z07	Ⓜ半蔵門線	Z01 渋谷	11・13	0	＊
駒場 初台 74	S05/S06	都新宿線・京王新線乗入れ	京王新線(初台・幡ヶ谷)	(13・15)/(9・11)	0	＊
	Z06・Z07	Ⓜ半蔵門線でZ01 渋谷(P72)🚶京王井の頭線	京王井の頭(神泉・駒場東大前)	(12・13)/(14・15)	1	＊
外苑前 76		各線飯田橋(P60)・市ヶ谷🚶N10・N09Ⓜ南北線	N08 四ツ谷	4〜	1	＊
	S05・S06	都新宿線でS02 新宿三丁目(P68)🚶M09Ⓜ丸ノ内線	M11 四谷三丁目	10・11	1	＊
	Z06・Z07	Ⓜ半蔵門線でZ03 青山一丁目(P76)🚶G04Ⓜ銀座線	G03 外苑前	7・9	1	＊
	Z06・Z07	Ⓜ半蔵門線でZ03 青山一丁目(P76)🚶E25都大江戸線	E25 国立競技場	8・10	1	＊
六本木 78	Z06・Z07	Ⓜ半蔵門線でZ03 青山一丁目(P76)🚶E24都大江戸線	E23 六本木	8・10	1	＊
		各線永田町(P42)・飯田橋🚶N07・N10Ⓜ南北線	N05 六本木一丁目	10〜	1	＊
恵比寿・目黒 80	I10	都三田線でI08 日比谷(P40)🚶H08Ⓜ日比谷線	H03 広尾・H02 恵比寿	16・19	1	＊
	I10	都三田線	I02 白金台・I01 目黒	18・20	0	＊
浅草・ 東京スカイツリー 82	T08・T07	Ⓜ東西線でT10 日本橋(P50)🚶A13都浅草線	A18 浅草	10・12	1	＊
	Z07・Z06	Ⓜ半蔵門線でZ09 三越前(P50)🚶G12Ⓜ銀座線	G18 田原町・G19 浅草	(14・16)/(15・17)	1	＊
	Z07・Z06	Ⓜ半蔵門線	Z14 押上	18・19	0	＊
両国 84	S06・S05	都新宿線でS11 森下(P86)🚶E13都大江戸線	E12 両国	10・12	1	＊
	T08・T07	Ⓜ東西線でT12 門前仲町(P86)🚶E15都大江戸線	E13 森下・E12 両国	(11・13)/(13・15)	1	＊
深川 86・10	S06・S05	都新宿線	S10 浜町・S11 森下	(11・13)/(13・14)	0	＊
	Z07・Z06	Ⓜ半蔵門線	Z11 清澄白河	12・14	0	＊
	T08・T07	Ⓜ東西線	T12 門前仲町・T13 木場・T17 葛西	7〜9〜18〜	0	＊
お台場 90	T07	Ⓜ東西線でT10 日本橋(P50)🚶G11Ⓜ銀座線でG08 新橋(P48)🚶ゆりかもめ	ゆりかもめ台場	24	2	
夢の島公園 92	S05・S06	都新宿線でS04 市ヶ谷(P12)🚶Y14Ⓜ有楽町線	Y22 豊洲・Y24 新木場	(17・22)/(18・23)	1	＊

地名・名称 靖国神社 遊就館 千秋文庫 北の丸公園 半蔵門駅 皇居東御苑 三の丸尚蔵館 神保町駅 九段下駅

53

お茶の水 秋葉原

主な見学地

東京都水道歴史館〔A1〕〔P112〕　　秋葉原電気街〔C1〕〔P105〕

神田神社〔B1〕〔P106〕　　明治大学博物館〔A2〕〔P114〕

エリアMAP内の路線・駅名称

銀座線　G13 神田　G14 末広町
丸ノ内線　M19 淡路町　M20 御茶ノ水
日比谷線　H16 秋葉原
東西線　T08 竹橋
千代田線　C12 新御茶ノ水
新宿線　S07 小川町　S08 岩本町
JR線　神田　🄵-秋葉原　🄱-御茶ノ水

54

～御茶の水・秋葉原～

江戸時代、将軍が鷹狩りの帰りに立ち寄った高林寺という寺の庭の名水で茶を飲んで以来、将軍家御用の「お茶」の水としたためとされる。明暦の大火（1657年）以降、高林寺は現在の文京区 向 丘 に移っている。江戸時代は付近一帯が大名屋敷であったが、現在は東京医科歯科大学、順天堂大学、明治大学など大学や専門学校、予備校が集まる学生街となっている。

秋葉原は、江戸時代は下級武士の居住地域であり、当時から火事が多く悩まされ、明治政府下の東京府は9000坪の火除地を設置し、明治3年（1870）に遠州から火除けの秋葉大権現を勧請し、鎮火神社として祀った。これが「あきば」そして「秋葉原」の語源といわれている。戦後、ラジオ部品などの店舗が駅のガードに集まったことから、様々な電気製品を扱う電気街として世界的に有名になっている。古くはマニアの街として一部の人が好む街であった。そして、コンテンツ産業の商品を幅広く扱うサブカルチャーの街として広く大衆化し、「オタクの総本山」としてメイド喫茶などが乱立していた。現在は都が区画整理を推し進め、一般的なオフィス街となりつつある。

目的地のエリア	参照	乗る駅	アクセス（ 🚶🚶 は乗換）	降りる駅	所要分（乗車時間）	乗換回数	券
東京　駅 大手町駅	36	M19・M20	M丸ノ内線	M17 東京	3・5	0	＊
		M20	M丸ノ内線	M18 大手町	4	0	＊
		C12	M千代田線	C11 大手町・C10 二重橋前	2・3	0	＊
		H16	M日比谷線でH12 茅場町(P50)🚶🚶T11M東西線	T09 大手町	7	1	＊
		M20	M丸ノ内線でM16 銀座(P46)🚶🚶G09M銀座線	G10 京橋	9	1	＊
霞　が　関 日　比　谷	40	C12	M千代田線	C09 日比谷	5	0	＊
		H16	M日比谷線	H08 日比谷	14	0	＊
		C12・H16	M千代田線・M日比谷線でC09・H08 日比谷(P40)下車、徒歩5分でY18 有楽町からM有楽町線	Y17 桜田門	6・15	1	＊
		S07・S08	都新宿線でS04 市ヶ谷(P13)🚶🚶Y14M有楽町線		10・12	1	＊
霞　が　関 永　田　町 国会議事堂	40 42	C12	M千代田線	C08 霞ヶ関・C07 国会議事堂前・C06 赤坂	7・9・11	0	＊
		H16	M日比谷線	H07 霞ヶ関	16	0	＊
		M19/M20	M丸ノ内線	M14 国会議事堂前・M13 赤坂見附	(10・12)/(12・14)	0	＊
		M19・M20	M丸の内線でM18 大手町(P36)🚶🚶Z08M半蔵門線	Z04 永田町	10・12	1	＊
東京タワー	16・44	C12・M20	M千代田線・M丸ノ内線でC11・M18 大手町(P36)🚶🚶I09都三田線	I06 御成門・I05 芝公園・I04 三田	9～・7～・13～	1	＊
		H16	M日比谷線でH08 日比谷(P40)🚶🚶I08都三田線		17・19・21	1	＊
		C12	M千代田線でC08 霞ヶ関(P40)🚶🚶H07M日比谷線	H06 虎ノ門ヒルズ・H05 神谷町	8・9	1	＊
		H16	M日比谷線		18・19	0	＊
銀　　　座 築　　　地	46	Ⓑ	JR中央線快速で神田🚶🚶JR山手線外回り	JR有楽町(日比谷下車、徒歩5分)	6	1	
		Ⓕ	JR山手線外回り		6	0	
		M19・M20	M丸ノ内線	M16 銀座	6・8	0	＊
		H16	M日比谷線	H11 築地・H10 東銀座・H09 銀座	9・11・12	0	＊
		M19・M20	M丸ノ内線でM16 銀座(P46)🚶🚶H08M日比谷線	H11 築地	9・11	1	＊
新　　　橋 築　　　地	48	M19・M20	M丸ノ内線でM16 銀座(P46)🚶🚶G09M銀座線	G08 新橋	8・10	1	＊
		H16	M日比谷線でH14 人形町(P50)🚶🚶A14都浅草線	A10 新橋・A09 大門	10・12	1	＊
		M19・M20	M丸ノ内線でM18 大手町(P36)🚶🚶T09M東西線でT10 日本橋(P50)🚶🚶A13都浅草線	A09 大門	11・12	2	＊
		Ⓕ	JR京浜東北・根岸線	JR浜松町	7	0	
新橋・築地	16・48	S08・S07	都新宿線でS11 森下(P86)🚶🚶E13都大江戸線	E16 月島・E18 築地市場・E19 汐留	10～・15～・17～	1	＊
品川周辺	16 15 65	M19・M20	M丸ノ内線でM17 東京(P36)🚶🚶JR京浜東北・根岸線快速	JR品川	12・14	1	＊
		Ⓕ	JR京浜東北・根岸線快速		12	0	
		Ⓑ	JR総武線でJR浅草橋🚶🚶A16都浅草線	A07 泉岳寺・A06 高輪台	20・22	1	＊
		H16	M日比谷線でH14 人形町(P50)🚶🚶A14都浅草線		16・19	1	＊

地名・名称　御茶ノ水駅　淡路町駅　秋葉原駅　神田駅　末広町駅

目的地のエリア	参照	乗る駅	アクセス（🚶🚶は乗換）	降りる駅	所要分（車中時間）	乗換回数	券
日本橋	50	C12・M20	Ⓜ千代田線・Ⓜ丸の内線で C11・M18 大手町(P36) 🚶🚶Z08Ⓜ半蔵門線	Z09 三越前・Z10 水天宮前	5～8～	1	*
		S07/S08	都新宿線でS06 神保町(P52)🚶🚶Z07Ⓜ半蔵門線		(7・9)/(9・13)	1	*
		C12・M20	Ⓜ千代田線・Ⓜ丸の内線で C11・M18 大手町(P36) 🚶🚶T09Ⓜ東西線	T10 日本橋・T11 茅場町	5～7～	1	*
		H16	Ⓜ日比谷線	H14 人形町・H13 茅場町	3・5	0	*
		H16	Ⓜ日比谷線でH18 上野(P58)🚶🚶G16Ⓜ銀座線	G12 三越前	8	1	*
北の丸公園	52	C12・M20	Ⓜ千代田線・Ⓜ丸の内線で C11・M18 大手町(P36) 🚶🚶T09Ⓜ東西線	T08 竹橋・T07 九段下	5～7～	1	*
		S07/S08	都新宿線	S06 神保町・S05 九段下	(2・3)/(4・5)	0	*
		C12・M20	Ⓜ千代田線・Ⓜ丸の内線で C11・M18 大手町(P36) 🚶 Z08Ⓜ半蔵門線	Z07 神保町・Z06 九段下	6～7～	1	*
上野 駒込 千駄木	58・62	C12	Ⓜ千代田線	C13 湯島・C14 根津・C15 千駄木	2・4・6	0	*
上野 三ノ輪	14・58	H16	Ⓜ日比谷線	H18 上野・H19 入谷・H20 三ノ輪・H21 南千住	2・5・7・9	0	*
		Ⓑ	JR総武線でJR秋葉原(P54)🚶🚶JR京浜東北・根岸線快速	JR上野	5	1	
後楽園	13・60	M20・M19	Ⓜ丸の内線で M21 本郷三丁目(P60)🚶🚶E08都大江戸線	E06 飯田橋	5・7	1	*
		S07・S08	都新宿線でS05 九段下(P52)🚶🚶T07Ⓜ東西線	T06 飯田橋	4・6	1	*
		S07・S08	都新宿線	S04 市ヶ谷	5・7	0	
		M20・M19	Ⓜ丸ノ内線	M21 本郷三丁目・M22 後楽園	(2・4)/(3・5)	0	
駒込・千駄木	62・13	M20・M19	Ⓜ丸の内線で M22 後楽園下車、徒歩6分の I12 春日(P52)から都三田線	I13 白山	6・7	1	*
		S08	都新宿線でS04 市ヶ谷(P12)🚶🚶N09Ⓜ南北線	N13 本駒込・N14 駒込	15・18	1	*
王子	10・13・64	M20・M19	Ⓜ丸の内線で M22 後楽園(P66)🚶🚶N11Ⓜ南北線	N15 西ヶ原・N16 王子	(13・15)/(14・16)	1	*
池袋	66	M20・M19	Ⓜ丸ノ内線	M25 池袋	12・13	0	
		S08	都新宿線でS04 市ヶ谷(P12)🚶🚶Y14Ⓜ有楽町線	Y10 東池袋・Y09 池袋	16・19	1	*
早稲田	12	S07・S08	都新宿線でS05 九段下(P52)🚶🚶T07Ⓜ東西線	T04 早稲田・T03 高田馬場	(9・12)/(11・14)	1	*
新宿	68	S07・S08	都新宿線	S01 新宿	11・13	0	
		M20・M19	Ⓜ丸の内線で M21 本郷三丁目(P60)🚶🚶E08都大江戸線	E01 新宿西口・E28 都庁前	(16・18)/(17・19)	1	*
原宿 表参道 渋谷 駒場 初台	70・74・72・74	C12	Ⓜ千代田線	C03 明治神宮前・C02 代々木公園・C01 代々木上原	17・19・21	0	*
		H16	Ⓜ日比谷線でH08 日比谷(P40)🚶🚶C09Ⓜ千代田線	C03 明治神宮前・C02 代々木公園・C01 代々木上原	26・28・30	1	*
		S07・S08	都新宿線でS05 九段下(P52)🚶🚶Z06Ⓜ半蔵門線	Z01 渋谷	14・16	1	*
		S07/S08	都新宿線・京王新線乗入れ	京王新線(初台・幡ヶ谷)	(16・18)/(18・20)	0	
		Ⓕ	JR山手線外回りでJR渋谷(P72)🚶🚶京王井の頭線	京王線(神泉・駒場東大前)	28・29	1	
外苑前	76	M20	JR総武線	JR(信濃町・千駄ヶ谷)	10・11	0	
		M19/M20	Ⓜ丸の内線で M22 後楽園(P60)🚶🚶N11Ⓜ南北線	N08 四ツ谷	(15・17)/(17・19)	1	*
		M19/M20	Ⓜ丸ノ内線	M12 四ツ谷・M11 四谷三丁目	(15・17)/(17・19)	0	
		M19/M20	Ⓜ丸の内線で M13 赤坂見附(P42)🚶🚶G05Ⓜ銀座線	G04 青山一丁目・G03 外苑前	(14・15)/(16・17)	1	*
		S07・S08	都新宿線でS01 新宿(P68)🚶🚶E27都大江戸線	E25 国立競技場	15・17	1	*
六本木 恵比寿 目黒	78・80・15	C12	Ⓜ千代田線でC08 霞ケ関(P40)🚶🚶H07Ⓜ日比谷線	H04 六本木・H03 広尾・H02 恵比寿	12・15・18	1	*
		H16	Ⓜ日比谷線	H04 六本木・H03 広尾・H02 恵比寿	24・27・30	0	*
		S07・S08	都新宿線でS04 市ヶ谷(P13)🚶🚶N09Ⓜ南北線	N05 六本木一丁目・N02 白金台・N01 目黒	12～20～22～	1	*
		C12・M20	Ⓜ千代田線・Ⓜ丸の内線で C11・M18 大手町(P36)🚶🚶I09都三田線	I02 白金台・I01 目黒	17・19	1	*
浅草 東京スカイツリー	82	Ⓑ	JR総武線でJR浅草橋(P84)🚶🚶A16都浅草線	A18 浅草	6	1	
		H16	Ⓜ日比谷線でH18 上野(P58)🚶🚶G16Ⓜ銀座線	G18 田原町・G19 浅草	4・6	1	*
		G14・G13	Ⓜ銀座線	G19 浅草	8・9	0	*
		G14・G13	Ⓜ銀座線でG19 浅草駅(P82)🚶🚶A18都浅草線	A20 押上	11・12	1	*
		G14・G13	Ⓜ銀座線でH14 人形町(P50)🚶🚶A14都浅草線	A20 押上	13	1	*
向島	14	H16	Ⓜ日比谷線でH22 北千住(P58)🚶🚶東武スカイツリーライン	東武スカイツリーライン東向島	20	1	
両国	84	S08・S07	都新宿線でS11 森下(P86)🚶🚶E13都大江戸線	E12 両国	6・8	1	*
		M20・M19	Ⓜ丸の内線で M21 本郷三丁目(P60)🚶🚶E08都大江戸線	E12 両国	10・11	1	*
深川	17・86	S08/S07	都新宿線	S10 浜町・S11 森下	(3・4)/(5・6)	0	*
		C12・M20	Ⓜ千代田線・Ⓜ丸の内線で C11・M18 大手町(P36)🚶🚶Z08Ⓜ半蔵門線	Z11 清澄白河	9～11	1	*
		S08/S07	都新宿線でS11 森下(P86)🚶🚶E13都大江戸線	E14 清澄白河	5・7	1	*
		C12・M20	Ⓜ千代田線・Ⓜ丸の内で C11・M18 大手町(P36)🚶🚶T09Ⓜ東西線	T12 門前仲町・T13 木場・T17 葛西	7～9～18～	1	*
		H16	Ⓜ日比谷線でH13 茅場町(P50)🚶🚶T11Ⓜ東西線	T12 門前仲町・T13 木場・T17 葛西	7・9・18	1	*
お台場	90	G13・G14	Ⓜ銀座線でG08 新橋(P48)🚶🚶ゆりかもめ	ゆりかもめ台場	23・25	1	
東京モノレール	10・15	Ⓕ	JR京浜東北・根岸線快速でJR浜松町(P48)🚶🚶モノレール浜松町(P48)から東京モノレール	東京モノレール各線	11～28	1	
青海	101	Ⓑ	JR中央線快速でJR東京🚶🚶JR京葉線でJR新木場(P92)🚶🚶りんかい線	りんかい線各	16～32	2	
夢の島公園 葛西臨海公園	92	S07・S08	都新宿線でS04 市ヶ谷(P12)🚶🚶Y14Ⓜ有楽町線	Y24 新木場	22・27	1	*
		Ⓑ	JR中央線快速でJR東京(P36)🚶🚶JR京葉線	JR葛西臨海公園	17	1	

※新型コロナウィルスの感染状況で変わります。詳細はHPをご確認下さい。

皇居一般参観申込要領

二重橋

●定員等

当日受付：各回70人（先着順、各回整理券を配布）

事前申請：各回50人

※18歳未満の方は成年者の同伴が必要。ただし、中学生以上の方で学校等からの申請があれば、9名以内で参観が可能。

●参観時間

午前の回		午後の回	
9時～	整理券配布	午後0時30分～	整理券配布
9時30分～	受付開始	午後1時～	受付開始
10時頃	参観開始	午後1時30分頃	参観開始
11時15分頃	参観終了	午後2時45分頃	参観終了

●持参が必要な証明書等

本人が確認できるもの（運転免許証・マイナンバーカード・パスポート・健康保険証など）※コピー不可

問合せ先　TEL.03-5223-8071

【当日受付の場合】

本人を確認できるものを必ず持参し、皇居桔梗門前に行く。

【事前申請の場合】

1. インターネットの場合

参観案内トップページ内の『参観申込』にて確認。詳しくはHPへ。

2. 郵便又は窓口の場合

・参観希望日の前月の1日から予約受付を開始。

・電話で希望日（回）を予約（代理手続可）

・参観者全員の名簿（下記7項目★、参観日時と人数、任意書式（A4用紙））を作成。

ただし、10人以上は団体扱いとなり、ホームページから指定書式をダウンロードして作成。

★氏名（外国人の方は、アルファベット）・フリガナ・年齢（参観日時点）・性別・郵便番号・自宅住所（外国人の方は、国籍と自国の住所又はパスポート番号）・電話番号（代表者のみ、日中連絡が取れるもの）

・返信用封筒（必要切手を貼付し返信先を記載）を作成。

・名簿と返信用封筒を同封し、「〒100-8111（住所不要）宮内庁参観係」あてに郵送。ただし、10人以上の団体はメールで名簿を送付し、返信用封筒のみ郵送。

・窓口の場合、宮内庁参観係（皇居坂下門経由）まで名簿（10人以上の団体はCD-ROMに保存したもの）を持参。希望日の7日前までに手続を完了すること。

・手続完了後、日時・参観者の変更は不可（人数減は可）。

迎賓館赤坂離宮参観要領

明治42年（1909）に東宮御所として建設された、日本では唯一のネオ・バロック様式による宮殿建築物。世界各国から国王、大統領、首相などの賓客を迎える国の迎賓施設であり、本館は国宝に指定されている。本館・和風別館・庭園は一般見学も可能となっており、条約・協定の調印式、晩餐会、首脳会談などが行われる装飾が施された部屋は圧巻である。本館・庭園の申し込みは不要だが、和風別館は事前予約が必要。（ガイドツアー方式）

参観は西門から入場、①本館・庭園（主庭及び前庭）、②和風別館・本館・庭園、③和風別館・庭園、④庭園の4コースある。

※大学生、中高生は、生徒手帳、学生証が必要

※休館日は毎週水曜日又は接遇等による非公開日

（HPのカレンダー確認）

参観ダイヤル　TEL.03-5728-7788

①コース

申し込み不要

公開時間　10時～17時（最終受付～16時）

所要時間　60～90分

対象年齢・人数　なし

参観料金　一般1,500円、大学生1,000円、中高生500円、小学生以下無料

②コース

事前予約のみ（HPにて予約）※団体不可

参観開始時間　10時半、11時、11時半、12時、12時半、13時、13時半、14時、14時半、15時

所要時間　120～150分

対象年齢・人数　一般、大学生、中高生　※小学生以下は不可　各回20名まで

参観料金　一般2,000円、大学生1,500円、中高生700円

③コース

事前予約のみ（HPにて予約）※団体不可

参観開始時間　10時半、11時、11時半、12時、12時半、13時、13時半、14時、14時半、15時

対象年齢・人数　一般、大学生、中高生　※小学生以下は不可　各回20名まで

参観料金　一般1,500円、大学生1,000円、中高生500円

④コース

申し込み不要

公開時間　10時～17時（最終受付～16時半）

所要時間　30～45分

対象年齢・人数　なし

参観料金　一般300円、大学生以下無料

57

上　野

主な見学地

下町風俗資料館付設展示場 (B1) [P108]
東京国立博物館 (C2) [P111]
東京都美術館 (B2) [P112]
上野動物園 (B2) [P106]
国立科学博物館 (C2) [P107]
国立西洋美術館 (C2) [P108]
寛永寺 (B1) [P106]
横山大観記念館 (A3) [P115]

三菱史料館 (三菱経済研究所) (A4) [P114]
旧岩崎邸庭園 (A4) [P107]
台東区立下町風俗資料館 (B3) [P110]
アメ横商店街 (B4) [P105]
藤原まるよし風鈴 (C・D4) [P99]
坂森七宝工芸店 (D4) [P99]
湯島天神 (天満宮) (A4) [P115]

エリア MAP 内の路線・駅名称

銀座線	G15 上野広小路　G16 上野　G17 稲荷町
日比谷線	H17 仲御徒町　H18 上野　H19 入谷
千代田線	C13 湯島　C14 根津
大江戸線	E09 上野御徒町　E10 新御徒町
JR線	御徒町　Ⓐ- 上野　鶯谷
京成本線	京成上野

～上野～

この地には外様大名の藤堂和泉守高虎（とうどういずみのかみたかとら）の屋敷があったが、後に徳川将軍家の菩提寺「寛永寺」が建立され、門前町として栄えた。地名の由来は藤堂高虎が伊賀上野藩主だったことからともいわれているが定かではない。明治 16 年（1883）の上野駅開業により東京の北の玄関口になり、戦後に御徒町駅間に多くのバラック店舗ができて、あめ菓子を売る店が大量にできたことからアメ横丁と呼ばれる一画ができた。

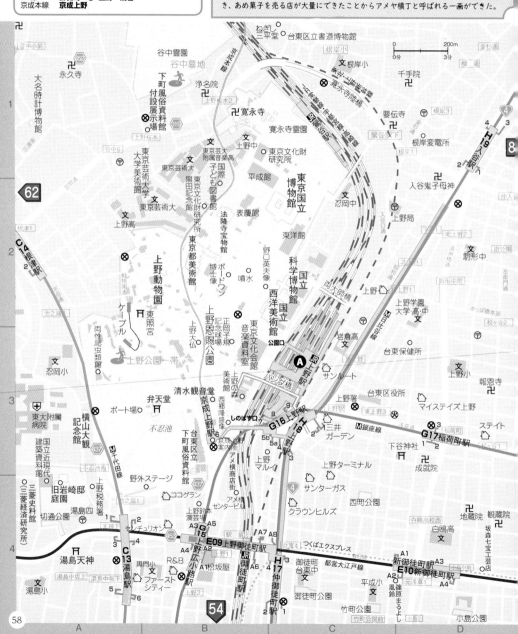

58

目的地のエリア	参照	乗り物案内			所要分 (乗車時間)	乗換回数	券
		乗る駅	アクセス　(大大 は乗換)	降りる駅			
東京駅大手町駅	36	C13	Ⓜ千代田線	C11 大手町・C10 二重橋前	4・5	0	＊
		G16	Ⓜ銀座線で G09 銀座(P46)大大M16Ⓜ丸ノ内線	M17 東京・M18 大手町	13・14	1	＊
		Ⓐ	JR京浜東北・根岸線快速	JR東京	7	0	
霞が関日比谷	40	H18	Ⓜ日比谷線	H08 日比谷	17	0	＊
		C13	Ⓜ千代田線	C09 日比谷	7	0	＊
		Ⓐ	JR山手線外回りで JR有楽町(P46)大大Y18Ⓜ有楽町線	Y17 桜田門	8	1	
		C13	Ⓜ千代田線で C09 日比谷下車、徒歩 5 分の Y18 有楽町から Ⓜ有楽町線	Y17 桜田門	8	1	＊
		C13	Ⓜ千代田線	C08 霞ヶ関・C07 国会議事堂前	9・11	0	＊
		H18	Ⓜ日比谷線	H07 霞ヶ関	19	0	＊
永田町国会議事堂	42	G16	Ⓜ銀座線	G06 溜池山王・G05 赤坂見附	16・18	0	＊
		C13	Ⓜ千代田線	C06 赤坂	13	0	＊
東京タワー	44	H18	Ⓜ日比谷線で H08 日比谷(P40)大大I08都三田線	I06 御成門・I05 芝公園	20・22	1	＊
		H18	Ⓜ日比谷線	H06 虎ノ門ヒルズ・H05 神谷町	22	0	＊
銀座・新橋・築地	46・48	Ⓐ	JR山手線外回り	JR有楽町(日比谷から徒歩 5 分)	9	0	
		G16	Ⓜ銀座線	G09 銀座・G08 新橋	11・13	0	＊
		H18	Ⓜ日比谷線	H11 築地・H10 東銀座	12・14	0	＊
新橋築地	48・16	E09	都大江戸線	E19 汐留・E20 大門	21・23	0	＊
		H18	Ⓜ日比谷線で H14 人形町(P50)大大A14都浅草線	A09 大門	15	1	＊
		Ⓐ	JR京浜東北・根岸線快速	JR浜松町	10	0	
		E09	都大江戸線	E16 月島・E18 築地市場	14・19	0	＊
品川周辺	15・16・65	G16	Ⓜ銀座線で G11 日本橋(P50)大大A13都浅草線	A08 三田・A07 泉岳寺・A06 高輪台	16・18・21	1	＊
		Ⓐ	JR京浜東北・根岸線快速	JR品川	15	0	
日本橋	46・50	G16	Ⓜ銀座線で G12 三越前(P50)大大Z09Ⓜ半蔵門線	Z10 水天宮前	8	1	＊
		G16	Ⓜ銀座線	G12 三越前・G11 日本橋・G10 京橋	6・7・9	0	＊
		H18	Ⓜ日比谷線	H14 人形町・H13 茅場町	6・8	0	＊
北の丸公園	52	G16	Ⓜ銀座線で G11 日本橋(P50)大大T10Ⓜ東西線	T08 竹橋・T07 九段下	10・12	1	＊
		G16	Ⓜ銀座線で G12 三越前(P50)大大Z09Ⓜ半蔵門線	Z07 神保町・Z06 九段下	10・11	1	＊
お茶の水秋葉原	54	C13	Ⓜ千代田線	C12 新御茶ノ水	1	0	＊
		H18	Ⓜ日比谷線	H16 秋葉原	2	0	＊
上野	13	Ⓐ	JR京浜東北・根岸線快速	JR田端	4	0	
後楽園	13・16	E09	都大江戸線	E06 飯田橋	6	0	＊
		E09	都大江戸線で E06 飯田橋(P60)大大N10Ⓜ南北線	N09 市ヶ谷	7	1	＊
		E09	都大江戸線	E08 本郷三丁目・E07 春日	2・4	0	＊
			都大江戸線で E07 春日(P60)下車、徒歩 6 分		4	0	＊
駒込千駄木	58・62	C13	Ⓜ千代田線	C14 根津・C15 千駄木	2・4	0	＊
		E09	都大江戸線で E07 春日(P60)大大I12都三田線	I13 白山	6	1	＊
王子駒込	13・64	E09	都大江戸線で E07 春日(P60)下車、徒歩 6 分の N11 後楽園から Ⓜ南北線	N14 駒込・N15 西ヶ原・N16 王子	11・13・15	1	＊
池袋	66	E09	都大江戸線で E08 本郷三丁目(P60)大大M21Ⓜ丸ノ内線	M25 池袋	12	1	＊
		E09	都大江戸線で E06 飯田橋(P60)大大Y13Ⓜ有楽町線	Y10 東池袋	13	1	＊
早稲田	12	E09	都大江戸線で E06 飯田橋(P60)大大T06Ⓜ東西線	T04 早稲田・T03 高田馬場	10・13	1	＊
新宿	68	E09	都大江戸線	E01 新宿西口・E28 都庁前	17・20	0	＊
		E09	都大江戸線で E02 東新宿(P12)大大F12Ⓜ副都心線	F13 新宿三丁目	16	1	＊
原宿駒場初台	70・74	Ⓐ	JR山手線内回り	JR原宿	29	0	
		C13	Ⓜ千代田線	C03 明治神宮前・C02 代々木公園・C01 代々木上原	19・21・23	0	＊
表参道・渋谷駒場	70・72・74	G16	Ⓜ銀座線	G02 表参道・G01 渋谷	24・26	0	＊
		C13	Ⓜ千代田線で C12 新御茶ノ水(P54)下車、徒歩 6 分の S07 小川町から 都新宿線・京王新線乗入れ	京王新線(初台・幡ヶ谷)	17・19	1	＊
		G16	Ⓜ銀座線で G01 渋谷(P72)大大 京王井の頭線	京王線(神泉・駒場東大前)	27・28	1	＊
外苑前	76	Ⓐ	JR京浜東北・根岸線快速で JR秋葉原(P54)大大N10Ⓜ南北線	JR(信濃町・千駄ヶ谷)	15・17	1	
		E09	都大江戸線で E06 飯田橋(P60)大大N10Ⓜ南北線	N08 四ツ谷	9	1	＊
		C13	Ⓜ千代田線で C07 国会議事堂前(P42)大大M15Ⓜ丸ノ内線	M11 四谷三丁目	18	1	＊
		G16	Ⓜ銀座線	G04 青山一丁目・G03 外苑前	21・22	0	＊
		G16	Ⓜ銀座線で G04 青山一丁目(P76)大大E24都大江戸線	E25 国立競技場	23	1	＊
六本木恵比寿目黒	78・80・15	H18	Ⓜ日比谷線	H04 六本木・H03 広尾・H02 恵比寿	27・30・33	0	＊
		E09	都大江戸線で E06 飯田橋(P60)大大N10Ⓜ南北線	N05 六本木一丁目・N02 白金台・N01 目黒	15・23・25	1	＊
		H18	Ⓜ日比谷線	H02 恵比寿	31	0	＊
浅草東京スカイツリー	82	G16	Ⓜ銀座線	G18 田原町・G19 浅草	2・4	0	＊
		G13	Ⓜ銀座線で G19 浅草(P82)大大都浅草線	A20 押上	8	1	＊
向島	14	G16	Ⓜ銀座線で G19 浅草(P82)大大 東武スカイツリーライン	東武スカイツリーライン東向島	13	1	＊
両国深川	84・86	E09	都大江戸線	E12 両国・E13 森下・E14 清澄白河・E15 門前仲町	6・9・9・12	0	＊
深川	86・88	G16	Ⓜ銀座線で G12 三越前(P50)大大Z09Ⓜ半蔵門線	Z11 清澄白河	11	1	＊
		E15	都大江戸線で E15 門前仲町(P86)大大T12Ⓜ東西線	T13 木場・T17 葛西	13・23	1	＊
お台場	90	G15・G16	Ⓜ銀座線で G08 新橋(P48)大大 ゆりかもめ	ゆりかもめ台場	26・27	1	＊
夢の島公園	92	E09	都大江戸線で E16 月島(P16)大大Y21Ⓜ有楽町線	Y22 豊洲・Y24 新木場	16・21	1	＊

地名・名称 横山大観（よこやまたいかん）　旧東京音楽学校（きゅうとうきょうおんがくがっこう）奏楽堂（そうがくどう）　入谷鬼子母神（いりやきしもじん）　御徒町駅（おかちまちえき）　上野広小路駅（うえのひろこうじえき）　鶯谷駅（うぐいすだにえき）

59

後楽園

エリアMAP内の路線・駅名称

丸ノ内線	**M21** 本郷三丁目　**M22** 後楽園
東西線	**T06** 飯田橋
有楽町線	**Y13** 飯田橋
南北線	**N10** 飯田橋　**N11** 後楽園
三田線	**I11** 水道橋　**I12** 春日
大江戸線	**E06** 飯田橋　**E07** 春日
	E08 本郷三丁目
JR線	**水道橋　飯田橋**

～後楽園～

小石川後楽園は、寛永6年（1629）に水戸徳川家の祖である頼房が水戸藩上屋敷の庭園として造ったのが始まり。第2代藩主の徳川光圀の時代に完成している。北宋の時代の范 仲淹の「岳陽楼記」の一節、「天下の憂いに先立って憂い、天下の楽しみに後れて楽しむ」（憂うべき事態は人々が気づくまえに察知して解決に奔走し、楽しみごとは人々に楽しんでもらってから、自分はその後で楽しむ）から後楽園と名付けられた。この後楽園が現在では東京ドーム（旧後楽園球場）周辺一帯の地名として、人々に親しまれている。

目的地のエリア	参照	乗る駅	アクセス （🚶🚶 は乗換）	降りる駅	所要分（乗車時間）	乗換回数	券
東京駅大手町駅	36	M22	Ⓜ丸ノ内線	M18 大手町・M17 東京	7・8	0	*
		I12	都三田線	I09 大手町	6	0	*
		M22・I12	Ⓜ丸ノ内線・都三田線で M18・I09 大手町(P36)🚶🚶C11Ⓜ千代田線	C10 二重橋前	8・8	1	*
霞が関日比谷	40	I12	都三田線	I08 日比谷・I07 内幸町	8・10	0	*
		E07・N11	都大江戸線又はⓂ南北線で E06・N10 飯田橋(P60)🚶🚶Y13Ⓜ有楽町線	Y17 桜田門	9・9	1	*
霞が関永田町・国会議事堂	40 42	M22	Ⓜ丸ノ内線	M15 霞ヶ関・M14 国会議事堂前・M13 赤坂見附	13・15・17	0	*
		N11	Ⓜ南北線	N07 永田町・N06 溜池山王	8・10	0	*
		M22・I12	Ⓜ丸ノ内・都三田線で M18・I09 大手町(P36)🚶🚶C11Ⓜ千代田線	C06 赤坂	15・15	1	*
東京タワー	16 44	I12	都三田線	I06 御成門・I05 芝公園・I04 三田	11・13・15	0	*
		M22	Ⓜ丸ノ内線で M15 霞ヶ関(P40)🚶🚶H07Ⓜ日比谷線	H06 虎ノ門ヒルズ・H05 神谷町	15・16	1	*
		N11	Ⓜ南北線で N10 飯田橋(P60)🚶🚶Y13Ⓜ有楽町線	Y18 有楽町・Y19 銀座一丁目	11・13	1	*
銀座・築地	46 50	M22	Ⓜ丸ノ内線	M16 銀座	11	0	*
			Ⓜ丸ノ内線で M16 銀座(P46)🚶🚶H09Ⓜ日比谷線	H10 東銀座・H11 築地	12・14	1	*
			Ⓜ丸ノ内線で M16 銀座(P46)🚶🚶G09Ⓜ銀座線	G10 京橋	12	1	*
新橋築地	16 48	M22	Ⓜ丸ノ内線で M16 銀座(P46)🚶🚶G09Ⓜ銀座線	G08 新橋	13	1	*
		E07	都大江戸線	E19 汐留・E20 大門	25・27	0	*
		M22	Ⓜ丸ノ内線で M17 東京(P36)🚶🚶JR京浜東北・根岸線快速	JR浜松町	12	1	*
		E07	都大江戸線	E16 月島・E18 築地市場	18・23	0	*
品川周辺	16 65	M22	Ⓜ丸ノ内線で M17 東京(P36)🚶🚶JR京浜東北・根岸線快速	JR品川	17	1	*
		I12	都三田線で I04 三田(P16)🚶🚶A08都浅草線	A07 泉岳寺・A06 高輪台	17・20	1	*
日本橋	50	M22	Ⓜ丸ノ内線で M18 大手町(P36)🚶🚶Z08Ⓜ半蔵門線	Z09 三越前・Z10 水天宮前	9・11	1	*
			Ⓜ丸ノ内線で M18 大手町(P36)🚶🚶T09Ⓜ東西線	T10 日本橋・T11 茅場町	8・10	1	*
			Ⓜ丸ノ内線で M18 大手町(P36)🚶🚶H09Ⓜ日比谷線	H14 人形町	20	1	*
北の丸公園	52	N11	Ⓜ南北線で N10 飯田橋(P60)🚶🚶T06Ⓜ東西線	T07 九段下・T08 竹橋	4・6	1	*
		M22	Ⓜ丸ノ内線で M18 大手町(P36)🚶🚶Z08Ⓜ半蔵門線	Z07 神保町・Z06 九段下	9・10	1	*
お茶の水秋葉原	54	M22	Ⓜ丸ノ内線	M20 御茶ノ水	3	0	
			Ⓜ丸ノ内線で M20 御茶ノ水(P54)🚶🚶JR中央・総武線	JR秋葉原	5	1	*
		E07	都大江戸線で E09 上野御徒町(P58)下車、徒歩3分の G15 上野広小路から Ⓜ銀座線	G14 末広町	5	1	*
駒込千駄木上野	13 58 62	M22	Ⓜ丸ノ内線で M18 大手町(P36)🚶🚶C11Ⓜ千代田線	C13 湯島・C14 根津・C15 千駄木	11・13・15	1	*
		E07	都大江戸線	E09 上野御徒町(G16 上野まで徒歩3分)	4	0	*
		N11	Ⓜ南北線で N14 駒込(P13)🚶🚶JR山手線外回り	JR（田端・鶯谷・上野）	10・15・17	1	*
三ノ輪	58 14	E07	都大江戸線で E09 上野御徒町下車、徒歩4分の H17 仲御徒町(P58)から Ⓜ日比谷線	H19 入谷・H20 三ノ輪・H21 南千住	8・10・12	1	*
後楽園駒込千駄木	60・13 62 13	N11	Ⓜ南北線	N10 飯田橋・N09 市ヶ谷	2・4	0	*
		N11	Ⓜ南北線	N13 本駒込・N14 駒込	4・7	0	*
		N11	都三田線	I13 白山	2	0	*
王子	13・64	N11	Ⓜ南北線	N15 西ヶ原・N16 王子	9・11	0	*
池袋	66	M22	Ⓜ丸ノ内線	M25 池袋	8	0	*
早稲田	12	N11/E07	Ⓜ南北線又は都大江戸線で N10・E06 飯田橋(P60)🚶🚶T06Ⓜ東西線	T04 早稲田・T03 高田馬場	(6・9)/(6・9)	1	*
新宿	68	N11	Ⓜ南北線で N09 市ヶ谷(P12)🚶🚶S04都新宿線	S02 新宿三丁目・S01 新宿	8・10	1	*
		E07	都大江戸線	E01 新宿西口・E28 都庁前	13・16	0	*
原宿・渋谷	70・72	E07	都大江戸線で E02 東新宿(P12)🚶🚶F12Ⓜ副都心線	F15 明治神宮前・F16 渋谷	17・19	1	*
		N11	Ⓜ南北線で N07 永田町(P42)🚶🚶Z04Ⓜ半蔵門線	Z02 表参道・Z01 渋谷	13・15	1	*
		I12	都三田線で I10 神保町(P52)🚶🚶Z07Ⓜ半蔵門線	Z02 表参道・Z01 渋谷	14・16	1	*
原宿駒場・初台	70 74	M22	Ⓜ丸ノ内線で M14 国会議事堂前(P42)🚶🚶C07Ⓜ千代田線	C03 明治神宮前・C02 代々木公園・C01 代々木上原	23・25・28	1	*
駒場・初台	74	N11	Ⓜ南北線で N09 市ヶ谷(P13)🚶🚶S04都新宿線・京王新線乗入れ	京王新線（初台・幡ヶ谷）	15・17	1	
外苑前・六本木	76・78	N11	Ⓜ南北線	N08 四ツ谷	6	0	*
			Ⓜ南北線で N08 四ツ谷(P76)🚶🚶M12Ⓜ丸ノ内線	M11 四谷三丁目	8	1	*
			Ⓜ南北線で N06 溜池山王(P42)🚶🚶G06Ⓜ銀座線	G04 青山一丁目・G03 外苑前	14・16	1	*
			Ⓜ南北線で N04 麻布十番(P78)🚶🚶E22Ⓜ大江戸線	E23 六本木・E24 青山一丁目・E25 国立競技場	16・19・21	1	*
		E07	都大江戸線で E28 都庁前(P68)🚶🚶E28都大江戸線(3番線から1番線へ乗換え)	E25 国立競技場	20	1	*
六本木恵比寿目黒	15 78 80	N11	Ⓜ南北線	N05 六本木一丁目・N02 白金台・N01 目黒	12・19・22	0	*
		M22	Ⓜ丸ノ内線で M15 霞ヶ関(P40)🚶🚶H07Ⓜ日比谷線	H04 六本木・H03 広尾・H02 恵比寿	19・22・25	1	*
		I12	都三田線で I08 日比谷(P40)🚶🚶H08Ⓜ日比谷線	H04 六本木・H03 広尾・H02 恵比寿	17・20・23	1	*
浅草・東京スカイツリー	82	E07	都大江戸線で E11 蔵前(P82)🚶🚶A17都浅草線	A18 浅草・A20 押上	8・12	1	*
両国・深川	10・84・86	E07	都大江戸線	E12 両国・E13 森下・E14 清澄白川・E15 門前仲町	10・11・13・16	0	*
		I12	都三田線で I10 神保町(P52)🚶🚶S06都新宿線	S11 森下	11	1	*
		M22・I12	Ⓜ丸ノ内・都三田線で M18・I09 大手町(P36)🚶🚶T09Ⓜ東西線	T12 門前仲町・T13 木場・T17 葛西	12・14・24	1	*
お台場	90	Y13	Ⓜ有楽町線で Y22 豊洲(P17)🚶🚶ゆりかもめ	ゆりかもめ台場	33	1	
夢の島公園	92	N11/E07	Ⓜ南北線又は都大江戸線で N10・E06 飯田橋(P60)🚶🚶Y13Ⓜ有楽町線	Y22 豊洲・Y24 新木場	(19・24)/(19・24)	1	*

地名・名称 　後楽園駅（こうらくえん）　小石川後楽園（こいしかわこうらくえん）　礫川公園（こいしかわ）　本郷給水所公苑（ほんごうきゅうすいじょこうえん）　春日駅（かすが）

61

駒込・千駄木

主な見学地
六義園 [A1] [P115]
小石川植物園 [A3] [P107]
弥生美術館・竹久夢二美術館 [D4] [P115]
森鷗外記念館 [C2] [P114]

六義園

0 200m
0分 3分

←駒込駅

本駒込5

勤労福祉
会館
本駒込
図書館

開成中 文

開成高 文

車庫跡
公園

松坂下

西日暮里4

C16西日暮里駅

上富士前

文京
グリーンコート

警察部

文庫

駒込署

文 昭和小
東洋
文庫

富士前
公園

本駒込2

富士神社

富士神社入口

動坂公園

動坂下

千駄木4

第一日暮里 文

千駄木4

駒上神社

157

動坂上

神明公園

天祖神社

駒込公園

駒込病院

駒込病院

ファーブル昆虫館
虫の詩人の館

南泉寺

本授寺

文京九中入口

第九中

吉祥寺

千駄木小

文林中

千駄木3

小石川高
村田
女子高

アジア文化
会館

小石川高

旧白山通

本駒込2

←千石駅・巣鴨駅

南谷寺

徳源寺前

駒込学園
中・高

文京保健所

本郷図書館

須藤公園

千駄木

C15千駄木駅

大円寺

定泉寺

徳源院

N13本駒込駅

駒本小

駒込学園

森鷗外
記念館

文 第八中

谷中小前

谷中小

大名時計博物館

龍光寺

東洋大

東洋大

秋葉神社

本駒込1

向丘2

汐見小前

汐見小

京華女子高

京華学園高・中
京華商高

白山公園

白山上

白山神社 A3

N13白山駅 A2

A1

郁文館
高中

真浄寺

日本医科大

医大図書館

日本医大病院

神社北口

137

本念寺

向丘高

浄心寺坂

南北線

向丘1

浩妙寺

日本医大前

根津神社

神社入口

根津二遊園

小石川植物園

小石川植物園

東洋学園京北中・高

白山下

白山下

西善寺

文京女子
短大

N12東大前駅

東大球場

根津小

根津1

C14根津駅

指ヶ谷小

誠之小

水道局

西教寺

東京大学

弥生美術館
竹久夢二美術館

柳町小

NTT

第六中

上野英三郎博士とハチ公像

農学部

農学資料館

本郷弥生

東京大学工学部

淑徳SC
高・中

伝通院

西片公園

鷗明館

14号館

1号館

安田講堂

2号館

東京大学

忍岡

フォーレスト
本郷

三四郎池

本郷局 法研所

郵便局

東大附属病院

60

A   B   C   D

～文京区～

江戸時代にここは多くの大名屋敷などが置かれ、根津神社などの寺社が創建された。また、多くの寺社が転入し、次第に寺社街が形成されていったと思われる。その後明治政府は教育に力を入れ、多くの官立、私立学校を設立、広大な土地を持つ大名屋敷が大学などの教育機関に姿を変えるに至る。昭和 22 年（1947）に小石川区と本郷区が合併して文京区が誕生、名前の由来は文教地区（学校・図書館・博物館などの施設が集まっている特別用途地区）からきている。

目的地のエリア	参照	乗る駅	アクセス（大⋆は乗換）	降りる駅	所要分（乗車時間）	乗換回数	券
東京駅・大手町駅	36	C14・C15	Ⓜ千代田線で C11 大手町(P36)⋆⋆M18Ⓜ丸ノ内線	M17 東京	7・9	1	＊
		I13	都三田線で I09 大手町(P36)⋆⋆M18Ⓜ丸ノ内線	M18 大手町・M17 東京	10	1	＊
		N13	M22 後楽園(P60)⋆⋆M22Ⓜ丸ノ内線（駒込からも）	M18 大手町・M17 東京	11・12	1	＊
		C14・C15	Ⓜ千代田線	C11 大手町	6・8	0	＊
霞が関・日比谷・永田町・国会議事堂	40・42	I13	都三田線	I08 日比谷・I07 内幸町	11・13	0	＊
		C14・C15	Ⓜ千代田線で C09 日比谷(P40)下車、徒歩 5 分の Y18 有楽町から Ⓜ有楽町線	Y17 桜田門	10・12	1	＊
			Ⓜ千代田線	C08 霞ヶ関・C07 国会議事堂前・C06 赤坂	11～17	0	＊
		I13	都三田線で I10 神保町(P52)⋆⋆Z07Ⓜ半蔵門線	Z07 永田町	12	1	＊
東京タワー	16・44	I13	都三田線	I06 御成門・I05 芝公園・I04 三田	14・16・18	0	＊
		C14・C15	Ⓜ千代田線で C11 大手町(P36)⋆⋆I09都三田線	I06 御成門・I05 芝公園・I04 三田	11～17	1	＊
			Ⓜ千代田線で C08 霞ヶ関⋆⋆H07Ⓜ日比谷線	H06 虎ノ門ヒルズ・H05 神谷町	12～15	1	＊
銀座・築地	46	C14・C15・I13	Ⓜ千代田線・都三田線で C09・I08 日比谷(P40)⋆⋆	H09 銀座・H11 築地	10～16	1	＊
新橋・築地	16・48	I13	都三田線で I04 三田(P16)⋆⋆A06 浅草線	A09 大門・A10 新橋	20・22	1	＊
			都三田線・都三田線で E07 春日(P60)⋆⋆E07都大江戸線	E16 月島・E18 築地市場・E19 汐留	20・25・27	1	＊
品川周辺	15・16・65	I13	都三田線で I04 三田(P16)⋆⋆A08 浅草線・京急本線乗入れ	京急線品川	23	1	
			都三田線で I04 三田(P16)⋆⋆A08 浅草線	A07 泉岳寺・A06 高輪台	20・23	1	
日本橋	50	C14・C15	Ⓜ千代田線で C11・I09 大手町(P36)⋆⋆Z08Ⓜ半蔵門線	Z09 三越前・Z10 水天宮前	8～12	1	＊
		I13	都三田線で C11・I09 大手町(P36)⋆⋆T09Ⓜ東西線	T10 日本橋・T11 茅場町	7～11	1	＊
北の丸公園	52	C14・C15・I13	Ⓜ千代田線・都三田線で C11・I09 大手町(P36)⋆⋆T09Ⓜ東西線	T08 竹橋・T07 九段下	7～11	1	＊
お茶の水・秋葉原	54	C14・C15	Ⓜ千代田線	C12 新御茶ノ水	3・5	0	＊
上野	58	C14・C15	Ⓜ千代田線	C13 湯島	1・3	0	＊
		I13	都三田線で I12 春日(P60)⋆⋆E07都大江戸線	E09 上野御徒町	6	1	＊
三ノ輪	14・58	C15・C14	Ⓜ千代田線で C18 北千住(P14)⋆⋆H22Ⓜ日比谷線	H21 南千住・H20 三ノ輪・H19 入谷	10～16	1	＊
後楽園	13・60	N13	Ⓜ南北線で N11 後楽園(P60)⋆⋆M18Ⓜ丸ノ内線	N11 後楽園・N10 飯田橋・N09 市ヶ谷	4・6・8	0	＊
		I13	都三田線で C11 大手町(P36)⋆⋆M18Ⓜ丸ノ内線	M21 本郷三丁目・M22 後楽園	(11・13)/(13・15)	1	＊
王子	13・64	N13	Ⓜ南北線	N15 西ヶ原・N16 王子	4・6	0	＊
池袋	66	N13	Ⓜ南北線で N11 後楽園(P60)⋆⋆M22Ⓜ丸ノ内線	M25 池袋	12	1	＊
		C14・C15	Ⓜ千代田線で C12 新御茶ノ水下車、徒歩 6 分の M20 御茶ノ水(P54)から Ⓜ丸ノ内線	M25 池袋	15・17	1	＊
早稲田	12	C14・C15・I13	Ⓜ千代田線で C11 大手町(P36)⋆⋆T09Ⓜ東西線	T04 早稲田	16・18	1	＊
新宿	68	N13	Ⓜ南北線で N09 市ヶ谷(P13)⋆⋆S04都新宿線	S01 新宿	14	1	＊
		I13	都三田線で I12 春日(P60)⋆⋆E07都大江戸線	E01 新宿西口・E28 都庁前	16・18	1	＊
原宿・表参道・駒場・初台	70・74	C14・C15	Ⓜ千代田線	C04 表参道・C03 明治神宮前・C02 代々木公園・C01 代々木上原	19～28	0	＊
		I13	都三田線で I08 日比谷(P40)⋆⋆C09Ⓜ千代田線	C04 表参道・C03 明治神宮前・C02 代々木公園・C01 代々木上原	21～27	1	＊
		N13	Ⓜ南北線で N09 市ヶ谷(P13)⋆⋆S04都新宿線・京王新線乗入れ	京王新線初台・幡ヶ谷	15・17	1	
		I13	都三田線で I10 神保町(P52)⋆⋆S06都新宿線・京王新線乗入れ	京王新線初台・幡ヶ谷	15・17	1	
表参道・渋谷	70・72	N13	Ⓜ南北線で N07 永田町(P42)⋆⋆Z04Ⓜ半蔵門線	Z02 表参道・Z01 渋谷	17・19	1	＊
		I13	都三田線で I10 神保町(P52)⋆⋆Z07Ⓜ半蔵門線	Z02 表参道・Z01 渋谷	17・19	1	＊
		C14・C15	Ⓜ千代田線で C04 表参道(P70)⋆⋆G02Ⓜ銀座線	G01 渋谷	21・23	1	＊
外苑前	76	N13	Ⓜ南北線で N06 溜池山王(P42)⋆⋆G06Ⓜ銀座線	G04 青山一丁目・G03 外苑前	18・19	1	＊
		C14・C15	Ⓜ千代田線で C04 表参道(P70)⋆⋆G02Ⓜ銀座線	G03 外苑前	20・22	1	＊
六本木・恵比寿・目黒	15・78・80	N13	Ⓜ南北線で N04 麻布十番(P78)⋆⋆E22Ⓜ大江戸線	E23 六本木	20	1	＊
		C14・C15	Ⓜ千代田線で C08 霞ヶ関⋆⋆H07Ⓜ日比谷線	H04 六本木・H03 広尾・H02 恵比寿	17～25	1	＊
		I13	都三田線で I08 日比谷(P40)⋆⋆H08Ⓜ日比谷線	H04 六本木・H03 広尾・H02 恵比寿	20・23・26	1	＊
		N13	Ⓜ南北線（駒込からも）	N05 六本木一丁目・N02 白金台・N01 目黒	16・24・26	0	＊
浅草・東京スカイツリー	82	I13	都三田線で I12 春日(P60)⋆⋆E07都大江戸線で E11 蔵前(P82)⋆⋆A17都浅草線	A18 浅草	10	2	＊
		C14・C15	Ⓜ千代田線で C13 湯島(P58)下車、徒歩 8 分の G15 上野広小路から Ⓜ銀座線	G19 浅草	7・9	1	＊
			Ⓜ千代田線で C11 大手町(P36)⋆⋆Z08Ⓜ半蔵門線	Z14 押上	21・23	1	＊
両国・深川	84・86	I13	都三田線で I12 春日(P60)⋆⋆E07都大江戸線	E12 両国・E13 森下・E14 清澄白河・E15 門前仲町	12・13・15・18	1	＊
		C14・C15	Ⓜ千代田線で C13 湯島(P58)下車、徒歩 6 分の E09 上野御徒町から 都大江戸線	E12 両国・E13 森下・E14 清澄白河・E15 門前仲町	7～8～10～13～	1	＊
		I13	都三田線で I10 神保町(P52)⋆⋆S06都新宿線	S10 浜町・S11 森下	13・14	1	＊
お台場	90	N13	Ⓜ南北線で N06 溜池山王(P42)⋆⋆G06Ⓜ銀座線で G08 新橋(P48)⋆⋆ゆりかもめ	ゆりかもめ台場	32	2	
月島・夢の島公園	16・92	C14・C15・I13	C09・I08 日比谷(P40)下車、徒歩 5 分の Y18 有楽町から Ⓜ有楽町線	Y21 月島・Y24 新木場	14～24	1	＊
葛西臨海公園	92	C14・I13	Ⓜ千代田線又は都三田線で C09・I08 日比谷(P40)⋆⋆H08Ⓜ日比谷線で H12 八丁堀(P16)⋆⋆JR京葉線	JR葛西臨海公園	27・29	1	＊
		N13	Ⓜ南北線で N10 飯田橋(P60)⋆⋆Y13都有楽町線で Y24 新木場(P92)⋆⋆JR京葉線	JR葛西臨海公園	31	1	＊

地名・名称	六義園	本駒込駅	白山駅	森鷗外記念館	千駄木駅	弥生美術館	竹下夢二美術館	西日暮里駅
	りくぎえん	ほんこまごめ	はくさん	もりおうがいきねんかん	せんだぎ	やよいびじゅつかん	たけひさゆめじびじゅつかん	にしにっぽり

63

王　子

~王子~ 鎌倉時代に建てられたと伝わる王子神社がこの地名の由来とされている。江戸時代、時の将軍徳川吉宗が飛鳥山に桜を植えたことから花見の行楽地として賑っている。明治6年（1873）に日本で最初の洋紙工場「抄紙会社」（現・王子製紙）が建てられるなど、この地域は昭和初期まで工業地域であったが、現在では住宅地となっている。

主な見学地

お札と切手の博物館 [A1] [P106]
紙の博物館 [A2] [P107]
北区飛鳥山博物館 [A2] [P105]
渋沢資料館 [A2] [P108]
北区防災センター（地震の科学館）[B2] [P106]

お札と切手の博物館

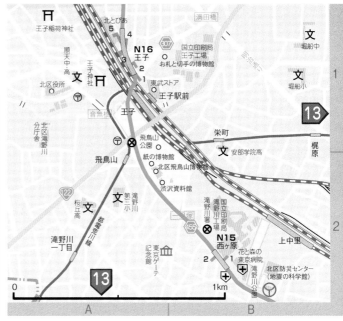

目的地のエリア	参照	乗り物案内			所要分（乗車時間）	乗換回数
		乗る駅	アクセス　（矢印は乗換）	降りる駅		
東 京 駅	36	N15・N16	Ⓜ南北線で後楽園(P60)↑↑M22Ⓜ丸ノ内線	M17 東京	17・19	1
		Ⓐ	JR 京浜東北線根岸線	JR東京	15	0
霞 ヶ 関	40	N15・N16	Ⓜ南北線で N08 四谷(P76)↑↑M12Ⓜ丸ノ内線	M15 霞ヶ関	21・23	1
永 田 町	42	N15・N16	Ⓜ南北線で N10 飯田橋(P60)↑↑Y13Ⓜ有楽町線	Y18 有楽町	20・22	1
		N15・N16	Ⓜ南北線	N07 永田町	17・19	0
東 京 タ ワ ー	44	N15・N16	Ⓜ南北線で N04 麻布十番(P78)↑↑E22🚇大江戸線	E21 赤羽橋	24・26	1
銀 座	46	N15・N16	Ⓜ南北線で N10 飯田橋(P60)↑↑Y13Ⓜ有楽町線	Y19 銀座一丁目	22・24	1
新 橋 ・ 築 地	48	N15・N16	Ⓜ南北線で N06 溜池山王(P42)↑↑G06Ⓜ銀座線	G08 新橋	23・25	1
		N15・N16	Ⓜ南北線で N04 麻布十番(P78)↑↑E22🚇大江戸線	E18 築地市場	32・34	1
日 本 橋	50	N15・N16	Ⓜ南北線で N10 飯田橋(P60)↑↑T06Ⓜ東西線	T10 日本橋	18・20	1
北 の 丸 公 園	52	N15・N16	Ⓜ南北線で N10 飯田橋(P60)↑↑T06Ⓜ東西線	T07 九段下	13・15	1
お 茶 の 水	54	N15・N16	Ⓜ南北線で N11 後楽園(P60)↑↑M22Ⓜ丸ノ内線	M20 御茶ノ水	12・14	1
上 野	58	Ⓐ	JR 京浜東北線根岸線	JR上野	9	0
後 楽 園	60	N15・N16	Ⓜ南北線	N11 後楽園	12・14	0
駒 込	62	N15・N16	Ⓜ南北線	N13 本駒込	4・6	0
池 袋	68	N15・N16	Ⓜ南北線で N11 後楽園(P60)↑↑M22Ⓜ丸ノ内線	M25 池袋	17・19	1
新 宿	68	N15・N16	Ⓜ南北線で N09 市ヶ谷(P12・13)↑↑S04Ⓢ新宿線	S01 新宿	18・20	1
原 宿	70	N15・N16	Ⓜ南北線で N14 駒込(P13)↑↑JR山手線内回り	JR原宿	22・24	1
渋 谷	72	N15・N16	Ⓜ南北線で N07 永田町(P42)↑↑Z04Ⓜ半蔵門線	Z01 渋谷	24・26	1
外 苑 前	76	N15・N16	Ⓜ南北線で N06 溜池山王(P42)↑↑G06Ⓜ銀座線	G03 外苑前	24・26	1
六 本 木	78	N15・N16	Ⓜ南北線で N04 麻布十番(P78)↑↑E22🚇大江戸線	E23 六本木	25・27	1
恵 比 寿 ・ 目 黒	80	N15・N16	Ⓜ南北線	N01 目黒	31・33	0
浅 草 ・ 東 京 ス カ イ ツ リ ー	82	Ⓐ	JR 京浜東北線根岸線で上野駅(P58)↑↑G16Ⓜ銀座線	G19 浅草	13	1
			上記の G19 浅草駅↑↑A18🚇浅草線	A20 押上	17	2
両 国	84	N15・N16	Ⓜ南北線で N11 後楽園(P60)下車、徒歩6分の E07 春日から🚇大江戸線	E12 両国	19・21	1
深 川	86	N15・N16	Ⓜ南北線で N11 後楽園(P60)下車、徒歩6分の E07 春日から🚇大江戸線	E14 清澄白河	22・24	1
お 台 場	90	Ⓐ	JR京浜東北線根岸線で上野駅(P58)↑↑山手線外回りで新橋駅(P48)↑↑ゆりかもめ	ゆりかもめ台場	35	2
夢 の 島 公 園	92	N15・N16	Ⓜ南北線で N10 飯田橋(P60)↑↑Y13Ⓜ有楽町線	Y24 新木場	33・35	1

高輪・品川

~品川~ 江戸時代、東海道五十三次の第一の宿場として参勤交代の大名や旅人が利用し、吉原に次ぐ歓楽街として栄えた。由来は町を流れていた目黒川の旧名下無川が品川になったなど諸説がある。明治5年（1872）に新橋～横浜間を繋ぐ日本最初の鉄道路線が開業し、品川周辺は急速に発展、様々な産業が品川で誕生している。平成20年（2008）からは東海道新幹線が停車するようになった。

主な見学地

泉岳寺〔C1〕〔P109〕
畠山記念館〔C1〕〔P113〕
物流博物館〔C2〕〔P114〕
マクセルアクアパーク品川
〔C2〕〔P105〕
ユニセフハウス〔C2〕〔P115〕

ユニセフハウス ©ユニセフ協会

目的地のエリア	参照	乗り物案内			所要分	乗換回数	券
		乗る駅	アクセス （🚶🚶 は乗換）	降りる駅	（乗車時間）		
東 京 駅	36	Ⓐ	JR山手線内回り	JR東京	11	0	
霞 ヶ 関	40	A06	御浅草線で A11 東銀座(P46)🚶🚶H10Ⓜ日比谷線	H08 日比谷・H07 霞ヶ関	16・14	1	*
永 田 町	42	A06	御浅草線で A10 新橋(P46・48)🚶🚶G08Ⓜ銀座線	G06 溜池山王・G05 赤坂見附	12・14	1	*
東 京 タ ワ ー	44	A06	御浅草線で A08 三田(P16)🚶🚶I04御三田線	I06 御成門	7	1	*
銀 座	46	A06	御浅草線	A12 宝町	13	0	*
新 橋 ・ 築 地	48	A06	御浅草線	A10 新橋	9	0	*
		A06	御浅草線で A09 大門(P48)🚶🚶E20御大江戸線	E18 築地市場	11	1	*
日 本 橋	50	A06	御浅草線	A13 日本橋	14	0	*
北 の 丸 公 園	52	A06	御浅草線で A13 日本橋(P50)🚶🚶T10Ⓜ東西線	T08 竹橋・T07 九段下	17・19	1	*
お 茶 の 水	54	Ⓐ	JR山手線内回りで JR東京(P36)🚶🚶JR中央線	JR御茶ノ水	15	1	
上 野	58	Ⓐ	JR山手線内回り	JR上野	18	0	
後 楽 園	60	A06	御浅草線で A08 三田(P16)🚶🚶I04御三田線	I11 水道橋	18	1	*
駒 込	62	A06	御浅草線で A08 三田(P16)🚶🚶I04御三田線	I13 白山	22	1	*
池 袋	66	Ⓐ	JR山手線外回り	JR池袋	28	0	
新 宿	68	Ⓐ	JR山手線外回り	JR新宿	19	0	
原 宿	70	Ⓐ	JR山手線外回り	JR原宿	16	0	
渋 谷	72	Ⓐ	JR山手線外回り	JR渋谷	13	0	
外 苑 前	76	A06	御浅草線で A10 新橋(P46・48)🚶🚶G08Ⓜ銀座線	G03 外苑前	24	1	*
六 本 木	78	A06	御浅草線で A09 大門(P48)🚶🚶E20御大江戸線	E23 六本木	14	1	*
恵 比 寿 ・ 目 黒	80	Ⓐ	JR山手線外回り	JR目黒	8	0	
浅草・東京ス カイツリー	82	A06	御浅草線	A18 浅草・A20 押上	24・28	0	*
両 国	84	A06	御浅草線で A09 大門(P48)🚶🚶E20御大江戸線	E12 両国	25	1	*
深 川	86	A06	御浅草線で A09 大門(P48)🚶🚶E20御大江戸線	E14 清澄白河	21	1	*
お 台 場	90	A06	御浅草線で A10 新橋(P46・48)🚶🚶 ゆりかもめ	ゆりかもめ台場	23	1	
夢 の 島 公 園	92	A06	御浅草線で A09 大門(P48)🚶🚶E20御大江戸線で E16 月島(P16)🚶🚶Y21Ⓜ有楽線	Y24 新木場	23	2	*

池袋

エリア MAP 内の路線・駅名称

副都心線	F9 池袋
	F10 雑司が谷
丸ノ内線	M25 池袋
有楽町線	Y09 池袋
	Y10 東池袋
JR 線	Ⓐ- 池袋　目白
東武東上線	東武池袋
西武池袋線	西武池袋
都電荒川線	東池袋四丁目
	雑司ヶ谷
	鬼子母神前

・新宿、原宿、渋谷へは JR 線が近くて早い。
・JR 埼京線・りんかい線相互乗り入れで天王洲アイル、お台場等へ直行、乗換え無しで行ける。
　JR 池袋→ JR 埼京線快速・りんかい線 25 分→
　　　　　天王洲アイル駅
　JR 池袋→ JR 埼京線快速・りんかい線 28 分→
　　　　　東京テレポート駅

～池袋～

昔、この地域は水田が多く、窪地（周囲より低い土地）で地形が袋状になっていたため池袋と呼ばれるようになったとされる。江戸時代には農村であったが、明治 36 年（1903）に日本鉄道（現・JR東日本）が池袋駅を開業し、交通の拠点として都市化が進んでいき、渋谷、新宿と並ぶ繁華街へと発展した。昭和 53 年（1978）に当時日本一の高さを誇った「サンシャイン 60」が誕生。最近ではサンシャイン西側の通りを乙女ロードと呼び、女性向けのアニメや同人誌系のショップが並び人気を呼んでいる。

目的地のエリア	参照	乗る駅	アクセス (🏃🏃は乗換)	降りる駅	所要分(乗車時間)	乗換回数	券
東京駅・大手町	36	M25	M丸ノ内線	M18 大手町・M17 東京	15・16	0	*
			M丸ノ内線でM16 銀座(P46)🏃🏃G09M銀座線	G09 京橋	19	1	*
霞が関・日比谷	40	M25	M丸ノ内線でM16 銀座(P46)🏃🏃H09M日比谷線	H08 日比谷	20	1	*
		Y10・Y09	M有楽町線	Y17 桜田門	15・17	0	*
霞が関・国会議事堂	40・42	M25	M丸ノ内線	M15 霞ヶ関・M14 国会議事堂前・M13 赤坂見附	21・23・25	0	*
永田町・国会議事堂	42	Y10・Y09	M有楽町線	Y16 永田町	13・15	0	*
		F09	M副都心線でF15 明治神宮前(P70)🏃🏃C03M千代田線	C06 赤坂	20	1	*
東京タワー	16・44	M25	M丸ノ内線でM18 大手町(P36)🏃🏃I09M三田線	I06 御成門・I05 芝公園・I04 三田	20・22・24	1	*
			M丸ノ内線でM15 霞ヶ関(P40)🏃🏃H07M日比谷線	H06 虎ノ門ヒルズ・H05 神谷町	22・23	1	*
銀座	46	Y10・Y09	M有楽町線	Y18 有楽町・Y19 銀座一丁目・Y20 新富町	17～22	0	*
		M25	M丸ノ内線	M16 銀座	19	0	*
銀座・築地	46・50	M25	M丸ノ内線でM16 銀座(P46)🏃🏃H09M日比谷線	H10 東銀座・H11 築地	20・22	1	*
新橋・築地	48	M25	M丸ノ内線でM16 銀座(P46)🏃🏃G09M銀座線	G08 新橋	21	1	*
		M25	M丸ノ内線でM21 本郷三丁目(P60)🏃🏃E08都大江戸線	E19 汐留・E20 大門	32・34	1	*
		Ⓐ	JR山手線外回り(内回り)	JR浜松町	29(32)	0	
		Y09/M25	M有楽町線又はM丸ノ内線でY21 月島/M21 本郷三丁目(P16)🏃🏃E16/E08都大江戸線	E17 勝どき・E18 築地市場・E19 汐留	28～32	1/1	*
品川周辺	65	Ⓐ	JR山手線内回り	JR品川	27	0	
		Ⓐ	JR山手線内回りでJR五反田(P15)🏃🏃A05都浅草線	A07 泉岳寺・A06 高輪台	26・23	1	
		M25	M丸ノ内線でM18 大手町(P36)🏃🏃I09M三田線でI04 三田(P16)🏃🏃A08都浅草線	A07 泉岳寺・A06 高輪台	26・28	2	*
日本橋	50	M25	M丸ノ内線でM18 大手町(P36)🏃🏃Z08M半蔵門線	Z09 三越前・Z10 水天宮前	17・19	1	*
		M25	M丸ノ内線でM18 大手町(P36)🏃🏃T09M東西線	T10 日本橋・T11 茅場町	16・18	1	*
北の丸公園	52	Y10・Y09	M有楽町線でY13 飯田橋(P60)🏃🏃T06M東西線	T07 九段下・T08 竹橋	9～13	1	*
お茶の水・秋葉原	54	M25	M丸ノ内線	M20 御茶ノ水・M19 淡路町	11・13	0	*
			M丸ノ内線でM19 淡路町(P54)下車、徒歩3分のS07 小川町から都新宿線	S08 岩本町	15	1	*
		Ⓐ	JR山手線外回り	JR秋葉原	19	0	*
上野・駒込・千駄木	58・62・13	M25	M丸ノ内線でM20 御茶ノ水(P54)下車、徒歩6分のC12 新御茶ノ水(P54)からM千代田線	C13 湯島・C14 根津・C15 千駄木	13・15・17	1	*
		M25	M丸ノ内線でM18 大手町(P36)🏃🏃C11M千代田線	C13 湯島・C14 根津・C15 千駄木	19・21・23	1	*
		M25	M丸ノ内線でM21 本郷三丁目(P60)🏃🏃E08都大江戸線	E09 上野御徒町(上野公園まで徒歩4分)	11	1	*
		Ⓐ	JR山手線外回り	JR(田端・鶯谷・上野)	8・13・16	0	*
三ノ輪	58・14	M25	M丸ノ内線でM16 銀座(P46)🏃🏃H09M日比谷線	H19 入谷・H20 三ノ輪・H21 南千住	37・39・41	1	*
		Ⓐ	JR山手線内回りでJR上野(P58)🏃🏃H18M日比谷線	南千住	18・20・22	1	*
後楽園	60・13	M25	M丸ノ内線	M22 後楽園・M21 本郷三丁目	7・9	0	*
		Y10・Y09	M有楽町線	Y13 飯田橋・Y14 市ヶ谷	7～11	0	*
駒込・千駄木	62・13	M25	M丸ノ内線でM22 後楽園(P60)🏃🏃N11M南北線	N13 本駒込・N14 駒込	11・13	1	*
		M25	M丸ノ内線でM22 後楽園(P60)下車、徒歩8分のI12 春日から都三田線	I13 白山	9	1	*
早稲田	12	Ⓐ	JR山手線内回りでJR高田馬場(P12)🏃🏃T03M東西線	T04 早稲田	6	1	*
		F09	M副都心線	F11 西早稲田	4	0	*
王子	64	M25	M丸ノ内線でM22 後楽園(P60)🏃🏃N11M南北線	N15 西ヶ原・N16 王子	16・18	1	*
新宿	12・68	Ⓐ	JR山手線内回り	JR(目白・高田馬場・新宿)	2・4・8	0	*
		F09	M副都心線	F13 新宿三丁目	9	0	*
		F09	M副都心線でF13 新宿三丁目(P68)🏃🏃E27都大江戸線	E28 都庁前	10	1	*
原宿・駒場・初台	70・74	Ⓐ	JR山手線内回り	JR(原宿・渋谷)	12・15	0	*
		F09	M副都心線	F15 明治神宮前・F16 渋谷	12・14	0	*
		F09	M副都心線でF15 明治神宮前(P70)🏃🏃C03M千代田線	C02 代々木公園・C01 代々木上原	16・18	1	*
外苑前	76	M25	M丸ノ内線でM22 後楽園(P60)🏃🏃N11M南北線	N08 四ツ谷	13	1	*
		F09	M副都心線でF13 新宿三丁目(P68)🏃🏃M09M丸ノ内線	M11 四谷三丁目	12	1	*
			M副都心線でF16 渋谷(P70)🏃🏃G01M銀座線	G03 外苑前	12	1	*
		Ⓐ	JR代々木(P68)🏃🏃E27都大江戸線	E25 国立競技場	12	1	
六本木・恵比寿	15・78・80	M25	M丸ノ内線でM15 霞ヶ関(P40)🏃🏃H07M日比谷線	H04 六本木・H03 広尾・H02 恵比寿	27・30・33	1	*
		M25	M丸ノ内線でM22 後楽園(P60)🏃🏃N11M南北線	N02 白金台・N01 目黒	27・29	1	*
		Ⓐ	JR山手線内回り	JR(目黒)	17・20	0	
浅草・東京スカイツリー	82	Ⓐ	JR山手線内回りでJR上野(P58)🏃🏃G16M銀座線	G18 田原町・G19 浅草	18・20	1	*
		M25	M丸ノ内線でM21 本郷三丁目(P60)🏃🏃E08都大江戸線でE11 蔵前(P82)🏃🏃A17都浅草線	A18 浅草	15	2	*
		M25	M丸ノ内線でM18 大手町(P36)🏃🏃Z08M半蔵門線	Z14 押上	30	1	*
両国・深川	84・86	M25	M丸ノ内線でM21 本郷三丁目(P60)🏃🏃E08都大江戸線	E12 両国・E13 森下・E14 清澄白河	17・18・20・23	1	*
		M25	M丸ノ内線でM18 大手町(P36)🏃🏃T09M東西線	T12 門前仲町・T13 木場	20・22	1	*
お台場	90	Ⓐ	JR山手線外回りでJR新橋(P48)🏃🏃ゆりかもめ	ゆりかもめ台場	41	1	
月島・夢の島公園	16・92	Y09	M有楽町線	Y21 月島・Y22 豊洲・Y24 新木場	24・27・32	0	*

地名・名称 雑司ヶ(が)谷駅 目白駅

新　宿

エリアMAP内の路線・駅名称

副都心線	F13 新宿三丁目
丸ノ内線	M07 西新宿　M08 新宿　M09 新宿三丁目
新宿線	S01 新宿　S02 新宿三丁目
大江戸線	E01 新宿西口　E26 代々木　E27 新宿 E28 都庁前
JR線	Ⓐ- 新宿　代々木
京王線	Ⓖ- 新宿
小田急線	Ⓔ- 新宿　南新宿
西武新宿線	西新宿

・ JR新宿駅→JR埼京線快速・りんかい線22分
→東京テレポート駅（新木場駅29分）

~新宿~

この地域は江戸時代に日本橋を起点とした五街道の一つ、甲州街道の宿場として整備され、内藤清成の領地で新しい宿屋であった事から「内藤新宿」と呼ばれていたことが地名の起こりとなっている。商業・流通で栄えたが、大正12年（1923）の関東大震災後、急速な発展をして、歌舞伎町など全国的にも有名な歓楽街ができている。また、新宿西口は、昭和35年（1960）に議決された「新宿副都心計画」によって、当時の浄水場の跡地を再開発し、大型ビルの建設を相次いで進め、日本初の超高層ビル街区になった。平成2年（1990）には東京都庁が建設されており、今や東京の中心部の一つともいえる。

目的地のエリア	参照	乗る駅	アクセス（🚶🚶 は乗換）	降りる駅	所要分（乗車時間）	乗換回数	券
東京駅 大手町駅	36	M08	M丸ノ内線でM14国会議事堂前(P42)🚶🚶C07M千代田線	M17東京・M18大手町	18・19	0	*
				C10二重橋前	16	1	*
			M丸ノ内線でM16銀座(P46)🚶🚶G09M銀座線	G10京橋	16	1	*
霞が関 日比谷 国会議事堂 永田町	40 42	M08	M丸ノ内線でM14国会議事堂前(P42)🚶🚶C07M千代田線	C09日比谷	14	1	*
		S01	新宿線でS06神保町(P52)🚶🚶I10都三田線	I08日比谷・I07内幸町	14・15	1	*
		S01	新宿線でS04市ヶ谷(P13)🚶🚶Y14M有楽町線	Y17桜田門	11	1	*
		M08	M丸ノ内線	M13赤坂見附・M14国会議事堂前・M15霞ヶ関	9・11・13	0	*
		S01	新宿線でS04市ヶ谷(P13)🚶🚶Y14M有楽町線	Y16永田町	8	1	*
		M08	M丸ノ内線でM14国会議事堂前(P42)🚶🚶C07M千代田線	C06赤坂	13	1	*
東京タワー	44	S01	新宿線でS06神保町(P52)🚶🚶I10都三田線	I06御成門・I05芝公園	17・19	1	*
		E27	都大江戸線	E21赤羽橋	13	0	*
銀座 築地	46 50	S01	新宿線でS04市ヶ谷(P13)🚶🚶Y14M有楽町線	Y18有楽町・Y19銀座一丁目	12・14	1	*
		M08	M丸ノ内線	M16銀座	15	0	*
		M08	M丸ノ内線でM16銀座(P46)🚶🚶H09M日比谷線	H10東銀座・H11築地	16・18	1	*
新橋 築地	48 16	M08	M丸ノ内線でM13赤坂見附(P42)🚶🚶G05M銀座線	G08新橋	14	1	*
		E27	都大江戸線でE24青山一丁目(P76)🚶🚶G04M銀座線	G08新橋	15	1	*
		E27	都大江戸線	E20大門・E19汐留	16・18	1	*
		E27	都大江戸線	E18築地市場・E16月島	21・25	1	*
		Ⓐ	JR山手線内回り	JR浜松町	24	0	*
品川周辺	65	E27	都大江戸線でE20大門(P48)🚶🚶A09都浅草線	A08三田・A07泉岳寺・A06高輪台	18・20・23	1	*
		Ⓐ	JR山手線内回り	JR品川	19	0	*
日本橋	50	S01	新宿線でS06神保町(P52)🚶🚶Z07M半蔵門線	Z09三越前・Z10水天宮前	14・16	1	*
		S01	新宿線でS05九段下(P52)🚶🚶T07M東西線	T10日本橋・T11茅場町	13・15	1	*
		E27	都大江戸線でE20大門(P48)🚶🚶A09都浅草線	A14人形町	24	1	*
北の丸公園	52	S01	新宿線でS05九段下(P52)🚶🚶T07M東西線	S05九段下・S06神保町	8・9	1	*
				T08竹橋	10	1	*
お茶の水 秋葉原	54	M08	M丸ノ内線	M20御茶ノ水	23	0	*
		S01	新宿線	S07小川町・S08岩本町	11・13	0	*
上野 駒込 千駄木	58 62	M08	M丸ノ内線でM14国会議事堂前(P42)🚶🚶C07M千代田線	C13湯島・C14根津・C15千駄木	22・24・26	1	*
		E01	都大江戸線	E09上野御徒町	17	0	*
		Ⓐ	JR山手線外回り	JR(鶯谷・上野)	23・25	0	*
		M08	M丸ノ内線でM13赤坂見附(P42)🚶🚶G05M銀座線	G16上野	27	1	*
三ノ輪	58 14	S01	新宿線でS08岩本町(P54)下車、徒歩6分のH16秋葉原からM日比谷線	H19入谷・H20三ノ輪・H21南千住	18・20・22	1	*
後楽園 駒込 千駄木	60 13 62	S01	新宿線でS04市ヶ谷(P13)🚶🚶N09M南北線	N11後楽園・N13本駒込・N14駒込	9・13・16	1	*
		S01	新宿線	S04市ヶ谷	6	0	*
		S01	新宿線でS06神保町(P52)🚶🚶I10都三田線	I13白山	14	1	*
		E01	都大江戸線	E06飯田橋・E07春日・E08本郷三丁目	10・13・14	0	*
		M08	M丸ノ内線でM12四谷(P76)🚶🚶N08M南北線	N11後楽園・N13本駒込・N14駒込	12・16・19	1	*
王子	64	M08	M丸ノ内線でM12四谷(P76)🚶🚶N08M南北線	N15西ヶ原・N16王子	21・23	1	*
池袋	12 66	Ⓐ	JR山手線内回り	JR高田馬場・目白・池袋	5・6・9	0	
		F13	M副都心線	F09池袋	9	0	
早稲田	12	Ⓐ	JR山手線外回りでJR高田馬場(P12)🚶🚶T03M東西線	T04早稲田	7	1	
		F13	M副都心線	F11西早稲田	4	0	
原宿 渋谷 表参道	70 72 74	Ⓐ	JR山手線内回り	JR(原宿・渋谷)	4・7	0	
		F13	M副都心線	F15明治神宮前・F16渋谷	4・7	0	
		E27	都大江戸線でE24青山一丁目(P76)🚶🚶G04M銀座線又はZ03M半蔵門線	G02・Z02表参道・G01・Z01渋谷	10・12	1	*
駒場 初台	74	Ⓖ	京王新線	京王新線(初台・幡ヶ谷)	1・3	0	
		Ⓔ	小田急小田原線急行	小田急代々木上原	5	0	
外苑前 六本木	76 78	M08	M丸ノ内線	M11四谷三丁目・M12四ツ谷	4・6	0	
		E27	都大江戸線	E25国立競技場・E24青山一丁目・E23六本木	4・7・9	0	*
		E27	都大江戸線でE24青山一丁目(P76)🚶🚶G04M銀座線	G03外苑前	8	1	*
恵比寿 目黒	15 80	E27	都大江戸線でE22麻布十番(P78)🚶🚶N04M南北線	N02白金台・N01目黒	15・18	1	*
		E27	都大江戸線でE23六本木(P78)🚶🚶H04M日比谷線	H03広尾・H02恵比寿	12・15	1	*
		Ⓐ	JR山手線内回りでJR渋谷(P72)🚶🚶東急東横線	東急代官山	10	1	
浅草・東京スカイツリー	82	E01	都大江戸線でE11蔵前(P82)🚶🚶A17都浅草線	A18浅草・A20押上	21	1	*
		S01	新宿線でS06神保町(P52)🚶🚶Z07M半蔵門線	Z14押上	25	1	*
両国	84	E01	都大江戸線	E12両国・E13森下	23・24	0	*
		S01	新宿線	S10浜町・S11森下	16・17	0	*
深川	86	E27	都大江戸線	E15門前仲町・E14清澄白河	27・30	1	*
		S01	新宿線でS05九段下(P52)🚶🚶T07M東西線	T12門前仲町・T13木場	17・19	1	*
お台場	90	E27	都大江戸線でE19汐留(P48)🚶🚶ゆりかもめ	ゆりかもめ台場	31	1	*
月島・夢の島公園	92	S01	新宿線でS04市ヶ谷(P13)🚶🚶Y14M有楽町線	Y21月島・Y22豊洲・Y24新木場	17・20・25	1	*
地下鉄博物館	10	S01	新宿線でS06神保町(P52)🚶🚶T07M東西線	T17葛西	28	1	*

地名・名称 柏木公園（かしわぎこうえん）　東京都庁第一本庁舎（とうきょうとちょうだいいちほんちょうしゃ）　新宿御苑（しんじゅくぎょえん）

原宿
表参道

主な見学地
明治神宮本殿・御苑 (B2) [P114]
明治神宮ミュージアム (B3) [P114]
原宿竹下通り (B3・C3)
浮世絵太田記念美術館 (C3) [P106]
ラフォーレ原宿店 (C3) [P115]
キデイランド原宿店 (C4) [P107]
東京将棋会館 (C・D2) [P111]

エリア MAP 内の路線・駅名称
銀座線　　G02 表参道
千代田線　C03 明治神宮前
　　　　　C04 表参道
副都心線　F14 北参道
　　　　　F15 明治神宮前
半蔵門線　Z02 表参道
大江戸線　E25 国立競技場
JR 線　　Ⓐ 原宿　千駄ヶ谷

明治神宮を北に出れば大江戸線代々木駅が利用でき便利 (P68 参照)。

～原宿・表参道～

鎌倉街道の宿場であり、江戸時代は江戸防衛のため伊賀衆の組屋敷（組に属する下級武士が居住）が置かれていた。大正 8 年 (1919) の明治神宮創建から表参道が整備され、日本初の鉄筋コンクリートの集合住宅「同潤会アパート」（現・表参道ヒルズの位置）などが建った。第二次世界大戦後、ワシントンハイツ（米軍軍用地）が置かれたことから、キデイランドなど外国向けの商品を扱う店ができている。1980 年代からは独特の派手なファッションでステップダンスを踊る「竹の子族」が現れるなど、この辺り一帯は若者のファッションの発信地となる。1990 年代に入ってからは、表参道には海外ブランドの旗艦店が続々とオープンした。

目的地のエリア	参照	乗り物案内			所要分(乗車時間)	乗換回数	券
		乗る駅	アクセス (🏃🏃 は乗換)	降りる駅			
東京駅・大手町駅	36	C03	M千代田線でC07 国会議事堂前(P42)🏃🏃M15M丸ノ内線	M17 東京	13	1	*
			M千代田線	C10 二重橋前・C11 大手町	13・14	0	*
			M千代田線でC04 表参道(P70)🏃🏃G02M銀座線	G10 京橋	15	1	*
		Ⓐ	JR山手線内回り	JR東京	25	0	
霞が関・日比谷・永田町・国会議事堂	42 40	C03	M千代田線	C09 日比谷(有楽町へ徒歩6分)	11	0	*
			M千代田線	C06 赤坂・C07 国会議事堂前・C08 霞ヶ関	6・7・9	0	*
			M千代田線でC04 表参道(P70)🏃🏃Z02M半蔵門線	Z04 永田町	6	1	*
東京タワー	44・16	C03	M千代田線でC09 日比谷(P40)🏃🏃I08都三田線	I06 御成門・I05 芝公園・I04 三田	14・16・18	1	*
			M千代田線でC08 霞ヶ関(P40)🏃🏃H07M日比谷線	H06 虎ノ門ヒルズ・H05 神谷町	10・11	1	*
銀座・築地	46 50	C03	M千代田線でC09 日比谷(P40)🏃🏃H08M日比谷線	H09 銀座・H10 東銀座・H11 築地	12・14・16	1	*
新橋・築地	48	Ⓐ	JR山手線内回り	JR (浜松町・新橋)	20・22	0	
			M千代田線でC04 表参道(P70)🏃🏃G02M銀座線	G08 新橋	12	1	
		C03	M千代田線でC04 表参道(P70)🏃🏃Z02M半蔵門線/G02M銀座線でZ03/G04 青山一丁目(P76)🏃🏃E24都大江戸線	E20 大門・E19 汐留・E18 築地市場	13・15・18	2	*
		Ⓐ	JR山手線内回りでJR代々木(P15)🏃🏃E26都大江戸線		16・18・21	1	*
品川周辺	65	Ⓐ	JR山手線内回り	JR品川	15	0	
		C03	M千代田線でC04 表参道(P70)🏃🏃Z02M半蔵門線でG08 新橋(P48)🏃🏃A10都浅草線	A07 泉岳寺・A06 高輪台	18・21	2	*
日本橋	50	C03	M千代田線でC04 表参道(P70)🏃🏃Z08M半蔵門線	Z09 三越前・Z10 水天宮前	16・18	1	*
			M千代田線でC11 大手町(P36)🏃🏃T09M東西線	T10 日本橋・T11 茅場町	15・17	1	*
			M千代田線でC09 日比谷(P40)🏃🏃H08M日比谷線	H14 人形町	22	1	*
北の丸公園	52	C03	M千代田線でC04 表参道(P70)🏃🏃Z02M半蔵門線	Z06 九段下	10	1	*
			M千代田線でC11 大手町(P36)🏃🏃T09M東西線	T08 竹橋	15	1	*
お茶の水・秋葉原	54	C03	M千代田線	C12 新御茶ノ水	17	0	*
			M千代田線でC09 日比谷(P40)🏃🏃H08M日比谷線	H16 秋葉原	25	1	*
上野・駒込・千駄木	58 62	C03	M千代田線	C13 湯島・C14 根津・C15 千駄木	19・21・23	0	*
上野	58	F15	M副都心線でF12 東新宿(P12)🏃🏃E02都大江戸線	E09 上野御徒町	22	1	*
		Ⓐ	JR山手線外回り	JR鶯谷・JR上野	27・29	0	
		C03	M千代田線でC09 日比谷(P40)🏃🏃H08M日比谷線	H18 上野・H19 入谷	28・31	1	*
後楽園・駒込・千駄木	13・60・62	C03	M千代田線でC07 国会議事堂前(P42)下車、徒歩6分のN06 溜池山王からM南北線	M21 本郷三丁目・M22 後楽園	20・22	1	*
				N09 市ヶ谷・N10 飯田橋・N13 本駒込	14・16・24	1	*
		C03	M千代田線でC09 日比谷(P40)🏃🏃I08都三田線	I13 白山	21	1	*
王子	64	Ⓐ	JR山手線外回りでJR田端(P13)🏃🏃JR京浜東北・根岸線	JR王子	28	0	
池袋	12・66	F15	M副都心線	JR (高田馬場・目白・池袋)	9・10・13	0	
				F09 池袋	14	0	
早稲田	12	F15	M副都心線でJR高田馬場(P12)🏃🏃T03M東西線	T04 早稲田	11	1	*
			M副都心線	F11 西早稲田	9	0	*
新宿	68	F15	M副都心線	JR新宿	4	0	
			M副都心線	F13 新宿三丁目	5	0	*
原宿・表参道	70	C03	M千代田線	C04 表参道	1	0	*
渋谷	72	F15	M副都心線	F16 渋谷	2	0	*
		Ⓐ	JR山手線内回り	JR渋谷	3	0	
駒場・初台	74	Ⓐ	JR山手線外回りでJR新宿(P68)🏃🏃京王新線急行	京王新線(初台・幡ヶ谷)	5・7	1	
			JR山手線外回りでJR渋谷(P72)🏃🏃京王井の頭線	京王線(神泉・駒場東大前)	4・5	1	
		C03	M千代田線	C02 代々木公園・C01 代々木上原	2・4	0	*
外苑前	76	F15	M副都心線でF13 新宿三丁目(P68)🏃🏃M09 丸ノ内線	M11 四谷三丁目	8	1	*
		C03	M千代田線でC04 表参道(P70)🏃🏃Z02M半蔵門線	Z03 青山一丁目	3	1	*
			M千代田線	G03 外苑前	2	1	*
六本木・恵比寿・目黒	15 78 80	C03	M千代田線でC04 表参道(P70)🏃🏃Z02M半蔵門線でZ03 青山一丁目(P76)🏃🏃E24都大江戸線	E23 六本木	6	2	*
			M千代田線でC07 国会議事堂前(P42)下車、徒歩6分のN06 溜池山王からM南北線	N05 六本木一丁目・N02 白金台・N01 目黒	8・15・18	1	*
			M千代田線でC08 霞ヶ関(P40)🏃🏃H07M日比谷線	H03 広尾・H02 恵比寿	18・21	1	*
		Ⓐ	JR山手線内回り	JR (恵比寿・目黒)	5・8	0	
浅草・東京スカイツリー	82	C03	M千代田線でC04 表参道(P70)🏃🏃G02M銀座線	G18 田原町・G19 浅草	28・30	1	*
			M千代田線でC04 表参道(P70)🏃🏃Z02M半蔵門線	Z14 押上	29	1	*
両国	84	Ⓐ	JR山手線内回りでJR代々木(P15)🏃🏃中央・総武線	JR両国	23	1	
		F15	M副都心線でF12 東新宿(P12)🏃🏃E02都大江戸線	E12 両国	28	1	*
深川・地下鉄博物館	86・10	Ⓐ	JR山手線内回りでJR新宿(P68)🏃🏃S01都新宿線	S10 浜町・S11 森下	25・26	1	*
		F15	M副都心線でF12 東新宿(P12)🏃🏃E02都大江戸線	E13 森下・E14 清澄白河・E15 門前仲町	29・31・34	1	*
		C03	M千代田線でC11 大手町(P36)🏃🏃T09M東西線	T12 門前仲町・T13 木場・T17 葛西	19・21・30	1	*
		C03	M千代田線でC04 表参道(P70)🏃🏃Z08M半蔵門線	Z11 清澄白河	21	1	*
お台場	90	Ⓐ	JR山手線内回りでJR新橋(P48)🏃🏃ゆりかもめ線	ゆりかもめ台場	36	1	*
月島・夢の島公園	16 92	C03	M千代田線でC09 日比谷(P46)下車、徒歩5分のY18 有楽町からM有楽町線	Y21 月島・Y24 新木場	16・24	1	*

渋谷

主な見学地

国際連合広報センター〔D2〕〔P107〕	ハチ公像〔B3〕
SHIBUYA109〔B2〕〔P108〕	渋谷スクランブルスクエア
渋谷ヒカリエ〔C3〕〔P108〕	渋谷スカイ〔B3・C31〕〔P108〕

エリアMAP内の路線・駅名称

銀座線	G01 渋谷
副都心線	F15 明治神宮前　F16 渋谷
半蔵門線	Z01 渋谷
JR線	Ⓙ- 渋谷
京王井の頭線	Ⓐ- 渋谷　神泉
東急東横線	Ⓔ- 渋谷
東急田園都市線	渋谷

・原宿、新宿、池袋へはJR線が近くて早い。
・お台場・新木場へ直行（P66参照）。
　JR渋谷駅→JR埼京線快速・りんかい線17分
→東京テレポート駅（新木場駅24分）

～渋谷～

平安時代末期、渋谷重家の一族が住んでいた事に由来するという説がある渋谷は、江戸時代は幕府の直轄地として武家屋敷や水田が広がっている江戸の郊外地であった。ところが明治18年（1885）に山手線が開通すると、その他鉄道会社も次々に開通し交通の要として発展していった。昭和39年（1964）の東京オリンピックを契機に道路の新設や拡張、高層ビルの建設が相次ぎ、商業・業務地区のオフィス街として変貌を遂げている。ファッション関係の店舗や百貨店などの新しいビルが次々に建てられ、若者のカルチャーの拠点となる一方で、近年ではIT関連企業も数多く進出している。

目的地のエリア	参照	乗る駅	アクセス　（🚶 は乗換）	降りる駅	所要分(乗車時間)	乗換回数	券
東 京 駅 大 手 町 駅	36	Ⓓ	JR山手線内回り	JR東京	23	0	
		G01	Ⓜ銀座線でG05 赤坂見附(P42)🚶🚶M13Ⓜ丸ノ内線	M17 東京	16	1	*
		Z01	Ⓜ半蔵門線	Z08 大手町	15	0	*
霞 が 関 日 比 谷	36・40	Z01・G01	Ⓜ半蔵門線・Ⓜ銀座線でZ02・G02 表参道(P70)🚶🚶 C04Ⓜ千代田線	C09 日比谷・C10 二重橋前	10〜13	1	*
		Z01	Ⓜ半蔵門線でZ04 永田町(P42)🚶🚶Y16Ⓜ有楽町線	Y17 桜田門	7	1	*
霞 が 関 永 田 町 国 会 議 事 堂	42 40	Z01・G01	Ⓜ半蔵門線・Ⓜ銀座線でZ02・G02 表参道(P70)🚶🚶 C04Ⓜ千代田線	C06 赤坂・C07 国会議事堂前・ C08 霞ヶ関	5〜9	1	*
		G01	Ⓜ銀座線	G05 赤坂見附・G06 溜池山王	7・9	0	*
		Z01	Ⓜ半蔵門線	Z04 永田町	6	0	*
東 京 タ ワ ー	16・44	Ⓓ	JR山手線内回りでJR目黒(P80)🚶🚶I01㊵三田線	I04 三田・I05 芝公園・I06 御成門	12・14・15	1	*
		Z01	JR山手線内回りでJR恵比寿(P80)🚶🚶H02Ⓜ日比谷線	H05 神谷町・H06 虎ノ門ヒルズ	11・12	1	*
			Ⓜ半蔵門線でZ07 神保町(P52)🚶🚶I10㊵三田線	I06 御成門・I05 芝公園・I04 三田	20・22・24	1	*
			Ⓜ半蔵門線でZ03 青山一丁目(P76)🚶🚶E24㊵大江戸線	E21 赤羽橋	10	1	*
銀 座 築 地	46・ 48・ 50	Z01	Ⓜ半蔵門線でZ04 永田町(P42)🚶🚶Y16Ⓜ有楽町線	Y18 有楽町・Y19 銀座一丁目	9・11	1	*
		G01	Ⓜ銀座線	G08 新橋・G09 銀座	13・15	0	*
			Ⓜ銀座線でG09 銀座(P46)🚶🚶H09Ⓜ日比谷線	H10 東銀座・H11 築地	16・18	1	*
新 橋 築 地	48	Z01・G01	Ⓜ半蔵門線・Ⓜ銀座線でZ03・G04 青山一丁目(P76)🚶 🚶E24㊵大江戸線	E20 大門・E19 汐留・E18 築地 市場	13〜19	1	*
		Ⓓ	JR山手線内回り	JR浜松町	17	0	
月 島	16	Z01	Ⓜ半蔵門線でZ04 永田町(P42)🚶🚶Y16Ⓜ有楽町線	Y21 月島	14	1	*
品 川	65	Ⓓ	JR山手線内回り	JR品川	12	0	
			Ⓜ銀座線でG08 新橋(P48)🚶🚶A10㊵浅草線	A07 泉岳寺・A06 高輪台	19・21	1	*
日 本 橋	50	Z01	Ⓜ半蔵門線	Z09 三越前・Z10 水天宮前	17・19	0	*
		G01	Ⓜ銀座線でG09 銀座(P46)🚶🚶H09Ⓜ日比谷線	H13 茅場町	21	1	*
			Ⓜ銀座線でG09 銀座(P46)🚶🚶H09Ⓜ日比谷線	H14 人形町	24	1	*
			Ⓜ銀座線	G10 京橋・G11 日本橋	16・18	0	*
北 の 丸 公 園	52	Z01	Ⓜ半蔵門線	Z06 九段下・Z07 神保町	11・12	0	*
			Ⓜ半蔵門線でZ06 九段下(P52)🚶🚶T07Ⓜ東西線	T08 竹橋	13	1	*
お 茶 の 水 秋 葉 原	54	Z01	Ⓜ半蔵門線でZ07 神保町(P52)🚶🚶S06㊵新宿線	S07 小川町・S08 岩本町	14・16	1	*
		Z01・G01	Ⓜ半蔵門線・Ⓜ銀座線でZ02・G02 表参道(P70)🚶🚶 C04Ⓜ千代田線	C12 新御茶ノ水	16	1	*
上 野 駒込・千駄木	58・ 62・ 13	Z01・G01	Ⓜ半蔵門線・Ⓜ銀座線でZ02・G02 表参道(P70)🚶🚶 C04Ⓜ千代田線	C13 湯島・C14 根津・C15 千 駄木	18・20・22	1	*
		G01	Ⓜ銀座線	G16 上野	26	0	*
		Ⓓ	JR山手線内回り	JR上野	31	0	
		Z01	Ⓜ半蔵門線でZ07 神保町(P52)🚶🚶I10㊵三田線	I13 白山	17	1	*
後楽園・駒込	60・ 62・54	Z01	Ⓜ半蔵門線でZ04 永田町(P42)🚶🚶N07㊵南北線	N11 後楽園・N13 本駒込	14・18	1	*
			Ⓜ半蔵門線でZ08 大手町(P36)🚶🚶M18Ⓜ丸ノ内線	M20 新御茶ノ水・M21 本郷三丁目	18・20	1	*
王 子	13・ 64	Ⓓ	JR山手線外回り	JR(駒込・田端)	22・25	0	
			Ⓜ銀座線でG06 溜池山王(P42)🚶🚶N06㊵南北線	N15 西ヶ原・N16 王子	28・30	1	*
池 袋	12・66	Ⓓ	JR山手線外回り	JR(高田馬場・目白・池袋)	12・14・16	0	
		F16	Ⓜ副都心線	F09 池袋	17	0	*
早 稲 田	12	Ⓓ	JR山手線外回りでJR高田馬場(P12)🚶🚶T03Ⓜ東西線	T04 早稲田	13	1	
		F16	Ⓜ副都心線	F11 西早稲田	12	0	*
新 宿 原 宿	18・ 70・72	Ⓓ	JR山手線外回り	JR原宿・JR新宿	3・7	0	
		F16	Ⓜ副都心線	F15 明治神宮前・F13 新宿三 丁目	2・7	0	*
表参道・外苑前	70・76	G01	Ⓜ銀座線	G02 表参道・G03 外苑前	1・3	0	*
		Ⓓ	JR山手線外回りでJR新宿(P68)🚶🚶京王新線	京王新線(初台・幡ヶ谷)	9・10	1	
駒 場 初 台	70 74	Ⓐ	京王井の頭線	京王線(神泉・駒場東大前)	1・2	0	
		Z01・G01	Ⓜ半蔵門線・Ⓜ銀座線でZ02・G02 表参道(P70)🚶🚶 C04Ⓜ千代田線	C02 代々木公園・C01 代々木 上原	4〜8	1	*
外 苑 前	70・76	Ⓓ	JR山手線外回りでJR代々木(P15)🚶🚶JR中央・総武線	JR(千駄ヶ谷・信濃町)	7・9	1	
		G01	Ⓜ銀座線でG05 赤坂見附(P42)🚶🚶M13Ⓜ丸ノ内線	M11 四谷三丁目	11	1	*
		Z01	Ⓜ半蔵門線	Z03 青山一丁目	4	0	*
		Z01・G01	Ⓜ半蔵門線・Ⓜ銀座線でZ03・G04 青山一丁目(P76)🚶 🚶E24㊵大江戸線	E25 国立競技場	6〜7	1	*
六 本 木	78	Z01・G01	Ⓜ半蔵門線・Ⓜ銀座線でZ03・G04 青山一丁目(P76)🚶 🚶E24㊵大江戸線	E23 六本木	6〜7	1	*
六 本 木 恵 比 寿	15・ 78・ 80	G01	Ⓜ銀座線でG06 溜池山王(P42)🚶🚶N06㊵南北線	N05 六本木一丁目・N02 白金 台・N01 目黒	10・18・20	1	*
		Ⓓ	JR恵比寿(P80)🚶🚶H02Ⓜ日比谷線	H03 広尾	5	1	
			JR山手線内回り	JR(恵比寿・目黒)	2・5	0	
浅 草 ・ 東京スカイツリー	82	G01	Ⓜ銀座線	G18 田原町・G19 浅草	29・31	0	*
		Z01	Ⓜ半蔵門線	Z14 押上	30	0	*
向 島	14	G01	Ⓜ銀座線でG19 浅草(P82)🚶🚶東武スカイツリーライン	東武線東向島	40	1	*
両 国	84	Ⓓ	JR山手線外回りでJR代々木(P15)🚶🚶JR中央・総武線	JR両国	25	1	
		Z01	Ⓜ半蔵門線でZ11 清澄白河(P86)🚶🚶E12㊵大江戸線	E12 両国	25	1	*
深 川 地下鉄博物館	86・10	Z01	Ⓜ半蔵門線でZ07 神保町(P52)🚶🚶S06㊵新宿線	S10 浜町・S11 森下	24・25	1	*
			Ⓜ半蔵門線でZ08 大手町(P36)🚶🚶T09Ⓜ東西線	T12 門前仲町・T13 木場・T17 葛西	20・22・31	1	*
			Ⓜ半蔵門線	Z11 清澄白河	22	0	*
お 台 場	90	Ⓓ	JR山手線内回りでJR新橋(P48)🚶🚶ゆりかもめ	ゆりかもめ台場	34	1	
夢 の 島 公 園	92	Z01	Ⓜ半蔵門線でZ04 永田町(P42)🚶🚶Y16Ⓜ有楽町線	Y24 新木場	22	1	*

地名・名称　道玄坂（どうげんざか）　渋谷駅（しぶや えき）　京王井の頭線（けいおう いのかしらせん）

駒場 初台

前台
東大附属前
東大附属高・中
中野通
渋谷本町学園
荘厳寺
西新宿小
角筈区民センター
パークタワー
文化学院服飾博物館
文化学院大短大
西新宿4
NTTインターコミュニケーションセンターコンサートホールアートギャラリー
幡ヶ谷不動尊
新国立劇場
東京オペラシティタワー
NTT本社ビル
神宮通
平田神社
山谷小
明治神宮宝物
児童センター前
南台小
中幡小
帝京短大
代々木署
京王初台駅
北口
東口
南口
初台1東
武道場
東京乗馬倶楽部
北門

笹塚中
富士見丘中高
京王幡ヶ谷駅
甲州街道
幡代小
代々木中
代々木局
区スポーツセンター
オリンピック記念青少年総合センター
代々木公園

声優ミュージアム
西原図書館
JICA東京国際センター
西原小
西原1
代々木西原公園
ブルガリア大使館
青少年センター前

京王笹塚駅
消防技術安全所
消防学校
代々木大山公園
ベトナム大使館
代々木八幡神社
代々木神園町
代々木公園一帯
中央広場
WC

北沢中
北沢小
北沢地区会館
五本木
大山
小田急代々木上原駅
北口2
北口
西口
南口
東口
代々木八幡駅
富谷小
富谷
代々木公園西門前
M千代田線
渋谷
WC

小田急小田原線
小田急東北沢駅
古賀政男音楽博物館
上原こども園
青年座
代々木公園交番前
国立代々木競技場
NHKホール
NHK放送センター
サッカー場

北沢タウンホール
松蔭高・中
東大先端科学技術研究センター
駒場公園
日本近代文学館
旧前田侯爵邸洋館和館
コードジボアール大使館
東海大望星高
東海大工学部
富ヶ谷公園
ニュージーランド大使館
モンゴル大使館
松濤中
第六共同ビル
Bunkamuraザ・ミュージアム
戸栗美術館

京王下北沢駅
本多劇場
三角橋
上原2西
上原2
駒場東大・駒場野公園一帯
日本民藝館
京王池ノ上駅
京王井の頭線
ケンネル田園
国際高
駒場小
駒場野公園
東京大学教養学部
駒場博物館
東大口
鍋島松濤公園
渋谷区松濤美術館
京王神泉駅
手で見るギャラリーTOM
農場協会

代沢5
富士中
日本工大駒場高・中
京王駒場東大前駅
児童遊園
京王井の頭線
駅入口

代沢小
駒場学園高
淡島通
筑波大・駒場高・中
駒場高
第一中
駒場東邦高・中
松見坂
アラブ首長国連邦大使館

0 200m
0分 3分
北沢川
代沢4

A　　　B　　　C　　　D

～初台・代々木公園・駒場～

江戸時代、2代将軍の乳母で「初台の局」と呼ばれていた女が、晩年この地で隠居暮らしを送ったことからこの名が付いたとされている。初台から千代田線代々木公園駅に向かう山手通は初台坂と呼ばれている。代々木公園は昭和39年（1964）の東京オリンピックの選手村跡地に誕生しており、東京ドーム約27個分に匹敵する広大な土地を有している。それ以前のこの場所は軍の代々木練兵場やワシントンハイツ（米軍軍用地）になっているが、明治43年（1910）に日本人

国内初の動力付き飛行機での飛行に成功した場所として有名。名前の由来は明治神宮の表門付近にあったモミの老木から「代々の木」となったとされている。駒場では明治11年（1878）に駒場農学校（のちの東京大学農学部）が創立され、ドイツ農学を主流として教育、研究を行い日本の近代農学発展の礎を築いた地である。現在の東京大学農学部は本郷に場所を移しているが、駒場野公園には水田がひとつ残っていて「ケルネル田圃」と呼ばれている。ここで水田での肥料試験がはじめて行われた。

●東京花の名所

春

○梅
花の見頃は2月上旬～3月下旬。
※場所により時期が異なります。
☆池上梅園（大田区／地下鉄浅草線 西馬込駅徒歩8分）
☆湯島天神社（文京区／地下鉄千代田線 湯島駅徒歩3分）

○桜
☆上野恩賜公園（台東区／JR・地下鉄 上野駅徒歩3～5分）
☆千鳥ヶ淵（千代田区／地下鉄東西線・半蔵門線・新宿線 九段下駅徒歩3分）
☆新宿御苑（新宿区／地下鉄丸ノ内線 新宿御苑前駅徒歩5分）
☆隅田公園（墨田区・台東区／地下鉄銀座線・浅草線 浅草駅徒歩5分）
☆外濠公園（千代田区／JR・地下鉄 四谷駅徒歩5分）
☆神田川沿い（文京区・新宿区／都電荒川線 面影橋駅・早稲田駅すぐ）
☆砧公園（世田谷区／東急田園都市線 用賀駅徒歩20分）

○菜の花
見頃は3月下旬～5月上旬。
☆浜離宮恩賜庭園（中央区／JR・地下鉄新橋駅 徒歩10分）

○ハナミズキ
見頃は4月中旬～下旬。
☆国会前庭園（千代田区／地下鉄有楽町駅徒歩3分）
☆日比谷公園（千代田区／地下鉄日比谷線・千代田線・三田線 日比谷駅徒歩3～5分）

○チューリップ
見頃は4月上旬～中旬。
☆日比谷公園（千代田区／地下鉄日比谷線・千代田線・三田線 日比谷駅徒歩3～5分）

○牡丹
見頃は4月中旬～5月上旬。
☆西新井大師（足立区／東武大師線 大師前駅徒歩3分）
☆上野東照宮ぼたん苑（台東区／JR山手線・地下鉄 上野駅徒歩5分）
☆浜離宮恩賜庭園（中央区／JR・地下鉄新橋駅徒歩5分）
☆古石川親水公園（江東区／JR京葉線 越中島駅徒歩5分）

○ツツジ
見頃は4月下旬～5月上旬。
☆根津神社（文京区／地下鉄千代田線 根津駅徒歩5分）
☆旧古河庭園（北区／JR京浜東北線 上中里駅徒歩7分）
☆皇居東御苑（千代田区／地下鉄東西線 竹橋駅徒歩5分）
☆清澄庭園（江東区／地下鉄新宿線 森下駅徒歩10分）

○藤
見頃は4月下旬～5月上旬。
☆亀戸天神社（江東区／JR総武線 亀戸駅徒歩15分）

○薔薇
見頃は5月中旬～6月下旬と10月中旬～11月中旬。
☆旧古河庭園（北区／JR京浜東北線 上中里駅徒歩7分）
☆鳩山会館（文京区／地下鉄有楽町線 江戸川橋駅徒歩7分）
☆都電荒川線沿線（荒川区西尾久・町屋・荒川・南千住／都電荒川線梶原駅～三ノ輪橋駅）

夏

○花菖蒲
見頃は6月上旬～下旬。
☆水元公園（葛飾区／JR常磐線・京成線 金町駅からバス）

○堀切菖蒲園（葛飾区／京成本線 堀切菖蒲園駅徒歩10分）
○小岩菖蒲園（江戸川区／京成本線 江戸川駅徒歩5分）
○皇居東御苑（千代田区／地下鉄東西線 竹橋駅徒歩5分）
○明治神宮御苑（渋谷区／JR原宿駅徒歩5分）
○小石川後楽園（文京区／地下鉄丸ノ内線 後楽園駅徒歩8分）

○あじさい
見頃は6月上旬～下旬。
☆白山神社（文京区／地下鉄三田線 白山駅徒歩2分）
☆飛鳥山公園（北区／JR・地下鉄・都電荒川線 王子駅徒歩3分）

○蓮
見頃は7月中旬～8月上旬。
☆不忍池（台東区／JR・地下鉄 上野駅徒歩3～5分）
☆水産試験場跡地（葛飾区／JR・京成線 金町駅からバス）

○さるすべり
見頃は7月中旬～8月上旬。
☆代々木公園（渋谷区／JR原宿駅徒歩3分）
☆小石川植物園（文京区／地下鉄三田線 白山駅徒歩10分）

秋

○萩
見頃は9月上旬～下旬。
☆向島百花園（墨田区／東武伊勢崎線 東向島駅徒歩10分）
☆龍眼寺（江東区／JR総武線 亀戸駅徒歩10分）

○彼岸花
見頃は9月中旬～下旬。
☆皇居内堀（千代田区／地下鉄半蔵門線 半蔵門駅徒歩3分）

○コスモス
見頃は9月上旬～10月下旬。
☆小岩菖蒲園（江戸川区／京成本線 江戸川駅徒歩5分）

○菊
見頃は10月下旬～11月中旬。
☆湯島天神社（文京区／地下鉄千代田線 湯島駅徒歩3分）
☆亀戸天神社（江東区／JR総武線 亀戸駅徒歩15分）
☆新宿御苑（新宿区／地下鉄丸ノ内線 新宿御苑前駅徒歩5分）
☆日比谷公園（千代田区／地下鉄日比谷線・千代田線・三田線 日比谷駅徒歩3分～5分）
☆浅草寺（台東区／地下鉄銀座線・浅草線 浅草駅徒歩3分）
☆靖国神社（千代田区／地下鉄東西線・半蔵門線・新宿線 九段下駅徒歩3分）

○紅葉・黄葉
見頃は11月中旬～12月上旬。
☆ 外濠公園／イチョウ・ケヤキなど（新宿／JR線・地下鉄「飯田橋」「市ヶ谷」各駅 徒歩10分）
☆ 代々木公園／カエデ・モミジ（渋谷／JR山手線「原宿」駅・営団地下鉄千代田線「代々木公園」駅 徒歩3分）
☆ 上野恩賜公園／モミジ（台東区／JR線・私鉄・地下鉄各線「上野」駅 徒歩2分）
☆ 東京駅銀杏並木／イチョウ（千代田区／JR線「東京」駅丸の内中央口 徒歩3分）
☆ 新宿御苑西洋庭園／プラタナス・ユリノキ（新宿／営団地下鉄丸ノ内線「新宿御苑前」駅1番出口 徒歩5分）
☆ 六義園／モミジ（文京区／JR線・地下鉄「駒込」駅 徒歩7分）
☆明治神宮外苑／イチョウ（港区／地下鉄銀座線 外苑前駅徒歩3分）
☆等々力不動尊／イチョウ・モミジなど（世田谷区／東急大井町線等々力駅徒歩10分）

冬

○冬牡丹
1月上旬～2月下旬。
☆上野東照宮（台東区／JR・地下鉄 上野駅徒歩5～8分）

桜／浜離宮恩賜庭園

ツツジ／根津神社

菖蒲／堀切菖蒲園

外苑前

消防博物館〔B1〕〔P111〕
新宿御苑〔A1〕〔P109〕
聖徳記念絵画館〔B2〕〔P109〕
TEPIA先端技術館〔B4〕〔P110〕
日本オリンピックミュージアム〔A3〕〔P113〕
迎賓館赤坂離宮〔D2〕〔P107〕

銀座線	G03 外苑前 G04 青山一丁目	大江戸線	E24 青山一丁目 E25 国立競技場
丸ノ内線	M11 四谷三丁目 M12 四ツ谷	JR線	四ツ谷　信濃町 千駄ヶ谷
半蔵門線	Z03 青山一丁目		
南北線	N08 四ツ谷		

青山一丁目駅に出れば半蔵門線を利用出来る。

～明治神宮外苑～

明治天皇の崩御後、その後世に残した徳を敬い、全国からの寄付金とボランティアにより青山練兵場跡に作られたのが始まり。国民の体力の向上や心身鍛錬のための場としても位置づけられたスポーツ施設や記念建造物が造営され、有名なイチョウ並木は日本の近代造園の師と言われた折下吉延博士によって手がけられている。ちなみに赤坂御用地は原則非公開となっている。

©TCVB
いちょう並木

目的地のエリア	参照	乗る駅	乗り物案内　アクセス（🚶は乗換）	降りる駅	所要分（乗車時間）	乗換回数	券
東京駅 大手町駅	36	G03	M銀座線で G05 赤坂見附(P42)🚶M13M丸ノ内線	M17 東京・M18 大手町	13・14	1	*
		E25	都大江戸線で E24 青山一丁目(P76)🚶Z03M半蔵門線	Z08 大手町	13	1	*
		G03	M銀座線で G02 表参道(P70)🚶C04M千代田線	C10 二重橋前	13	1	*
霞が関 日比谷	40	G03	M銀座線で G05 赤坂見附(P42)下車、徒歩5分の Y16 永田町から M有楽町線	Y17 桜田門	5	1	*
		E25	都大江戸線で E23 六本木(P78)🚶H04M日比谷線	H06 霞ヶ関・H07 日比谷	9・12	1	*
		G03	M銀座線で G02 表参道(P70)🚶C04M千代田線	C08 霞ヶ関・C09 日比谷	9・11	1	*
霞が関・国会議事堂 永田町	40 42	G03	M銀座線で G05 赤坂見附(P42)🚶M13M丸ノ内線	M14 国会議事堂前・M15 霞ヶ関	6・8	1	*
			M銀座線	G05 赤坂見附・G06 溜池山王	4・6	0	*
東京タワー	44	G03	M銀座線で G05 赤坂見附(P42)🚶M13M丸ノ内線🚶I08都三田線	I06 御成門・I05 芝公園	14・16	2	*
		E25	都大江戸線で E23 六本木(P78)🚶H04M日比谷線	H05 神谷町・H06 虎ノ門ヒルズ	7・8	1	*
				E21 赤羽橋	8	0	*
銀座 新橋 築地	46・48・50	G03・E25	M銀座線・都大江戸線で日比谷(P40)下車、徒歩6分の	有楽町	11~13	0	*
		G03	M銀座線	G08 新橋・G09 銀座・G10 京橋	10・12・13	0	*
		E25	都大江戸線で E20 大門(P48)🚶A09都浅草線	A11 東銀座	14	1	*
		E25	都大江戸線で E23 六本木(P78)🚶H04M日比谷線	H11 築地	17	1	*
新橋 築地	16・48	G03	M銀座線	JR浜松町	12		*
		E25	都大江戸線	E20 大門・E19 汐留・E18 築地市場・E16 月島	11・13・16・20	0	*
品川周辺	16・15・65	E25	都大江戸線で E20 大門(P48)🚶A09都浅草線	A08 三田・A07 泉岳寺・A06 高輪台	13・16・18	1	*
		E25	都大江戸線で E20 大門(P48)🚶A09都浅草線・京急本線特急乗入れ	京急線品川	18	1	*
日本橋	50	G03	M銀座線	G11 日本橋・G12 三越前	15・17	0	*
		G03	M銀座線で G11 日本橋(P50)🚶T10M東西線	T11 茅場町	16	1	*
		E25	都大江戸線で E23 六本木(P78)🚶H04M日比谷線	H13 茅場町	21	1	*
		G03・E25	M銀座線・都大江戸線で G04・E24 青山一丁目(P78)🚶Z03M半蔵門線	Z10 水天宮前	17	1	*
北の丸公園	52	G03・E25	M銀座線・都大江戸線で G04・E24 青山一丁目(P76)🚶Z03M半蔵門線	Z06 九段下	9	1	*
			M銀座線・都大江戸線で G04・E24 青山一丁目(P76)🚶Z03M半蔵門線で Z06 九段下(P52)🚶T07M東西線	T08 竹橋	11	2	*
お茶の水 秋葉原	54	G03	M銀座線で G05 赤坂見附(P42)🚶M13M丸ノ内線	M20 御茶ノ水	18	1	*
		G03	M銀座線で G09 銀座(P46)🚶H09M日比谷線	H16 秋葉原	24	1	*
		E25	都大江戸線で E23 六本木(P82)🚶H04M日比谷線	H16 秋葉原	27	1	*
上野 駒込・千駄木 三ノ輪	14・58・62	G03	M銀座線で G02 表参道(P70)🚶C04M千代田線	C13 湯島・C14 根津・C15 千駄木	19・21・23	1	*
		G03	M銀座線	G16 上野	16	0	*
		G03	M銀座線で G16 上野(P58)🚶H08M日比谷線	H19 入谷・H20 三ノ輪・H21 南千住	25・27・29	1	*
後楽園 駒込 千駄木	13・60・62	G03	M銀座線で G05 赤坂見附(P42)🚶M13M丸ノ内線	M21 本郷三丁目・M22 後楽園	20・22	1	*
		G03	M銀座線で G06 溜池山王(P42)🚶N06M南北線	N11 後楽園・N13 本駒込	16・20・23	1	*
		E25	都大江戸線で E22 麻布十番(P78)🚶N04M南北線	N14 駒込	20・24・27	1	*
		E25	都大江戸線で E26 代々木(P15)🚶JR山手線外回り	JR (駒込・田端)	20・22	1	*
		G03・E25	M銀座線・都大江戸線で G04・E24 青山一丁目(P76)🚶Z03M半蔵門線で Z07 神保町(P52)🚶I10都三田線	I13 白山	15	2	*
王子	64	G03	M銀座線で G06 溜池山王(P42)🚶N06M南北線	N15 西ヶ原・N16 王子	25・27	1	*
池袋	66	G03	M銀座線で G01 渋谷(P72)🚶F16M副都心線	Y09 池袋	21	1	*
		E25	都大江戸線で E26 代々木(P68)🚶E27 新宿🚶JR山手線外回り	JR (高田馬場・目白・池袋)	9~13	1	*
早稲田 新宿	12・68	G03	M銀座線で G01 渋谷(P72)🚶F16M副都心線	F13 新宿三丁目・F11 西早稲田	11・16	1	*
		E25・E24	都大江戸線	E27 新宿	4・7	0	*
原宿 参道 渋谷	70・72	E25	都大江戸線で E26 代々木(P15)🚶JR山手線内回り	JR (原宿・渋谷)	4・7	0	*
		G03	M銀座線で G02 表参道(P70)🚶C04M千代田線	C03 明治神宮前	3	1	*
		G03	M銀座線	G02 表参道・G01 渋谷	2・4	0	*
駒場・初台	74	E25	都大江戸線で E27 新宿(P68)🚶京王新線	京王新線(初台・幡ヶ谷)	5・7	1	*
		G03	M銀座線で G01 渋谷(P72)🚶京王井の頭線	京王線(神泉・駒場東大前)	5・6	1	*
		G03	M銀座線で G02 表参道(P70)🚶C04M千代田線	C02 代々木公園・C01 代々木上原	5・8	1	*
外苑前 六本木	76・78	G03	M銀座線で G05 赤坂見附(P42)🚶M13M丸ノ内線	M11 四谷三丁目	8	1	*
		G03	M銀座線	G04 青山一丁目	2	0	*
		E25	都大江戸線	E24 青山一丁目・E23 六本木	2・4	0	*
六本木 恵比寿 目黒	15・78・80	G03	M銀座線で G06 溜池山王(P42)🚶N06M南北線	N05 六本木一丁目			
		E25	都大江戸線で E22 麻布十番(P78)🚶N04M南北線	N05 六本木一丁目・N02 白金台・N01 目黒	7・11・13	1	*
		E25	都大江戸線で E23 六本木(P78)🚶H08M日比谷線	H03 広尾・H02 恵比寿	8・11	1	*
浅草 東京スカイツリー	82	G03	M銀座線	G18 田原町・G19 浅草	26・28	0	*
		Z03	M半蔵門線	Z14 押上	26	0	*
両国 深川	84・86	E25	都大江戸線	E15 門前仲町・E14 清澄白河・E13 森下・E12 両国	20・23・25・27	0	*
		E25	都大江戸線で E27 新宿(P68)🚶S01都新宿線	S10 浜町	20	1	*
		E25	都大江戸線で G11 日本橋(P50)🚶T13 木場	T12 門前仲町・T13 木場	18・20	1	*
お台場	90	G03・G04	M銀座線で G08 新橋(P48)🚶ゆりかもめ	ゆりかもめ台場	22・24	1	*
		E24・E25	都大江戸線で E19 汐留(P48)🚶ゆりかもめ	ゆりかもめ台場	24・26	1	*
夢の島公園 葛西臨海公園	92	E25	都大江戸線で E16 月島(P16)🚶Y21M有楽町線	Y24 新木場	27	1	*
			上記 Y24 新木場より JR京葉線	JR葛西臨海公園	30	2	

地名・名称 新宿御苑（しんじゅくぎょえん）　千駄ヶ谷駅（せんだがやえき）　信濃町駅（しなのまちえき）　赤坂御用地（あかさかごようち）　高橋是清翁記念公園（たかはしこれきよおきねんこうえん）　聖徳記念絵画館（せいとくきねんかいがかん）

六本木

エリアMAP内の路線・駅名称

日比谷線	H03 広尾
	H04 六本木
千代田線	C05 乃木坂
南北線	N04 麻布十番
	N05 六本木一丁目
大江戸線	E22 麻布十番
	E23 六本木

～六本木～

由来は定かではないが、この辺りに古い松の木が6本あったという説や、6つの大名屋敷があったという説がある。江戸・明治時代、ここは住人が少なく静かな屋敷町とされており、昭和以降にその好条件から軍用地として姿を変えていった。第二次世界大戦後は米軍の駐屯地が置かれ、米軍相手のさまざまな店が周辺につくられた。そして昭和39年（1964）の東京オリンピックを境に、ファッションビルや娯楽施設ができ、若者が集まる繁華街へと発展してきた。一方では多くの大使館や、六本木ヒルズ、東京ミッドタウンなどのビジネス街が形成されており多彩な面も多い街である。

目的地のエリア	参照	乗る駅	アクセス （🚶 は乗換）	降りる駅	所要分（乗車時間）	乗換回数	券
東 京 駅大 手 町	36	H04	Ｍ日比谷線でH07 霞ヶ関(P40)🚶🚶Ｍ15Ｍ丸ノ内線	M17 東京・M18 大手町	9・10	1	*
			Ｍ日比谷線でH07 霞ヶ関(P40)🚶🚶C05Ｍ千代田線	C10 二重橋前	9	1	*
霞 が 関日 比 谷	40	H04	Ｍ日比谷線	H07 霞ヶ関・H08 日比谷	6・9	0	*
永 田 町国 会 議 事 堂	42	N05	Ｍ南北線	N06 溜池山王・N07 永田町	2・3	0	*
東京タワー	44	H04	Ｍ日比谷線でH08 日比谷(P40)🚶🚶I08 御三田線	I06 御成門・I05 芝公園・I04 三田	12・14・16	1	*
			Ｍ日比谷線	H05 神谷町・H06 虎ノ門ヒルズ	3・4	0	*
		E23	御大江戸線	E21 赤羽橋	3		
銀 座築 地	46	H04	Ｍ日比谷線でH08 日比谷(P40)下車、徒歩5分	有楽町	8	0	*
			Ｍ日比谷線	H09 銀座・H11 築地	10・14	0	*
新 橋築 地	16・48	E23	御大江戸線でE20 大門(P48)🚶🚶A09 浅草線	A10 新橋	8	1	
			御大江戸線	E20 大門・E19 汐留	6・8	0	
			御大江戸線でE20 大門(P48)下車、徒歩9分	JR浜松町	6	1	
			御大江戸線	E18 築地市場・E16 月島	11・15	0	
品 川 周 辺	16・65	E23	御大江戸線でE20 大門(P48)🚶🚶A09 浅草線	A08 三田・A07 泉岳寺・A06 高輪台	8・11・13	1	
			御大江戸線でE20 大門(P48)🚶🚶A09 浅草線・京急本線急行乗入れ	京急線品川	14	1	
日 本 橋	50	H04	Ｍ日比谷線でH09 銀座(P46)🚶🚶G09Ｍ銀座線	G10 京橋・G11 日本橋・G12 三越前	11・13・15	1	*
		E23	御大江戸線でE20 大門(P48)🚶🚶A09 浅草線	A13 日本橋	13	1	
		H04	Ｍ日比谷線	H13 茅場町・H14 人形町	17・20	0	*
		E23	御大江戸線でE24 青山一丁目(P76)🚶🚶Z03Ｍ半蔵門線	Z10 水天宮前	17	1	
北の丸公園	52	E23	御大江戸線でE24 青山一丁目(P76)🚶🚶Z03Ｍ半蔵門線	Z06 九段下	9	1	
		N05	Ｍ南北線でN10 飯田橋(P60)🚶🚶T06Ｍ東西線	T08 竹橋	14	1	
お 茶 の 水秋 葉 原	54	H04	Ｍ日比谷線でH07 霞ヶ関(P40)🚶🚶M15Ｍ丸ノ内線	M20 御茶ノ水	15	1	
			Ｍ日比谷線	H16 秋葉原	23	0	
上 野 公 園千 駄 木	14・58・62	H04	Ｍ日比谷線でH07 霞ヶ関(P40)🚶🚶C08Ｍ千代田線	C13 湯島・C14 根津・C15 千駄木	15・17・19	1	*
上 野三 ノ 輪	14・58・62	H04	Ｍ日比谷線	H18 上野・H19 入谷・H20 三ノ輪・H21 南千住	26・29・31・33	0	*
後 楽 園駒 込千 駄 木	13・60・62	H04	Ｍ日比谷線でH07 霞ヶ関(P40)🚶🚶M15Ｍ丸ノ内線	M21 本郷三丁目・M22 後楽園	17・19	1	*
		N05	Ｍ南北線	N11 後楽園・N13 本駒込	12・16	0	
		E23	御大江戸線でE22 麻布十番(P78)🚶🚶N04Ｍ南北線	N09 市ヶ谷・N10 飯田橋	11・13	1	
		H04	Ｍ日比谷線でH08 日比谷(P40)🚶🚶I08 御三田線	I13 白山	8・10	1	
					19		
王 子	64	N05	Ｍ南北線	N15 西ヶ原・N16 王子	21・23	0	
池 袋	66	H04	Ｍ日比谷線でH07 霞ヶ関(P40)🚶🚶M15Ｍ丸ノ内線	M25 池袋	27	1	
早 稲 田	12	N05	Ｍ南北線でN10 飯田橋(P60)🚶🚶T06Ｍ東西線	T04 早稲田・T03 高田馬場	15・18	1	
新 宿	68	E23	御大江戸線	E27 新宿・E28 都庁前	9・11	0	*
原 宿駒 場 初 台	70・74	E23	御大江戸線でE26 代々木(P15)🚶🚶JR山手線内回り	JR原宿	10	1	
		N05	Ｍ南北線でN06 溜池山王(P42)下車、徒歩7分のC07 国会議事堂前からＭ千代田線	C03 明治神宮前・C02 代々木公園・C01 代々木上原	10・12・14	1	
		H04	Ｍ日比谷線でH07 霞ヶ関(P40)🚶🚶C08Ｍ千代田線		15・17・19	1	*
表 参 道渋 谷	70・72	E23	御大江戸線でE24 青山一丁目(P76)🚶🚶Z03Ｍ半蔵門線	Z02 表参道・Z01 渋谷	4・6	1	
駒 場初 台	74	E23	御大江戸線でE27 新宿(P68)🚶🚶京王新線	京王新線(初台・幡ヶ谷)	10・12	1	
		E23	御大江戸線でE24 青山一丁目(P76)🚶🚶Z03Ｍ半蔵門線でZ01 渋谷(P72)🚶🚶京王井の頭線	京王線(神泉・駒場東大前)	7・8	2	
外 苑 前	76	E23	御大江戸線でE26 代々木(P68)🚶🚶JR中央・総武線各停	JR（千駄ヶ谷・信濃町）	9・10	1	
		N05	Ｍ南北線	N08 四ツ谷	6	0	*
		H04	Ｍ日比谷線でH07 霞ヶ関(P40)🚶🚶M15Ｍ丸ノ内線	M12 四ツ谷・M11 四谷三丁目	13・15	1	
		E23	御大江戸線	E24 青山一丁目	2	0	
恵 比 寿目 黒	15・80	H04	Ｍ日比谷線	H03 広尾・H02 恵比寿	3・6	0	*
		E23	御大江戸線でE22 麻布十番(P78)🚶🚶N04Ｍ南北線	N02 白金台・N01 目黒	5・8	1	
		N05	Ｍ南北線		7・9	0	
浅 草東京スカイツリー	14・82	H04	Ｍ日比谷線でH09 銀座(P46)🚶🚶G09Ｍ銀座線	G18 田原町・G19 浅草	24・26	1	*
		E23	御大江戸線でE20 大門(P48)🚶🚶A09 浅草線	A18 浅草・A20 押上	21・25	1	
		E23	御大江戸線でE20 大門(P48)🚶🚶A09 浅草線でA18 浅草(P82)🚶🚶東武スカイツリーライン	東武線東向島	30	2	
		H03・H04	Ｍ日比谷線でH10 東銀座(P46)🚶🚶A11 御浅草線	A20 押上	27・30	1	*
両 国	86・84	E23	御大江戸線	E15 門前仲町・E14 清澄白河・E13 森下・E12 両国	17・20・22・24	0	*
深 川	86・10	N05	Ｍ南北線でN09 市ヶ谷(P13)🚶🚶S04 御新宿線	S10 浜町・S11 森下	23・24	1	
		E23	御大江戸線でE15 門前仲町(P86)🚶🚶T12Ｍ東西線	T13 木場・T17 葛西	18・27	1	
お 台 場	90	E23	御大江戸線でE19 汐留(P48)🚶🚶ゆりかもめ	ゆりかもめ台場	21	1	
夢 の 島 公 園葛 西 臨 海 公 園	92	E23	御大江戸線でE16 月島(P16)🚶🚶Y21Ｍ有楽町線	Y24 新木場	22	1	
		H04	Ｍ日比谷線でH12 八丁堀(P16)🚶🚶JR京葉線	JR葛西臨海公園	26	1	
東京モノレール	10・16	E23	御大江戸線でE20 大門(P48)下車。徒歩9分のモノレール浜松町から東京モノレール	東京モノレール各	10～29	1	

地名・名称 根津美術館（ねづびじゅつかん） 乃木坂駅（のぎざかえき） 有栖川宮記念公園（ありすがわのみやきねんこうえん） 麻布十番駅（あざぶじゅうばんえき）

恵比寿
目黒

主な見学地

山種美術館 [C1] [P115]
恵比寿ガーデンプレイス [C2] [P106]
YEBISU BREWERY TOKYO [C2] [P106]
東京都写真美術館 [C3] [P112]
国立科学博物館附属自然教育園 [D3] [P108]
東京都庭園美術館 [D3] [P112]
杉野学園衣裳博物館 [D4] [P109]

エリア MAP 内の路線・駅名称

日比谷線　H01 中目黒　　　　　三田線　　I01 目黒
　　　　　H02 恵比寿　　　　　JR 線　　　目黒　Ⓑ- 恵比寿
南北線　　N01 目黒　　　　　　東急東横線　中目黒　代官山

目的地のエリア	参照	乗る駅	アクセス (大大 は乗換)	降りる駅	所要分(乗車時間)	乗換回数	券
東京駅大手町駅	36	H02	M日比谷線でH07霞ヶ関(P40)大大M15M丸ノ内線	M17東京・M18大手町	16・17	1	＊
		I01	都三田線	I09大手町	16	0	＊
		B	JR山手線内回り	JR東京	14	0	
		H02	M日比谷線	C10二重橋前	17	1	＊
霞が関日比谷	40	H02	M日比谷線	H07霞ヶ関・H08日比谷	12・15	0	＊
		I01	都三田線でI08日比谷(P40)大大C09M千代田線	C08霞ヶ関	16	1	＊
永田町・国会議事堂	42	H02	M日比谷線でH07霞ヶ関(P40)大大M15M丸ノ内線	M14国会議事堂前・M13赤坂見附	14・16	1	＊
		N01	M南北線	N06溜池山王・N07永田町	11・12	U	＊
東京タワー	44・16	H02	M日比谷線	H05神谷町・H06虎ノ門ヒルズ	9・10	0	＊
		I01	都三田線	I04三田・I05芝公園・I06御成門	7・9・10	0	＊
銀座築地	46・16	H02	M日比谷線でH08日比谷(P40)下車、徒歩5分	有楽町	15	0	＊
		I01	都三田線でI08日比谷(P40)大大H08M日比谷線	H09銀座・H11築地	16・20	1	＊
新橋築地	48・16	H02	M日比谷線でH09銀座(P46)大大G09M銀座線	G08新橋	18	1	＊
		H02	M日比谷線でH04六本木(P78)大大E23都大江戸線	E20大門・E19汐留・E18築地市場・E16月島	12・14・17・20	1	＊
		N01	M南北線でN04麻布十番(P78)大大E22都大江戸線		10・12・15・19	1	＊
		B	JR山手線内回り	JR浜松町	14・17	0	
品川周辺	15・16・65	B	JR山手線内回り	JR品川	8	0	
		I01	都三田線でI04三田(P16)大大A08都浅草線	A07泉岳寺・A06高輪台	9・12	1	＊
		B	JR山手線内回りでJR五反田(P10)大大A05都浅草線	A06高輪台・A07泉岳寺	6・8	1	＊
日本橋	50	H02	M日比谷線でH09銀座(P46)大大G09M銀座線	G10京橋・G11日本橋・G12三越前	17・19・21	1	＊
		N01	M南北線でN06溜池山王(P42)大大G06M銀座線		18・20・22	1	＊
		H02	M日比谷線	H13茅場町・H14人形町	23・26	0	＊
		I01	都三田線でI09大手町(P36)大大Z08M半蔵門線	Z10水天宮前	20	1	＊
北の丸公園	52	H02	M日比谷線でH04六本木(P78)大大E23都大江戸線でE24青山一丁目(P76)大大Z03M半蔵門線	Z06九段下	15	2	＊
		I01	都三田線でI10神保町(P52)大大Z07M半蔵門線		20	1	＊
		B	JR山手線外回りでJR渋谷(P72)大大Z01M半蔵門線		14	1	＊
お茶の水秋葉原	54	H02	M日比谷線でH07霞ヶ関(P40)大大M15M丸ノ内線	M20御茶ノ水	21	1	＊
		H02	M日比谷線	H16秋葉原	29	0	＊
		I01	都三田線でI09大手町(P36)大大M18M丸ノ内線	M20御茶ノ水	19	1	＊
上野・駒込・千駄木	14・58・62	H02	M日比谷線でH07霞ヶ関(P40)大大C08M千代田線	C13湯島・C14根津・C15千駄木	21・23・25	1	＊
		I01	都三田線でI08日比谷(P40)大大H07M日比谷線	H18上野・H19入谷・H20三ノ輪・H21南千住	33・35・37・39	0	
					31・34・36・38	1	＊
		H02	M日比谷線でH08日比谷(P40)大大I08都三田線	I13白山	25	1	＊
		I01	都三田線	I13白山	25	0	＊
後楽園	60	H02	M日比谷線でH07霞ヶ関(P40)大大M15M丸ノ内線	M21本郷三丁目・M22後楽園	24・26	1	＊
		I01	都三田線	I11水道橋・I12春日	21・23	0	＊
王子	13・64	N01	M南北線	N15西ヶ原・N16王子	30・32	0	＊
池袋	66	H02	M日比谷線でH07霞ヶ関(P40)大大M15M丸ノ内線	M25池袋	33	1	＊
		N01	M南北線でN07永田町(P42)大大Y16M有楽町線	Y10東池袋・Y09池袋	24・27	1	＊
		B	JR山手線外回り	JR(高田馬場・目白・池袋)	14・16・18	0	
早稲田	12	B	JR山手線外回りでJR高田馬場(P12)大大T03M東西線	T04早稲田	16	1	＊
		I01	都三田線でI09大手町(P36)大大T09M東西線	T04早稲田・T03高田馬場	26・29	1	＊
新宿	68	B	JR山手線外回り	JR新宿	9	0	
		H02	M日比谷線でH04六本木(P78)大大E23都大江戸線	E27新宿・E28都庁前	15・17	1	＊
		N01	M南北線でN04麻布十番(P78)大大E22都大江戸線		18・20	1	＊
原宿表参道渋谷・駒場・初台	70・72・74	B	JR山手線外回り	JR(渋谷・原宿)	3・5	0	
		H02	M日比谷線でH07霞ヶ関(P40)大大C08M千代田線	C03明治神宮前・C02代々木公園・C01代々木上原	21・23・26	1	＊
		N01	M南北線でN06溜池山王(P42)大大G06M銀座線	G02表参道・G01渋谷	18・20	1	＊
		B	JR山手線外回りでJR渋谷(P72)大大G01M銀座線	G02表参道	4	1	＊
外苑前	70・76	B	JR山手線外回りでJR代々木(P15)大大JR中央・総武線各停	JR(千駄ヶ谷・信濃町)	9・11	1	
		H02	M日比谷線でH07霞ヶ関(P40)大大M15M丸ノ内線	M11四谷三丁目	21	1	＊
		H02	M日比谷線でH04六本木(P78)大大E23都大江戸線	E24青山一丁目・E25国立競技場	8・10	1	＊
		N01	M南北線でN04麻布十番(P78)大大E22都大江戸線		11・13	1	＊
六本木	78	H03	M日比谷線	H03広尾・H04六本木	3・6	0	＊
		N01	M南北線	N04麻布十番・N05六本木一丁目	6・8	0	＊
浅草・東京スカイツリー	82	H02	M日比谷線でH09銀座(P46)大大G09M銀座線	G18田原町・G19浅草	30・32	1	＊
		H02	M日比谷線でH10東銀座(P46)大大A11都浅草線	A18浅草・A19押上	29・33	1	＊
		I01	都三田線でI04三田(P16)大大A08都浅草線	A18浅草・A19押上	24・28	1	＊
両国深川	10・84・86	H02	M日比谷線でH04六本木(P78)大大E23都大江戸線	E15門前仲町・E14清澄白河・E13森下・E12両国	23・26・28・30	1	＊
		I01	都三田線でI10神保町(P52)大大S06都新宿線	S10浜町・S11森下	31・32	1	＊
		H02	M日比谷線でH13茅場町(P50)大大T11M東西線	T12門前仲町・T13木場・T17葛西	25・27・37	1	＊
お台場	90	B	JR山手線内回りでJR新橋(P48)大大ゆりかもめ	ゆりかもめ台場	31	1	
夢の島公園	92	H02	M日比谷線でH08日比谷(P40)下車、徒歩5分のY18有楽町(P46)からM有楽町線	Y24新木場	28	1	＊
		N01	M南北線でN07永田町(P42)大大Y16M有楽町線		28	1	＊

地名・名称 東急代官山駅（とうきゅうだいかんやま） 馬喰坂（ばくろざか） 春日大社（かすがたいしゃ） 恵比寿駅（えびすえき） 三田丘の公園（みたおかのこうえん）

浅　草・東京スカイツリー

エリアMAP内の路線・駅名称

路線		
銀座線	G19 浅草	G18 田原町
浅草線	A18 浅草	A20 押上
半蔵門線	Z14 押上	
東武伊勢崎線	Ⓐ-とうきょうスカイツリー	
	Ⓒ-浅草	
つくばエクスプレス	Ⓑ-浅草	

~浅草~ 　鎌倉時代に成立した日本の歴史書「吾妻鏡」に記載されており、草深い武蔵野の中で草があまり茂っていない事からこの名が付けられたとされる。江戸時代には茶屋や芝居小屋が集まり、行楽地として大いに賑わっていた。昭和初期には演芸場などもでき、大衆文化の中心地といえる。近年は多くの外国の観光客が訪れている。雷門の提灯は、東京及び日本を象徴する風景となっている。

乗り物案内

目的地のエリア	参照	乗る駅	アクセス（大は乗換）	降りる駅	所要分（乗車時間）	乗換回数	券
東京駅・大手町駅	36	G19	Ⓜ銀座線でG09銀座(P46) 大 大 M16 Ⓜ 丸ノ内線	M17東京・M18大手町	19・20	1	*
		G19	Ⓜ銀座線でG16上野(P58) 大 ⒿⓇ京浜東北・根岸線快速	ⒿⓇ東京	11	1	*
		A18・A20	㊙浅草線でA13日本橋(P50) 大 T10Ⓜ東西線	T09大手町	10・13	1	*
		Z14	Ⓜ半蔵門線	Z08大手町	14	0	*
霞が関日比谷	40	Z14	Ⓜ半蔵門線でZ08大手町(P36) 大 I09Ⓜ三田線	I08日比谷	17	1	*
		A18・A20	㊙浅草線でA11東銀座(P46) 大 H10Ⓜ日比谷線	H08日比谷(有楽町へ徒歩5分)	15・18	1	*
		Z14	Ⓜ半蔵門線でZ04永田町(P42) 大 Y16Ⓜ有楽町線	Y17桜田門	26	1	*
国会議事堂永田町	42	G19	Ⓜ銀座線	G06溜池山王・G05赤坂見附	22・24	0	*
		Z14	Ⓜ半蔵門線	Z04永田町	23	0	*
東京タワー	44	A18	㊙浅草線でA08三田(P16) 大 I04Ⓜ三田線	I05芝公園・I06御成門	19・20	1	*
			㊙浅草線でA11東銀座(P46) 大 H10Ⓜ日比谷線	H06虎ノ門ヒルズ・H05神谷町	19・20	1	*
銀座・築地・新橋	46・48・50	G19	Ⓜ銀座線	G10京橋・G09銀座・G08新橋	15・17・19	0	*
		A18・A20	㊙浅草線	A11東銀座・A10新橋・A09大門	12~19	0	*
			㊙浅草線でA14人形町(P50) 大 H14Ⓜ日比谷線	H11築地	13・16	1	*

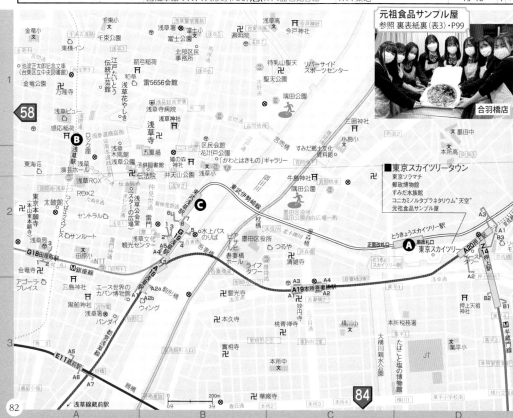

元祖食品サンプル屋
参照 裏表紙裏(表3)・P99

合羽橋店

■東京スカイツリータウン
東京ソラマチ
郵政博物館
すみだ水族館
コニカミノルタプラネタリウム"天空"
元祖食品サンプル屋

目的地のエリア	参照	乗る駅	乗り物案内 アクセス （大太 は乗換）	降りる駅	所要分（乗車時間）	乗換回数	券
新　橋築　地	16・48	G19	Ⓜ銀座線でG16上野(P58)大太JR京浜東北・根岸線快速	JR浜松町	15	1	
		A18・A20	都浅草線でA09大門(P48)大太E19都大江戸線	E19汐留	17・20	1	＊
			都浅草線でA17蔵前(P14)大太E11都大江戸線	E16月島・E18築地市場	12〜20	1	＊
品 川 周 辺	15・16・65	A18・A20	都浅草線・京急本線特急乗入れ	京急線品川	23・26	0	
			都浅草線	A08三田・A07泉岳寺・A06高輪台	18〜26	0	＊
日 本 橋	50	Z14	Ⓜ半蔵門線	Z10水天宮前・Z09三越前	10・13	0	＊
		A18・A20	都浅草線	A14人形町・A13日本橋	7〜12	0	＊
			都浅草線でA14人形町(P50)大太H14Ⓜ日比谷線	H13茅場町	9・12	1	＊
		G19	Ⓜ銀座線	G12三越前・G11日本橋	12・13	0	＊
北 の 丸 公 園	52	A18	都浅草線でA13日本橋(P50)大太T10Ⓜ東西線	T08竹橋・T07九段下	12・14	1	＊
		Z14	Ⓜ半蔵門線	Z06九段下	19・22	0	＊
		G19	Ⓜ銀座線でG12三越前(P50)大太Z09Ⓜ半蔵門線	Z06九段下	18	1	＊
お 茶 の 水秋 葉 原	54	A18	都浅草線でA16浅草橋(P13)大太JR総武線	JR御茶ノ水	7	1	＊
		Z14	Ⓜ半蔵門線でZ08大手町(P36)大太M18Ⓜ丸ノ内線	M19淡路町・M20御茶ノ水	15・17	1	＊
			Ⓜ半蔵門線でZ12住吉(P14)大太S13都新宿線	S08岩本町・S07小川町	12・13	1	＊
		Ⓑ	つくばエキスプレス	つくばエキスプレス秋葉原	4	0	
上 　 野駒込・千駄木	58・62	Z14	Ⓜ半蔵門線でZ08大手町(P36)大太C11Ⓜ千代田線	C13湯島・C14根津・C15千駄木	18・20・22	2	＊
		G19	Ⓜ銀座線	G16上野	5	0	
		A20	都浅草線でA18浅草(P82)大太G19Ⓜ銀座線	G16上野	8	1	＊
三 ノ 輪	58・14	G19	Ⓜ銀座線でG16上野(P58)大太H18Ⓜ日比谷線	H19入谷・H20三ノ輪・H21南千住	7・9・11	1	＊
	13	A18・A20	都浅草線でA16浅草橋(P13)大太JR中央・総武線各停	JR市ケ谷	13・16	1	＊
後 楽 園	60	E11	都大江戸線	E08本郷三丁目・E07春日	5・7	0	＊
			都大江戸線でE08本郷三丁目(P60)大太M21Ⓜ丸ノ内線	M22後楽園(E07春日から徒歩5分)	7	1	＊
		Z14	Ⓜ半蔵門線でZ08大手町(P36)大太M18Ⓜ丸ノ内線	M22後楽園	21	1	＊
駒 込千 駄 木	62・13	E11	都大江戸線でE06飯田橋(P60)大太N10Ⓜ南北線	N13本駒込・N14駒込	15・18	1	＊
			都大江戸線でE07春日(P60)大太I12都三田線	I13白山	9	1	＊
池 　 袋	66	G19	Ⓜ銀座線でG09銀座(P46)大太M16Ⓜ丸ノ内線	M25池袋	36	1	＊
		Z14	Ⓜ半蔵門線でZ08大手町(P36)大太M18Ⓜ丸ノ内線	M25池袋	29	1	＊
		E11	都大江戸線でE06飯田橋(P60)大太Y13Ⓜ有楽町線	Y10東池袋・Y09池袋	16・19	1	＊
		G19	Ⓜ銀座線でG16上野(P58)大太JR山手線内回り	JR(池袋・目白)	22・24	1	＊
早 稲 田	12	A18・A20	都浅草線でA13日本橋(P50)大太T10Ⓜ東西線	T04早稲田・T03高田馬場	21〜27	1	＊
新 　 宿	68	E11	都大江戸線	E01新宿西口・E28都庁前	20・23	1	＊
		G19	Ⓜ銀座線でG05赤坂見附(P42)大太M13Ⓜ丸ノ内線	M08新宿	33	1	＊
		Z14	Ⓜ半蔵門線でZ12住吉(P14)大太S13都新宿線	S01新宿	25	1	＊
原　　宿駒 場 台初　　台	70・74	G19	Ⓜ銀座線でG02表参道(P70)大太C04Ⓜ千代田線	C03明治神宮前・C02代々木公園・C01代々木上原	31・33・35	1	＊
原　　宿表 参 道渋　　谷外　　苑前	70・72・76	G19	Ⓜ銀座線	G04青山一丁目・G03外苑前・G02表参道・G01渋谷	27・28・30・32	0	＊
		Z14	Ⓜ半蔵門線	Z03青山一丁目・Z01表参道・Z01渋谷	25・28・30	0	＊
外 苑 前六 本 木	76・78	G19	Ⓜ銀座線でG05赤坂見附(P42)大太M13Ⓜ丸ノ内線	M11四谷三丁目	28	1	＊
		A18・A20	都浅草線でA09大門(P48)大太E20都大江戸線	E23六本木・E24青山一丁目・E25国立競技場	22〜30	1	＊
		G19	Ⓜ銀座線でG06溜池山王(P42)大太N06Ⓜ南北線	N05六本木一丁目	23	1	＊
六本木・恵比寿	78・80	A18・A20	都浅草線でA11東銀座(P46)大太H10Ⓜ日比谷線	H03広尾・H02恵比寿	27〜33	1	＊
恵比寿・目黒	15・80	A18・A20	都浅草線でA08三田(P16)大太I04都三田線	I02白金台・I01目黒	23〜29	1	＊
向 　 島	14	Ⓒ	東武スカイツリーライン	東武線東向島	6	0	
両　　国深 　 川	10・84・86	E11	E11大江戸線	E12両国・E13森下・E14清澄白河・E15門前仲町	2・3・5・8	0	＊
		Z14	Ⓜ半蔵門線	Z11清澄白河	7・9	0	＊
			Ⓜ半蔵門線でZ12住吉(P14)大太S13都新宿線	S11森下・S10浜町	7・9	1	＊
		A18・A20	都浅草線でA13日本橋(P50)大太T10Ⓜ東西線	T13木場・T17葛西	14〜27	1	＊
お 台 場	90	A18・A20	都浅草線でA10新橋(P48)大太ゆりかもめ	ゆりかもめ台場	28・31	1	＊
夢 の 島 公 園	92	E11	都大江戸線でE16月島(P16)大太Y21Ⓜ有楽町線	Y24新木場	17	1	＊

地名・名称　浅草寺（せんそうじ）　嬉の森神社（うれしもりじんじゃ）　仲見世通（なかみせどおり）　隅田公園（すみだこうえん）　本所吾妻橋駅（ほんじょあづまばしえき）　待乳山聖天（まつちやましょうでん）

両国

～両国～

明暦の大火（1657年）の教訓から避難路として、万治2年（1659）に完成した両国橋に由来する。橋の名は隅田川を境とした下総と武蔵の両国を結んだ事から付けられた。両国橋周辺は火除け地として指定され、のちに両国広小路として、多くの人が集まり、芝居小屋などで賑わう有数の盛り場となった。享保18年（1733）には両国橋畔において横山町の鍵屋弥兵衛と両国広小路の玉屋市郎兵衛が花火を上げ、この時より「鍵屋」「玉屋」という花火の掛け声が生まれている。この両国の花火は昭和36年（1961）に中止されるが、昭和53年（1978）に「隅田川花火大会」と名を改め復活、今日では東京の夏の風物詩として定着している。両国の名前を有名にしたものに日本の国技である大相撲の国技館がある。相撲は古来より力くらべや儀式として行われていたが、江戸時代に職業として定着し、今日の大相撲の基礎が確立された。明治42年（1909）に両国国技館が開館するが、第二次世界大戦で焼失、一時期、蔵前に国技館を仮設していた。現在の国技館は昭和60年（1985）に完成している。

目的地のエリア	参照	乗る駅	アクセス（大 は乗換）	降りる駅	所要分（乗車時間）	乗回数	券
東京駅 大手町駅	36	E12	御大江戸線でE08 本郷三丁目(P60)大 M21 M丸ノ内線	M18 大手町・M17 東京	13・14	1	*
			御大江戸線でE14 清澄白河(P86)大 Z11 M半蔵門線	Z08 大手町	10	1	*
		Ⓐ	JR中央・総武各停で JR秋葉原(P54)大 JR山手線外回り	JR東京	7	1	
霞が関 日比谷・永田町	40	E12	御大江戸線でE16 月島(P16)大 Y21 M有楽町線でY18 有楽町下車、徒歩5分	日比谷	13	1	*
			御大江戸線でE07 春日(P60)大 I12 御三田線	I08 日比谷	18	1	*
			御大江戸線でE16 月島(P16)大 Y21 M有楽町線	Y17 桜田門・Y16 永田町	15・17	1	*
霞が関 永田町 国会議事堂	40・42	E12	御大江戸線でE08 本郷三丁目(P60)大 M21 M丸ノ内線	M15 霞ヶ関・M14 国会議事前・M13 赤坂見附	19・21・23	1	*
			御大江戸線でE06 飯田橋(P60)大 N10 M南北線	N06 溜池山王	19	1	*
東京タワー	44	E12	御大江戸線でE07 春日(P60)大 I12 御三田線	I06 御成門・I05 芝公園	21・23	1	*
			御大江戸線	E21 赤羽橋	20	0	*
銀座 築地 新橋 座地橋	46・48	E12	御大江戸線でE16 月島(P16)大 Y21 M有楽町線	Y19 銀座一丁目・Y18 有楽町	12・13	1	*
			御大江戸線でE08 本郷三丁目(P60)大 M21 M丸ノ内線	M16 銀座	17	1	*
			御大江戸線でE11 蔵前(P82)大 A17 御浅草線	A10 新橋	14	1	*
新橋 築地 月島	16・48	Ⓐ	JR秋葉原(P54)大 JR京浜東北・根岸線快速	JR浜松町	10	1	
		E12	御大江戸線	E16 月島・E18 築地市場・E19 汐留・E20 大門	8・13・15・17	0	*
品川周辺	15・16・65	E12	御大江戸線でE20 大門(P44)大 A09 御浅草線・京急本線特急乗入れ	京急線品川	24	1	
			御大江戸線でE20 大門(P14)大 A09 御浅草線	A08 三田・A07 泉岳寺・A06 高輪台	19・21・24	1	*
日本橋	50	E12	御大江戸線でE14 清澄白河(P86)大 Z11 M半蔵門線	Z10 水天宮前・Z09 三越前	6・9	1	*
			御大江戸線でE11 蔵前(P82)大 A17 御浅草線	A14 人形町・A13 日本橋	7・9	1	*
			御大江戸線でE15 門前仲町(P86)大 T12 M東西線	T11 茅場町・T10 日本橋	8・10	1	*
北の丸公園	52	E12	御大江戸線でE15 門前仲町(P86)大 T12 M東西線	T08 竹橋・T07 九段下	13・15	1	*
			御大江戸線でE13 森下(P86)大 S11 御新宿線	S05 九段下	10	1	*
			御大江戸線でE14 清澄白河(P86)大 Z11 M半蔵門線	Z07 神保町・Z06 九段下	13・14	1	*
お茶の水 秋葉原	54	E12	御大江戸線でE08 本郷三丁目(P60)大 M21 M丸ノ内線	M20 御茶ノ水・M19 淡路町	9・11	1	*
			御大江戸線でE13 森下(P86)大 S11 御新宿線	S08 岩本町・S07 小川町	5・7	1	*
		Ⓐ	JR中央・総武各停	JR秋葉原	4	0	
上野 駒込 千駄木 三ノ輪	14・58・62	E12	御大江戸線でE13 森下(P86)大 S11 御新宿線でS07 小川町(P54)下車、徒歩6分のC12 新御茶ノ水からM千代田線	C13 湯島・C14 根津・C15 千駄木	9・11・13	2	*
			御大江戸線	E09 上野御徒町	6	1	
			御大江戸線でE09 上野御徒町(P58)下車、徒歩4分のH17 仲御徒町からM日比谷線	H18 上野・H19 入谷・H20 三ノ輪・H21 南千住	7・10・12・14	1	*
		Ⓐ	JR中央・総武各停で JR秋葉原(P54)大 JR京浜東北・根岸線快速	JR上野	8	1	
後楽園	13・60	E12	御大江戸線	E08 本郷三丁目・E07 春日・E06 飯田橋	8・10・12	0	*
			御大江戸線でE06 飯田橋(P60)大 N10 M南北線	N09 市ケ谷	13	1	*
			御大江戸線でE08 本郷三丁目(P60)大 M21 M丸ノ内線	M22 後楽園(E07 春日から徒歩6分)	10	1	*
駒込 千駄木	62・13	E12	御大江戸線でE07 春日(P60)下車、徒歩3分のN11 後楽園からM南北線	N13 本駒込・N14 駒込	14・17	1	*
			御大江戸線でE07 春日(P60)大 I12 御三田線	I13 白山	12	1	*
王子	64	E12	御大江戸線でE06 飯田橋(P60)大 N10 M南北線	N15 西ヶ原・N16 王子	23・25	1	*
池袋	12・66	E12	御大江戸線でE08 本郷三丁目(P60)大 M21 M丸ノ内線	M25 池袋	18	1	*
			御大江戸線でE06 飯田橋(P60)大 Y13 M有楽町線	Y10 東池袋・Y09 池袋	19・22	1	*
		Ⓐ	JR中央・総武各停で JR秋葉原(P54)大 JR山手線内回り	JR(池袋・目白)	24・26	1	
早稲田	12	E12	御大江戸線でE06 飯田橋(P60)大 T06 M東西線	T04 早稲田・T03 高田馬場	16・19	1	*
新宿	68	E12	御大江戸線でE13 森下(P86)大 S11 御新宿線	S02 新宿三丁目・S01 新宿	17・19	1	*
原宿 参道 表参道 渋谷	70・72・74	Ⓐ	JR中央・総武線各停で JR代々木(P15)大 JR山手線内回り	JR(原宿・渋谷)	21・24	1	
		E12	御大江戸線でE02 東新宿(P68)大 F12 M副都心線	F15 明治神宮前	27	1	*
			御大江戸線でE24 青山一丁目(P76)大 G04 M銀座線	G03 外苑前・G02 表参道・G01 渋谷	28・30・32	1	*
			御大江戸線でE14 清澄白河(P86)大 Z11 M半蔵門線	Z02 表参道・Z01 渋谷	24・26	1	*
			御大江戸線でE13 森下(P86)大 S11 御新宿線・京王新線乗入れ	京王線(初台・幡ヶ谷)	16・18	1	*
外苑前 六本木	70・76・78	Ⓐ	JR中央・総武線各停	JR(四ツ谷・信濃町・千駄ケ谷)	14・16・18	1	
		E12	御大江戸線	E23 六本木・E24 青山一丁目・E25 国立競技場	24・27・29	0	*
六本木 恵比寿 目黒	15・78・80	E12	御大江戸線でE06 飯田橋(P60)大 N04 M南北線	N05 六本木一丁目・N02 白金台・N01 目黒	21・28・31	1	*
			御大江戸線でE23 六本木(P78)大 H04 M日比谷線	H03 広尾・H02 恵比寿	27・30	1	*
浅草 東京スカイツリー	82	A16	御浅草線	A20 押上	6	0	*
		E12	御大江戸線でE14 清澄白河(P86)大 Z11 M半蔵門線	Z14 押上	10	1	*
			御大江戸線でE11 蔵前(P82)大 A17 御浅草線	A18 浅草	3	1	*
深川 地下鉄博物館	86・10	E12	御大江戸線	E13 森下・E14 清澄白河・E15 門前仲町	2・4・6	0	*
			御大江戸線でE15 門前仲町(P86)大 T12 M東西線	T13 木場・T17 葛西	7・16	1	*
お台場	90	E12	御大江戸線でE19 汐留(P48)大 ゆりかもめ	ゆりかもめ台場	28	1	*
夢の島公園	92	E12	御大江戸線でE16 月島(P16)大 Y21 M有楽町線	Y24 新木場	15	1	*

地名・名称 回向院（えこういん） 慰霊堂（いれいどう） 榊神社（さかきじんじゃ） 吉良邸跡（きらていあと） 馬喰横山駅（ばくろよこやま）

深　川

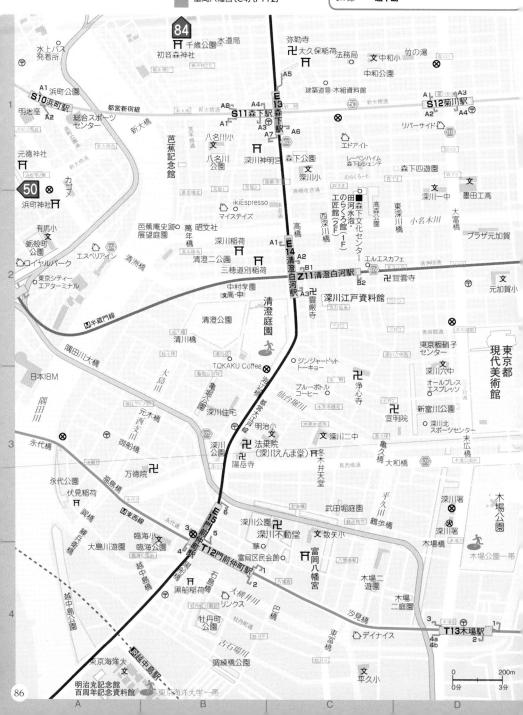

～深川～

江戸時代の初め、家康の命でこの地を開拓した深川八郎右衛門の姓が地名の由来とされている。3代将軍徳川家光の時代より富岡八幡宮の門前町として発達、明暦の大火以降は、木材・倉庫業、米・油問屋などの町として栄えており、神社仏閣の祭礼、開帳などの年中行事を中心に、江戸市民の遊興地としても賑わっていた。また花街もでき、辰巳芸者と呼ばれる意気と任侠を売りにした深川の芸者が現れ人気を博した。明治時代以降は水運と広い土地を利用して工業が発展していたが、関東大震災や戦災により多くの歴史的建造物が焼失している。しかし、門前仲町をはじめ、町の随所に伝統芸能（民俗芸能）、伝統工芸、食などの庶民文化の名残が見られ、江戸情緒・下町風情を感じさせてくれる場所となっている。

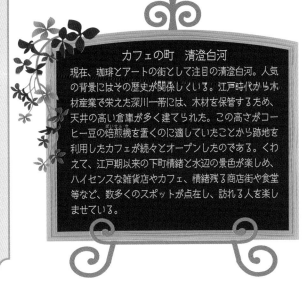

カフェの町　清澄白河

現在、珈琲とアートの街として注目の清澄白河。人気の背景にはその歴史が関係しくいる。江戸時代から木材産業で栄えた深川一帯には、木材を保管するため、天井の高い倉庫が多く建てられた。この高さがコーヒー豆の焙煎機を置くのに適していたことから跡地を利用したカフェが続々とオープンしたのである。くわえて、江戸期以来の下町情緒と水辺の景色が楽しめ、ハイセンスな雑貨店やカフェ、情緒残る商店街や食堂等など、数多くのスポットが点在し、訪れる人を楽しませている。

目的地のエリア	参照	乗り物案内			所要分（乗車時間）	乗換回数	券
		乗る駅	アクセス（大は乗換）	降りる駅			
東京駅大手町駅	36・46	T12	M東西線でT09 大手町(P36)大M18M丸ノ内線	M17 東京	6	1	＊
		S11	都新宿線でS07 小川町(P54)下車、徒歩3分のM19淡路町からM丸ノ内線	M17 東京	9	1	＊
		T12	M東西線	T09 大手町	5	0	＊
		Z11	M半蔵門線	Z08 大手町	7	0	＊
霞が関日比谷永田町国会議事堂	40・42	T12・Z11	M東西線・M半蔵門線でT09・Z08 大手町(P36)大大C11M千代田線・都三田線でI09都三田線	C09 日比谷・I08 日比谷	7・10	1	＊
			M東西線・M半蔵門線でT09・Z08 大手町(P36)大大M18M丸ノ内線	M15 霞ヶ関・M14 国会議事堂前・M13 赤坂見附	12～17	1	＊
			M東西線・M半蔵門線でT09・Z08 大手町(P36)大大C11M千代田線	C07 国会議事堂前・C06 赤坂	12～16	1	＊
		S11	都新宿線でS06 神保町(P52)大I10都三田線	I08 日比谷	13	1	＊
		E15・E14・E13	都大江戸線でE16 月島(P16)大Y21M有楽町線	Y17 桜田門・Y16 永田町	8～15	1	＊
		Z11	M半蔵門線	Z04 永田町	16	0	＊
東京タワー	44	T12・Z11	M東西線・M半蔵門線でT09・Z08 大手町(P36)大大I09都三田線	I06 御成門・I05 芝公園	10～14	1	＊
		S11	都新宿線でS06 神保町(P52)大I10 三田線	I08 日比谷	16・18	1	＊
		E15・E14・E13	M東西線でT11 茅場町(P50)大H13M日比谷線	H06 虎ノ門ヒルズ・H05 神谷町	15・16	1	＊
				E21 赤羽橋	13・16・18	1	＊
銀座築地	46・48	E15・E14・E13	都大江戸線でE16 月島(P16)大Y21M有楽町線	Y19 銀座一丁目・Y18 有楽町	5～11	1	＊
		T12	M東西線でT10 日本橋(P50)大A13都浅草線	A12 宝町・A10 新橋	5・9	1	＊
			M東西線でT10 日本橋(P50)大G11M銀座線	G09 銀座・G08 新橋	7・9	1	＊
		Z11	M半蔵門線でZ09 三越前(P50)大G12M銀座線	G09 銀座・G08 新橋	11・13	1	＊
新橋築地築地	16・46・48・50	T12	M東西線でT11 茅場町(P50)大H13M日比谷線	H11 築地（新富町下車、徒歩6分）	5	1	＊
			M東西線	JR浜町口	10・13・15	0	＊
		E15・E14・E13	都大江戸線	E16 月島・E18 築地市場・E19 汐留・E20 大門	1～15	0	＊
品川周辺	15・16・65	E15・E14・E13	都浅草線でE20 大門(P48)大A09都浅草線・京急本線乗入れ	京急線品川	17・20・22	1	＊
			都大江戸線でE20 大門(P48)大A09都浅草線	A08 三田・A07 泉岳寺・A06 高輪台	12～22	1	＊
日本橋	50	T12	M東西線でT11 茅場町(P50)大H13M日比谷線	H14 人形町	4	1	＊
			M東西線	T11 茅場町・T10 日本橋	2・4	0	＊
		E14	都大江戸線でE11 蔵前(P82)大A17都浅草線	A14 人形町・A13 日本橋	10・12	1	＊
		Z11	M半蔵門線	Z10 水天宮前・Z09 三越前	3・6	0	＊
			M半蔵門線でZ09 三越前(P50)大G12M銀座線	G10 京橋	9	1	＊

目的地のエリア	参照	乗る駅	アクセス（🚶🚶 は乗換）	降りる駅	所要分 （乗車時間）	乗換回数	券
北の丸公園	52	T12	Ⓜ東西線	T08 竹橋・T07 九段下	7・9	0	＊
		S11	🅢新宿線	S06 神保町・S05 九段下	8・10	0	＊
		Z11	Ⓜ半蔵門線	Z07 神保町・Z06 九段下	10・11	0	＊
お茶の水 秋葉原 上野三ノ輪	14・54・58	T12・Z11	Ⓜ東西線・Ⓜ半蔵門線で T09・Z08 大手町(P36)🚶🚶 M18Ⓜ丸ノ内線	M20 御茶ノ水	8・10	1	＊
		S11	🅢新宿線	S08 岩本町・S07 小川町	5・6	0	＊
		T12	Ⓜ東西線で T11 茅場町(P50)🚶🚶H13Ⓜ日比谷線	H16 秋葉原・H18 上野・H19 入谷・H20 三ノ輪・H21 南千住	7 〜 17	1	＊
		S11	🅢新宿線で S08 岩本町(P54)下車、徒歩 6 分の H16 秋葉原から Ⓜ日比谷線	H18 上野・H19 入谷・H20 三ノ輪・H21 南千住	7・10・12・14	1	＊
		E13・E14・E15	🅢大江戸線で E09 上野御徒町(P58)下車、徒歩 4 分の H17 仲御徒町から Ⓜ日比谷線		9 〜 20	1	＊
上野・駒込 千駄木	58・62	T12・Z11	Ⓜ東西線・Ⓜ半蔵門線で T09・Z08 大手町(P36)🚶🚶 C11Ⓜ千代田線	C13 湯島・C14 根津・C15 千駄木	9 〜 15	1	＊
		S11	🅢新宿線で S07 小川町(P54)下車、徒歩 4 分の C12 新御茶ノ水から Ⓜ千代田線		8・10・12	1	＊
		Z11	Ⓜ半蔵門線で Z09 三越前(P50)🚶🚶G12Ⓜ銀座線	G16 上野	12	1	＊
後楽園	13・60	T12・Z11	Ⓜ東西線・Ⓜ半蔵門線で T07・Z06 九段下(P52)🚶🚶 S05🅢新宿線	S04 市ヶ谷	10・12	1	＊
		S11	🅢新宿線	S04 市ヶ谷	12	0	＊
		E13・E14・E15	🅢大江戸線	E08 本郷三丁目・E07 春日	10 〜 16	0	＊
		T12・Z11	Ⓜ東西線・Ⓜ半蔵門線で T09・Z08 大手町(P36)🚶🚶 M18Ⓜ丸ノ内線	M22 後楽園（E07 春日から徒歩 6 分）	12・14	1	＊
駒込・千駄木	62・13	T12・E13	Ⓜ東西線で T06・E06 飯田橋(P60)🚶🚶 N10Ⓜ南北線	N13 本駒込・N14 駒込	17 〜 24	1	＊
		E13・E14・E15	🅢大江戸線で E07 春日(P60)🚶🚶 I12🅢三田線	I13 白山	14・15・18	1	＊
王子	13・64	T12・E13	Ⓜ東西線で T06・E06 飯田橋(P60)🚶🚶 N10Ⓜ南北線	N15 西ヶ原・N16 王子	22 〜 28	1	＊
池袋	12・66	T12・Z11	Ⓜ東西線・Ⓜ半蔵門線で T09・Z08 大手町(P36)🚶🚶 M18Ⓜ丸ノ内線	M25 池袋	20・22	1	＊
		E13・E14・E15	🅢大江戸線で E08 本郷三丁目(P60)🚶🚶 M21Ⓜ丸ノ内線		20・22・24	1	＊
		T12・E13	🅢大江戸線で T06・Z06 飯田橋(P60)🚶🚶 Y13Ⓜ有楽町線	Y10 東池袋・Y09 池袋	18 〜 25	1	＊
		T12	Ⓜ東西線で T03 高田馬場(P12)🚶🚶Ⓙ山手線外回り	Ⓙ池袋	24	1	
早稲田	12	T12	Ⓜ東西線	T04 早稲田・T03 高田馬場	16・19	0	＊
		S11・Z11	🅢新宿線・Ⓜ半蔵門線で S05・Z06 九段下(P52)🚶🚶 T07Ⓜ東西線		16 〜 20	1	＊
新宿	68	E15・E14・E13	🅢大江戸線	E01 新宿西口・E28 都庁前	25 〜 32	0	＊
		S11	🅢新宿線	S02 新宿三丁目・S01 新宿	16・18	0	＊
原宿・宿場 駒場初台	70・72・74	S11	🅢新宿線で S01 新宿(P68)🚶🚶Ⓙ山手線内回り	Ⓙ（原宿・渋谷）	20・22	1	
		T12・Z11	Ⓜ東西線・Ⓜ半蔵門線で T09・Z08 大手町(P36)🚶🚶 C11Ⓜ千代田線	C03 明治神宮前・C02 代々木公園・C01 代々木上原	20 〜 30	1	＊
		S11	🅢新宿線・京王新線乗入れ	京王新線（初台・幡ヶ谷）	23・25	1	
		Z11	Ⓜ半蔵門線で Z01 渋谷(P72)🚶🚶 京王井の頭線	京王線（神泉・駒場東大前）	24・25	1	
表参道 渋谷	70・72	Z11	Ⓜ半蔵門線	Z02 表参道・Z01 渋谷	21・23	0	＊
		T12	Ⓜ東西線で T07九段下(P52)🚶🚶Z06Ⓜ半蔵門線	Z02 表参道・Z01 渋谷	18・20	1	＊
外苑前 六本木	76・78	T12・Z11	Ⓜ東西線・Ⓜ半蔵門線で T09・Z08 大手町(P36)🚶🚶 M18Ⓜ丸ノ内線	M11 四谷三丁目	20・22	1	＊
		E13・E14・E15	🅢大江戸線	E23 六本木・E24 青山一丁目・E25 国立競技場	17 〜 27	0	＊
		T12	Ⓜ東西線で T10 日本橋(P50)🚶🚶 G11Ⓜ銀座線	G03 外苑前	18	1	＊
		Z11	Ⓜ半蔵門線で Z03 青山一丁目(P78)🚶🚶 G04Ⓜ銀座線		19	1	＊
		E13・E14・E15	🅢大江戸線で E24 青山一丁目(P76)🚶🚶 G04Ⓜ銀座線		21 〜 26	1	＊
六本木 恵比寿 目黒	15・78・80	E15・E14・E13	🅢大江戸線で E22 麻布十番(P78)🚶🚶 N04Ⓜ南北線	N05 六本木一丁目・N02 白金台・N01 目黒	16 〜 27	1	＊
		E15・E14・E13	🅢大江戸線で E23 六本木(P78)🚶🚶 H04Ⓜ日比谷線	H03 広尾・H02 恵比寿	20 〜 28	1	＊
浅草 東京スカイツリー	82	E15・E14・E13	🅢大江戸線で E11 蔵前(P82)🚶🚶 A17🅢浅草線	A18 浅草	5 〜 9	1	＊
		Z11	Ⓜ半蔵門線	Z14 押上	7	0	＊
両国	84	E15・E14・E13	🅢大江戸線	E12 両国	2・3・6	0	＊
向島	14	E15・E14・E13	🅢大江戸線で E11 蔵前(P82)🚶🚶 A17🅢浅草線で A18 浅草🚶🚶 東武スカイツリーライン	東武線東向島	14・15・18	2	＊
深川	86・10	T12	Ⓜ東西線	T13 木場・T17 葛西	1・11	0	＊
お台場	90	E15・E14・E13	🅢大江戸線で E16 月島(P16)🚶🚶 Y21Ⓜ有楽町線で Y24 新木場(P92)🚶🚶 りんかい線	りんかい線テレポート	14 〜 20	2	
		E13・E14・E15	🅢大江戸線で E19 汐留(P48)🚶🚶 ゆりかもめ	ゆりかもめ台場	21 〜 26	1	
夢の島公園 葛西臨海公園	92	E15・E14・E13	🅢大江戸線で E16 月島(P16)🚶🚶 Y21Ⓜ有楽町線	Y24 新木場	8 〜 13	1	＊
		E15・E14・E13	🅢大江戸線で E16 月島(P16)🚶🚶 Y21Ⓜ有楽町線で Y24 新木場(P92)🚶🚶Ⓙ京葉線	Ⓙ葛西臨海公園	11・15・17	2	＊
東京モノレール	10・16	E15・E14・E13	🅢大江戸線で E20 大門(P48)下車、徒歩 9 分のモノレール浜松町🚶🚶 東京モノレール	東京モノレール各	14 〜 34	1	

ユニークなのりもの案内

水上バス・東京湾クルーズ（東京都観光汽船）

隅田川めぐりを楽しみながら、名所・旧跡を紹介する船内アナウンスに耳を傾け、観光スポットを巡る東京クルーズ。浅草、東京スカイツリー、両国、浜離宮、レインボーブリッジ、お台場海浜公園、東京ビッグサイトと江戸の歴史を感じながら、今の東京を体験できる見どころいっぱいの水上ルートです。

※料金は大人一人分

（例）
隅田川ライン
　浅草発→ 35 分 1,040 円→浜離宮
　（入園料込）
　浅草発→ 40 分 860 円→日の出桟橋
お台場ライン
　日の出桟橋発⇔ 20 分 520 円⇔
　お台場海浜公園発
東京ビックサイトライン
　　日の出桟橋発→ 25 ～ 35 分
　460 円→東京ビックサイト
未来型水上バス「ヒミコ」
　浅草発→ 50 分 1,720 円→お台場
　海浜公園発→ 20 分 840 円→豊洲

東京水辺ライン

03-5608-8869（9：00 ～ 17：00）　（月曜定休）

浅草寺二天門前からレインボーブリッジをくぐり、お台場、葛西臨海公園なども遊覧できる。東京スカイツリー・東京ゲートブリッジ・羽田発着のジェット機などが楽しめる

運航コース
(1) 浅草・お台場クルーズ
(2) 浅草・葛西クルーズ
(3) 葛西・お台場周遊
(4) ナイトクルーズ
料金は発着所によるが 200 円～ 2,400 円。子供は半額

シンフォニークルーズ
（株式会社シーライン東京）

03-3798-8145
（修学旅行・校外学習プラン）10 時～ 18 時

お台場やレインボーブリッジをバックに本格的なフランス料理で船旅を楽しみながら想い出を心に残すことができる『学生専用特別クルーズプラン』が人気。

★料金など（例）
サンセットクルーズ（月～金）
　運行時間 16 時 20 分～ 18 時 20 分　着席コース料理 5,500 円
ディナークルーズ（日～木）
　運行時間 19 時～ 21 時 30 分　着席コース料理 8,300 円
　希望すればテーブルエチケットや船に関する話を受けることができる。

東急トランセ
（代官山循環線）

03-6412-0190（お客様センター）

渋谷～代官山～渋谷を循環するおしゃれなミニバス。車体はワインレッドと紺のツートンカラー、 きめ細かなサービスと評判。料金は大人 160 円。

所要は 25 分前後。渋谷駅（モヤイ像、セルリアンタワー）～南平台町（アラブ首長国連邦大使館、聖ヶ丘教会）～鉢山町交番～伊太利屋本社（マレーシア大使館）　～ 西郷橋（西郷山公園）～ 都立第一商業高校（東京バプテスト教会）～ 代官山Tサイト（エジプト・アラブ共和国大使館、デンマーク大使館）～ ヒルサイドテラス～代官山駅入口（代官山アドレス）～ 代官山町（猿楽小学校）～猿楽町（鶯谷さくら幼稚園）～ 乗泉寺（鉢山中学校、渋谷桜丘郵便局）～ 渋谷インフォスタワー（セルリアンタワー東急ホテル）～渋谷駅

お台場（青海・有明）

エリア MAP 内の路線・駅名称

りんかい線	Ⓑ- 東京テレポート　国際展示場
ゆりかもめ	Ⓐ- お台場海浜公園　台場
	東京国際クルーズターミナル
	テレコムセンター　青海　東京ビッグサイト
	有明　有明テニスの森

～お台場～

嘉永6年（1853）に浦賀に来航した黒船に驚いた幕府が、江戸防衛のため築いた砲台場が由来とされる。その時建設されたのは第1、第2、第3、第4、第5、第6台場があり、台場公園はその1つである。現在、我々が呼んでいるお台場とは東京都港区台場、品川区東八潮、江東区青海から成るエリアをいい、高度経済成長期の人口や産業の東京への集中を避けるために昭和61年（1986）に定めた第二次

東京都長期計画において東京臨海副都心として発展させる事が決まり開発が進められた。バブル崩壊における計画変更により開発が遅れたが、現在はフジテレビを中心とする多くのアミューズメント・商業施設が建設され、観光スポットとなっている。また、2020年東京オリンピック開催により、周辺には多くの競技会場が建設され、大会が終わった現在ではスポーツゾーンとして再整備が行われている。

乗り物案内

目的地のエリア	参照	乗る駅	アクセス（🚶🏃 は乗換）	降りる駅	所要分（乗車時間）	乗換回数	券
東　京	36	Ⓐ	ゆりかもめで新橋(P48)🚶🏃JR山手線内回り	JR東京	17	1	
		Ⓑ	りんかい線で新木場(P92)🚶🏃JR京葉線		16	1	
永田町国会議事堂	40・42	Ⓐ	ゆりかもめで新橋(P48)🚶🏃G08Ⓜ銀座線	G06 溜池山王・G05 赤坂見附	16-18	1	
東京タワー	44	Ⓐ	ゆりかもめで汐留(P48)🚶🏃E19🏙大江戸線	E21 赤羽橋	16	1	
天王洲	10	Ⓑ	りんかい線	りんかい線天王洲アイル	4	0	

地名・名称

お台場海浜公園駅　青海ふ頭公園　有明西埠頭公園　東雲駅　青海駅　青海

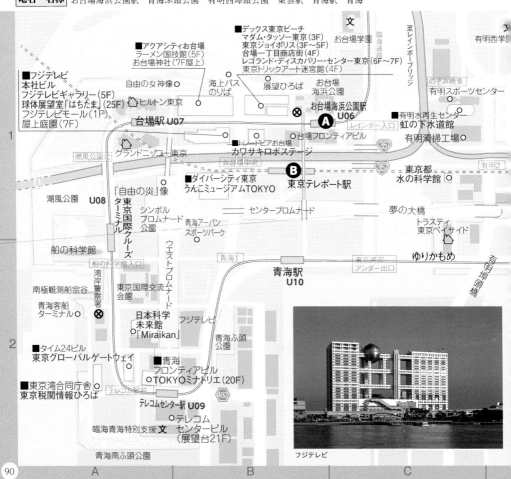

フジテレビ

■デックス東京ビーチ
マダム・タッソー東京(3F)
東京ジョイポリス(3F～5F)
台場一丁目商店街(4F)
レゴランド・ディスカバリー・センター東京(6F～7F)
東京トリックアート迷宮館(4F)

■アクアシティお台場
ラーメン国技館(5F)
お台場神社(7F屋上)

■フジテレビ
本社ビル
フジテレビギャラリー(5F)
球体展望室「はちたま」(25F)
フジテレビモール(1F)、
屋上庭園(7F)

自由の女神像

ヒルトン東京

海上バスのりば

展望ひろば

お台場海浜公園

お台場海浜公園駅 U06

Ⓐ

レインボー入口

台場駅 U07

台場フロンティアビル

トレードピアお台場

カワサキロボステージ

グランドニッコー東京

お台場中央

「自由の炎」像

東京国際クルーズターミナル

潮風公園 U08

シンボルプロムナード公園

■ダイバーシティ東京
うんこミュージアムTOKYO

東京テレポート駅

Ⓑ

センタープロムナード

青海アーバンスポーツパーク

船の科学館

ウェストプロムナード

青海1

夢の大橋

トラスティ東京ベイサイド

ゆりかもめ

青海駅 U10

船の科学館入口

東京湾岸アンダー出口

南極観測船宗谷

湾岸警察署

青海客船ターミナル

日本科学未来館「Miraikan」

フジテレビ

青海ふ頭公園

■タイム24ビル
東京グローバルゲートウェイ

■青海フロンティアビル
〇TOKYOミナトリエ(20F)

テレコム駅前

■東京湾合同庁舎
東京税関情報ひろば

テレコムセンター駅 U09

テレコムセンタービル(展望台21F)

臨海青海特別支援文

青海南ふ頭公園

有明西埠
有明スポーツセンター
■有明水再生センター
虹の下水道館
有明清掃工場
有明2
東京都水の科学館
文お台場学園
至レインボーブリッジ
のぞみ橋東

90 | A | B | C

目的地のエリア	参照	乗る駅	アクセス　（🚶は乗換）	降りる駅	所要分(乗車時間)	乗換回数
銀座・築地	16・46	Ⓑ	りんかい線で新木場(p92)🚶Ⓜ有楽町線	Y21 月島・Y19 銀座一丁目・Y18 有楽町	14・18・19	1
新橋・築地	48	Ⓐ	ゆりかもめ	ゆりかもめ汐留・新橋	12・13	0
品川周辺	65	Ⓑ	りんかい線で大井町(p10)🚶JR京浜東北線	JR品川	11	1
日本橋	50	Ⓐ	ゆりかもめで新橋(p48)🚶G08Ⓜ銀座線	G11 日本橋・G12 三越前	18・20	1
秋葉原	54	Ⓐ	ゆりかもめで新橋(p48)🚶JR山手線内回り	JR秋葉原	21	1
上野	58	Ⓐ	ゆりかもめで新橋(p48)🚶G08Ⓜ銀座線	G16 上野	25	1
後楽園	60	Ⓐ	ゆりかもめで汐留(p48)🚶E19㊙大江戸線	E08 本郷三丁目・E07 春日	35・37	1
池袋	66	Ⓑ	りんかい線相直　快速(りんかい線・埼京線)	JR池袋	30	0
新宿	68	Ⓑ	りんかい線相直　快速(りんかい線・埼京線)	JR新宿	25	0
原宿	70	Ⓑ	JR恵比寿(p80)🚶JR山手線外回り	JR原宿	22	1
渋谷	70	Ⓑ	りんかい線相直　快速(りんかい線・埼京線)	JR渋谷	19	0
外苑前・六本木	76・78	Ⓐ	ゆりかもめで汐留(p48)🚶E19㊙大江戸線	E23 六本木・E24 青山一丁目・E25 国立競技場	20・23・25	1
恵比寿	80	Ⓑ	りんかい線相直　快速(りんかい線・埼京線)	JR恵比寿	17	0
東京スカイツリー	82	Ⓐ	ゆりかもめで新橋(p48)🚶A10㊙浅草線	A20 押上	30	1
両国	84	Ⓐ	ゆりかもめで汐留(p48)🚶E19㊙大江戸線	E12 両国	27	1
深川	86	Ⓐ	ゆりかもめで汐留(p48)🚶E19㊙大江戸線	E15 門前仲町・E14 清澄白河・E13 森下	20・23・25	1
豊洲	17	Ⓐ	ゆりかもめ	ゆりかもめ豊洲	18	1
夢の島公園	92	Ⓑ	りんかい線	りんかい線新木場	7	0
葛西臨海公園	92	Ⓑ	りんかい線新木場(p92)🚶JR京葉線・武蔵野線	JR葛西臨海公園	10	1
TDS	94	Ⓑ	りんかい線新木場(p92)🚶JR京葉線・武蔵野線	JR舞浜	13	1

参考（詳細は地下鉄系統別沿線ガイド㉘・㉙参照）

りんかい線駅間所要分

東京テレポート駅「お台場海浜公園駅」Ⓑ ― 2 ― ゆりかもめ／国際展示場 ― 2 ― ゆりかもめ／有明

ゆりかもめ駅間所要分

お台場海浜公園駅「東京テレポート駅」Ⓐ ― 2 ― 台場 ― 1 ― 東京国際クルーズターミナル ― 2 ― テレコムセンター ― 1 ― 青海 ― 2 ― 東京ビッグサイト ― 2 ― りんかい線／国際展示場 ― 2 ― 有明 ― 1 ― 有明テニスの森

主な見学地

アクアシティお台場

■デックス東京ビーチ
　東京ジョイポリス (B1) [P111]
　台場一丁目商店街 (B1) [P110]
　レゴランド・ディスカバリー・センター東京 (B1) [P115]
　マダム・タッソー東京 (B1) [P114]

■フジテレビ本社ビル (B1) [P113]
　フジテレビギャラリー
　球体展望室「はちたま」

東京グローバルゲートウェイ (A2) [P111]
スモールワールズ (E1) [P109]
カワサキロボステージ (B1) [P106]
■ダイバーシティ東京プラザ (B1) [P110]
　うんこミュージアム TOKYO (B1) [P106]
パナソニックセンター東京 (D1) [P113]
日本科学未来館「Miraikan」 (A2) [P113]
東京税関情報ひろば (A2) [P111]
TOKYOミナトリエ (B3) [P112]
虹の下水道館 (C1) [P113]
東京都水の科学館 (C1) [P112]
そなエリア東京 (E1) [P109]

夢の島公園
葛西臨海公園

エリア MAP 内の路線・駅名称

有楽町線　Ｙ24 新木場
JR 線　　Ⓐ- 新木場　Ⓒ- 葛西臨海公園
りんかい線　新木場

~夢の島~　昭和14年（1939）に東京市飛行場建設のため埋め立てを開始したが、日中戦争勃発で物資が不足し2年で中止。昭和22年（1947）にはハワイのような夢のあるリゾートを目指す「夢の島海水浴場」がオープンした。残念ながら財政難で廃業となったが、これが現在の地名として残っている。昭和32年（1957）にゴミの処分場として用途が決まったが、東京都の大半のゴミが集まることに反発した江東区民と、自区内で清掃工場を建設する事を反対していた杉並区民との間で「ゴミ戦争」（昭和46年）が起こり、名前は全国的に有名となった。昭和53年（1978）埋められたゴミ1033万tにのぼる跡地は都立の公園として生まれ変わっている。

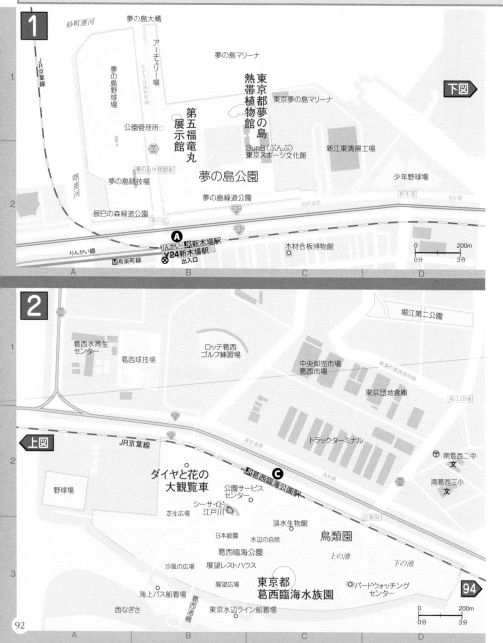

目的地のエリア	参照	乗る駅	アクセス （🚶は乗換）	降りる駅	所要分（乗車時間）	乗換回数	券
東京駅大手町駅	36	Ⓐ	JR京葉線	JR東京	10	0	
		Ⓒ	JR京葉線	JR東京	13	0	
		Y24	M有楽町線で Y18 有楽町(P46)下車、徒歩 5 分の I08・C09 日比谷から 都三田線又は M千代田線	I09・C11 大手町	13〜14	1	＊
霞が関永田町国会議事堂	40 42	Y24	M有楽町線で Y18 有楽町(P46)下車、徒歩 5 分	日比谷	12	1	＊
			M有楽町線	Y17 桜田門・Y16 永田町	14・16	0	＊
			M有楽町線で Y18 有楽町(P46)下車、徒歩 5 分の C09 日比谷から M千代田線	C08 霞ヶ関・C07 国会議事堂前・C06 赤坂	14・16・18	1	＊
東京タワー	44・16	Y24	M有楽町線で Y18 有楽町(P46)下車、徒歩 5 分の I08 日比谷から 都三田線	I06 御成門・I05 芝公園・I04 三田	15・17・19	1	＊
			M有楽町線で Y21 月島(P16)🚶E16 都大江戸線	E21 赤羽橋	18	1	＊
銀座築地	16・46	Y24	M有楽町線	Y21 月島・Y19 銀座一丁目・Y18 有楽町	7・11・12	0	＊
			M有楽町線で Y18 有楽町(P46)下車、徒歩 6 分の H08 日比谷から M日比谷線	H09 銀座・H11 築地	13・17	1	＊
新橋築地	46・48	Y24	M有楽町線で Y18 有楽町(P46)🚶JR山手線外回り	JR（新橋・浜松町）	14・16	1	＊
			M有楽町線で Y21 月島(P16)🚶E16 都大江戸線	E18 築地市場・E19 汐留・E20 大門	11・13・15	1	＊
品川周辺	15・16・65	Y24	M有楽町線で Y21 月島(P16)🚶E16 都大江戸線で E20 大門(P48)🚶A09 都浅草線	A07 泉岳寺・A06 高輪台	19・22	2	＊
			M有楽町線で Y18 有楽町(P40)🚶JR山手線外回り	JR品川	21	1	
日本橋	50	Y24	M有楽町線で Y21 月島(P16)🚶E16 都大江戸線で E14 清澄白河(P86)🚶Z11 M半蔵門線	Z10 水天宮前・Z09 三越前	14・17	2	＊
			M有楽町線で Y20 新富町(P46)下車、徒歩 6 分の H11 築地から M日比谷線	H13 茅場町	12	1	＊
		Ⓐ	JR京葉線で JR八丁堀(P50)🚶H12 M日比谷線	H13 茅場町・H14 人形町	9・12	1	＊
北の丸公園日本橋	50 52	Y24	M有楽町線で Y21 月島(P16)🚶E16 都大江戸線で E15 門前仲町(P86)🚶T12 M東西線	T08 竹橋・T07 九段下	15・17	2	＊
			M有楽町線で Y16 永田町(P42)🚶Z04 M半蔵門線	Z06 九段下	20	1	＊
お茶の水秋葉原	54	Y24	M有楽町線で Y18 有楽町(P46)下車、徒歩 5 分の C09 日比谷から M千代田線	C12 新御茶ノ水	17	1	＊
			M有楽町線で Y20 新富町(P46)下車、徒歩 6 分の H11 築地から M日比谷線	H16 秋葉原	18	1	＊
			M有楽町線で Y18 有楽町(P40)🚶JR山手線内回り	JR秋葉原	17	1	
上野駒込千駄木	58 62	Y24	M有楽町線で Y18 有楽町(P46)下車、徒歩 5 分の C09 日比谷から M千代田線	C13 湯島・C14 根津・C15 千駄木	19・21・23	1	＊
上野三ノ輪	58 14	Ⓐ	JR京葉線で JR八丁堀(P50)🚶H12 M日比谷線	H18 上野・H19 入谷・H20 三ノ輪・H21 南千住	18・21・23・25	1	＊
		Y24	M有楽町線で Y20 新富町(P46)下車、徒歩 6 分の H11 築地から M日比谷線		21・24・26・28	1	＊
後楽園駒込千駄木	13・60・62	Y24	M有楽町線	Y14 市ヶ谷・Y13 飯田橋	20・22	0	＊
			M有楽町線で Y21 月島(P16)🚶E16 都大江戸線	E08 本郷三丁目・E07 春日	23・25	1	＊
			M有楽町線で Y14 市ヶ谷(P13)🚶N09 M南北線	N11 後楽園・N13 本駒込・N14 駒込	24・28・31	1	＊
			M有楽町線で Y18 日比谷から 都三田線	I13 白山	22	1	＊
池袋	66	Y24	M有楽町線	Y10 東池袋・Y09 池袋	29・32	0	＊
早稲田	12	Y24	M有楽町線で Y13 飯田橋(P60)🚶T06 M東西線	T05 早稲田・T03 高田馬場	26・29	1	＊
新宿	68	Y24	M有楽町線で Y21 月島(P16)🚶E16 都大江戸線	E28 都庁前	34	1	＊
			M有楽町線で Y14 市ヶ谷(P13)🚶S04 都新宿線	S02 新宿三丁目・S01 新宿	24・25	1	＊
原宿・渋谷駒場・初台表参道	70・72・74・76	Ⓐ	JRりんかい線相互　快速（りんかい線・埼京線）	JR渋谷	26	0	
		Y24	M有楽町線で Y18 有楽町(P46)下車、徒歩 5 分の C09 日比谷から M千代田線	C03 明治神宮前・C02 代々木公園・C01 代々木上原	22・24・28	1	＊
			M有楽町線で Y16 永田町(P42)🚶Z04 M半蔵門線	Z03 青山一丁目・Z02 表参道・Z01 渋谷	18・21・23	1	＊
			M有楽町線で Y14 市ヶ谷(P13)🚶S04 都新宿線・京王新線乗入れ	京王新線初台・幡ヶ谷	30・32	1	
外苑前六本木	76・78	Y24	M有楽町線で Y21 月島(P16)🚶E16 都大江戸線	E23 六本木・E24 青山一丁目・E25 国立競技場	22・25・27	1	＊
			M有楽町線で Y16 永田町(P42)下車、徒歩 5 分の G05 赤坂見附から M銀座線	G03 外苑前	19	1	＊
六本木恵比寿目黒	15・78・80	Y24	M有楽町線で Y16 永田町(P42)🚶N07 M南北線	N05 六本木一丁目・N02 白金台・N01 目黒	19・27・29	1	＊
			M有楽町線で Y18 有楽町(P46)下車、徒歩 5 分の H08 日比谷から M日比谷線	H03 広尾・H02 恵比寿	24・27	1	＊
両国・深川	84・86	Y24	M有楽町線で Y21 月島(P16)🚶E16 都大江戸線	E15 門前仲町・E14 清澄白河・E13 森下・E12 両国	8・11・13・15	1	＊
深川	86・10	Y24	M有楽町線で Y21 月島(P16)🚶E16 都大江戸線で E15 門前仲町(P86)🚶T12 M東西線	T13 木場・T17 葛西	9・19	2	＊
お台場	90	Y24	M有楽町線で Y22 豊洲(P17)🚶ゆりかもめ	ゆりかもめ台場	20	1	

地名・名称	第五福竜丸展示館　新木場駅　中央卸売市場葛西　葛西臨海水族園

東京ディズニーリゾート®

東京ディズニーランドホテル
駐車場ゲート
東京ディズニーランド・ステーション
ボン・ヴォヤージュ
JR舞浜駅
リゾートゲートウェイ・ステーション
イクスピアリ
JR京葉線

メインエントランス
モンスターズ・インク"ライド&ゴーシーグ"
カリブの海賊
アドベンチャーランド
ワールドバザール
スター・ツアーズ
ザ・アドベンチャーズ・コンティニュー
ジャングルクルーズ
トゥモローランド
ビッグサンダー・マウンテン
ウエスタンランド
ディズニーアンバサダーホテル
スペース・マウンテン
シンデレラ城（シンデレラのフェアリーテイル・ホール）
ミッキーのフィルハーマジック
蒸気船マークトウェイン号
舞浜アンフィシアター
美女と野獣"魔法のものがたり"
ファンタジーランド
東京ベイ舞浜ホテルファーストリゾート
ホーンテッドマンション
クリッターカントリー
東京ベイ舞浜ホテル
イッツ・ア・スモールワールド
スプラッシュ・マウンテン
ロジャーラビットのカートゥーンスピン
トゥーンタウン
グランドニッコー東京ベイ
ジャスミンのフライングカーペット
ヒルトン東京ベイ
ベイサイド・ステーション
レイジングスピリッツ
アラビアンコースト
ソアリンファンタスティックフライト
ロストリバーデルタ
ミステリアスアイランド
東京ディズニーシー・ホテルミラコスタ
ホテルオークラ東京ベイ
インディ・ジョーンズ®アドベンチャー
マーメイドラグーン
海底2万マイル
メディテレーニアンハーバー
東京ディズニーシー・ステーション
東京ディズニーリゾート・トイ・ストーリー・ホテル
シェラトン・グランデ・トーキョーベイ・ホテル
ディズニーシー・エレクトリックレールウェイ
プロメテウス火山
センター・オブ・ジ・アース
ディズニーシー・エレクトリックレールウェイ
ケープコッド・クックオフ
トイ・ストーリー・マニア！
駐車場ゲート
ポートディスカバリー
アメリカンウォーターフロント
タワーオブテラー
ディズニーリゾートライン
タートル・トーク
東京ディズニーシー

ディズニーリゾートライン

東京ディズニーランド
東京ディズニーシー

0   200m
0分   3分

東京ディズニーリゾート
問い合せ：0570-00-8632（10時〜15時）　千葉県浦安市舞浜
東京駅からJR武蔵野線・JR京葉線約15分で舞浜駅。
新宿駅（新南口）から直行バスで約50分。
営業時間は季節により変動。

東京ディズニーランド®
冒険や童話、未来などを題材とした7つのテーマランドから構成されている。あらゆる世代の人々が楽しめるテーマパーク。

東京ディズニーシー®
海にまつわる物語や伝説を題材にした、冒険とロマンス、発見と楽しさにあふれる新しいディズニーの世界。

東京ディズニーリゾートの今後の開発について
8つ目のテーマポート新設（東京ディズニーシー）などが予定されています。本誌の情報は2022年8月現在となります。

美女と野獣"魔法のものがたり"

©Disney

ユニプラン編集者のおすすめアトラクション

赤字：東京ディズニーランド
青字：東京ディズニーシー

ビッグサンダー・マウンテン

屋外を走るジェットコースタータイプのアトラクション。廃坑となった鉱山で、ごつごつとした岩肌をそばに見ながら猛スピードで鉱山列車が駆け抜ける。

スプラッシュ・マウンテン

ブレア・ラビットというウサギのキャラクターと旅をするコースタータイプのアトラクション。丸太型のコースターに乗り、道中のさまざまな仕掛けや滝つぼへの急降下を楽しめる。

スペース・マウンテン

暗闇を走るジェットコースタータイプのアトラクション。宇宙飛行士として小型ロケットに搭乗し宇宙飛行に出発、宇宙空間を急上昇・急降下・急旋回しながら駆け抜ける。

美女と野獣"魔法のものがたり"

2021年9月にオープンした新エリアのアトラクション。カップ型のライドに乗り込み、映画の様々なシーンが再現された世界を巡る。精巧に仕上げられたセットと音楽が楽しめる。

ホーンデッドマンション

999人の幽霊が住み着く洋館の中を探検するアトラクション。さまざまな幽霊たちがあなたを1000人目に迎え入れようと登場、お化け屋敷の雰囲気を堪能できる仕掛けが沢山ある。

シンデレラのフェアリーテイル・ホール

シンデレラの物語を見ながら進むウォークスルー型の体験施設。美しい装飾が施された室内には玉座やガラスの靴なども展示されており、記念撮影もできる。

タワー・オブ・テラー

フリーフォールタイプのアトラクション。謎の失踪事件が原因で1899年に閉鎖されたホテルを舞台に開催された見学ツアーに参加したあなた。それが恐怖の始まりであった・・・

インディ・ジョーンズ®・アドベンチャー：クリスタルスカルの魔宮

遺跡の中をオフロードカーに乗って、疾走感を体験するアトラクション。神殿を探検するツアーに参加したあなたに次々と呪いや罠、超常現象が襲いかかる。

レイジングスピリッツ

ローラーコースターで古代遺跡の発掘現場を猛スピードで駆けめぐるアトラクション。カーブが多く、急上昇、急降下を繰り返した終盤はリゾート初の360度回転が待っている。

センター・オブ・ジ・アース

「地底世界」を巡る絶叫アトラクション。序盤はゆったり地底探検をしながら進むライド、そこへ突然火山性の震動が発生！猛スピードで走り出すライドで脱出をはかる。

©Disney/Pixar

トイ・ストーリー・マニア！

おもちゃの世界に入り込み、3Dメガネをかけてシューティングゲームを楽しむアトラクション。周りの本やトランプなどの小物がとても巨大に見え面白い。

海底2万マイル

小型潜水艇に乗って海底に沈んだとされるアトランティス大陸を探索するアトラクション。装備されたサーチライトで照らされた海底のミステリアスで神秘的な景色が楽しめる。

覆土作業

埋立作業

調整池

東京大空襲・戦災資料センター 〔戦争と平和〕
地図 P17C1
☎ 5857-5631
【住所】江東区北砂1丁目5-4
【アクセス】半蔵門線住吉駅から徒歩18分
【時間】10時半〜16時
【休み】月曜（祝日の場合翌日）、年始年末
【料金】一般300・中小200円・小学生以下無料
1945年（昭和20年）3月10日の未明、約300機のアメリカ軍爆撃機B29による東京下町地区を目標にした無差別爆撃で、推定10万人もの尊い命が失われた「東京大空襲」で実際に投下された焼夷弾や空襲の被災品、空襲を描いた絵画や戦災地図、日本空襲の写真など様々な資料を展示している。映像資料を観たり、団体参観で要望があれば、体験者の話を聞くことができる。

中央防波堤埋立処分場 〔環境・エネルギー〕
地図 P10B3
☎ 3570-2230
【住所】江東区青海三丁目地先
【アクセス】りんかい線 東京テレポート駅 B出口 都営バス（中央防波堤行き）「環境局中防合同庁舎」下車すぐ
【時間】9時〜12時・13時〜16時半 所要時間90分（応相談）
【休み】土日祝・年末年始（1・2・5・7・8月のみ土曜対応可）
【料金】無料
※電話連絡の上、申込書を送付
東京都のごみの最終処分場。大都市におけるごみ処理問題を考えるのに適した施設。パンフレット・DVDあり。車両手配ができれば処分場内の見学も可能。

足立区生物園 P11E3
☎ 3884-5577
【住所】足立区保木間2-17-1
【アクセス】地下鉄日比谷線北千住駅から東武伊勢崎線11分で竹ノ塚駅、竹ノ塚駅東口から東武バス3分で「保木間仲通り」停下車、又は竹ノ塚駅から徒歩20分
【時間】9時半〜17時（11月〜1月は〜16時半）入園は30分前まで
【休み】月曜（祝日の場合翌日）
【料金】高校生以上300・中小150円
一年中蝶の舞う温室や放鳥園、小動物とのふれあいコーナーなど。例年6月上旬に、蛍の乱舞を鑑賞できる（有料）。

長谷川町子美術館・記念館 P10B1
☎ 3701-8766
【住所】世田谷区桜新町1-30-6
【アクセス】渋谷から東急田園都市線9分で桜新町駅、徒歩7分
【時間】10時〜17時半
【休み】月曜（祝日の場合翌日）・展示替期間、年末年始
【料金】一般900・大高500・中小400円
「サザエさん」作者姉妹のコレクションの絵画や原画を多数収蔵し、磯野家の大型模型などファン必見の品々が展示されている。

向島百花園 P14B3
☎ 3611-8705
【住所】墨田区東向島3-18-3
【アクセス】浅草から東武スカイツリーライン準急8分で東向島駅下車、徒歩8分
【時間】9時〜17時
【休み】年末年始
【料金】中学生以上150円・65歳以上70円
「百花園」とは一説では「四季百花の乱れ咲く園」という意味。早春の梅、夏の山野草、秋の萩など、四季それぞれの花の野趣に満ちている。
小以下と都内在学在住の中学生以下無料

©松竹 提供

柴又帝釈天（題経寺） P11D4
☎ 3657-2886
【住所】葛飾区柴又7-10-3
【アクセス】浅草線・半蔵門線押上駅から京成押上線（11分）で京成高砂駅乗換え京成金町線2分で柴又駅、徒歩3分
【受付時間】9時〜18時
本尊は、日蓮上人自刻の帝釈天の板仏。庚申の民間信仰が盛ん、江戸庶民のはじき猿を売る。彫刻ギャラリーや大庭園の「邃渓園」は、大人400・中小200円。

葛飾柴又寅さん記念館 P11D4
☎ 3657-3455
【住所】葛飾区柴又6-22-19
【アクセス】浅草線・半蔵門線押上駅から京成押上線（11分）で京成高砂駅乗換え京成金町線2分で柴又駅、徒歩8分。前記押上駅から京成押上線、北総線14分で新柴又駅、徒歩12分
【時間】9時〜17時
【休み】第3火曜（祝日の場合翌日）及び12月第3火・水・木曜
【料金】一般500・中小300・65歳以上400円
「男はつらいよ」の撮影セットの再現や映像コーナーがあり、寅さんの思い出と共に楽しめる。

品川区立品川歴史館　P10B2
☎ 3777-4060
【住所】品川区大井 6-11-1
【アクセス】品川・東京からJR京浜東北線（6分・15分）で大森駅、山王北口から徒歩10分。
【時間】9時～17時
【休み】月曜・祝日（月曜が祝日の場合翌日も休館）、年末年始、臨時あり
【料金】高校生以上100・中小50円・70才以上無料
　東海道のような流れ、茶室「松滴庵」があり、四季の草花が楽しめ、水琴窟の音色がよい。庭園内には竪穴式住居も復元されている。
※令和6年春まで休館中

牧野記念庭園　P11D1
☎ 6904-6403
【住所】練馬区東大泉6-34-4
【アクセス】池袋駅から西武池袋線大泉学園駅下車、徒歩5分
【時間】9時～17時
【休み】火曜（祝日の場合翌日）
【料金】無料
　『原色牧野植物大図鑑』の著者として有名な日本の植物学の父といわれる世界的植物学者である牧野富太郎(1862～1957)が、大正15年(1926)より昭和32年に亡くなるまで生活し、植物の研究に没頭した植物園。園内の「記念館本館」陳列室では珍しい植物の押し花、多数の標本、植物関係の書物、博士の遺品などを展示。令和5年(2023)にはNHK連続テレビ小説『らんまん』の主人公に牧野富太郎が選ばれた。

羽田クロノゲート　P10B3　交通・物流
☎ 6756-7180（団体予約）
【住所】大田区羽田旭町11-1
【アクセス】東京モノレール天空橋駅下車、徒歩10分。京浜急行空港線穴守稲荷駅下車、徒歩5分
【時間】見学コースは時間帯の予約が必要。火曜が14時～の1回、水曜が10時～と14時の2回、木曜が10時～と14時～の2回、金曜が10時～の1回、土曜と日曜と祝日が10時～と14時～の2回で利用が可能。
【所要時間】90分
【休み】月曜（祝日の場合開館）、お盆、年末年始
【料金】無料
　「クロネコヤマトの宅急便」でお馴染みのヤマトグループの総合物流ターミナル。見学コースでは宅急便をはじめとした物流の仕組みを実際の設備や展示、アトラクションを通して体感できる。

山王草堂記念館　P10B2
☎ 3778-1039
【住所】大田区山王1-41-21
【アクセス】品川・東京からJR京浜東北線（6分・15分）で大森駅、徒歩15分
【時間】9時～16時半
【休み】臨時休館あり、年末年始
【料金】無料
　日本最初の総合雑誌を発刊したジャーナリスト徳富蘇峰が住んでいた。有名な「近世日本国民史」が執筆された場所である。

東京海洋大学マリンサイエンスミュージアム　P65D2
☎ 5463-0430
【住所】港区港南 4-5-7
【アクセス】JR品川駅東口（港南口）より徒歩15分。モノレール天王洲アイル駅より徒歩10分
【時間】10時～16時（メールまたは電話にて事前予約が必要）
【休み】土日祝、入試期間、点検日、その他
【料金】無料
　全長17mのセミクジラの骨格標本をはじめウミガメアナ、ガラパゴスアシカの標本など珍しい展示品が多く並べられている。

昭和のくらし博物館　P10A2
☎ 3750-1808
【住所】大田区南久ヶ原 2-26-19
【アクセス】東京からJR京浜東北線（19分）で蒲田駅乗換え東急多摩川線5分で下丸子駅、徒歩8分。
【時間】10時～17時
【休み】月～木曜、9月上旬、年末年始
【料金】大人500円、高校生以下300円
　昭和26年建築で実際に人が暮らしていた木造二階建て。ちゃぶ台、火鉢、氷の冷蔵庫など昭和初期の日常品を季節に相応しく展示している。

白洋舎多摩川工場　P10A2　企業
☎ 3759-1336（洗濯科学研究所）
【住所】大田区下丸子 2-11-1
【アクセス】東京からJR京浜東北線（19分）で蒲田駅乗換え東急多摩川線5分で下丸子駅、徒歩7分
【見学時間】14時～15時半　【所要時間】90分
【休み】土日祝、3～10月
【料金】無料　※要電話予約
　クリーニングの工程を研究員の説明つきで見学。人数は10～30名までのグループ見学。個人と同業他社の見学不可。
※新型コロナのため、工場見学停止中

三鷹の森ジブリ美術館
☎ 0570-05-5777（ご案内）
【住所】三鷹市下連雀 1-1-83
【アクセス】新宿・東京からJR中央線快速（20分・28分）で三鷹、南口から小田急コミュニティバス5分で（10分間隔運行）三鷹の森ジブリ美術館下車
【時間】10時～18時
【休み】火曜（開館日もあり）、展示替期、メンテナンス期、年末年始
【料金】一般1,000・高中700・小400・幼児（4歳以上）100円
　宮崎駿率いるスタジオジブリの世界を体感できる美術館。
※日時指定の予約制なので注意。全国のローソンで販売。

東京港野鳥公園　P10A3
☎ 3799-5031（東京港野鳥公園管理係）
【住所】大田区東海 3-1
【アクセス】東京からJR京浜東北線15分で大森駅下車、東口から京急バス16分で「野鳥公園」、徒歩5分。東京モノレール流通センター駅下車、徒歩15分
【時間】9時～17時（11～1月は～16時半）入園は30分前まで
【休み】月曜（祝日・都民の日の場合翌日）、年末年始
【料金】大人300・中、65歳以上150円・小以下無料
　園内は干潟や林、淡水池など様々な環境が復元されており、年間120種前後、開園以来227種以上の野鳥が観察できる。
都内在住在学の中学生以下は無料

JAL工場見学～スカイミュージアム～　交通・物流
P10A3
☎ 5460-3755
【住所】大田区羽田空港3-5-1
【アクセス】東京モノレール新整備場駅下車、徒歩2分
【時間】(1)9時半～11時20分 (2)10時45分～12時35分 (3)13時45分～16時35分【所要時間】90分
【休み】水曜　※インターネット予約
【料金】無料　※インターネット予約
　展示エリアなどがある体験型ミュージアム。整備士、運航乗務員、客室乗務員などの経験者からそれぞれの経験を生かした説明を受けられる。

伝統工芸

伝統工芸とは長い年月をかけて人から人、手から手へと受けつがれた伝統的な技術・技法により製作された美術・工芸品のことをいい、多くは生活必需品として私たちの生活に溶け込んだものから生まれました。江戸時代に町人文化が栄えた江戸では、工芸技術の先端地であった京都から多くの職人を招き、技術の発展や職人の育成に力を注ぎました。その中で江戸の「粋」と職人の技が活きる独自の発展を遂げたのが今日の東京の伝統工芸品である。現在東京では41品目が伝統工芸品として指定されている。ここではいくつか紹介する。

東京染小紋
主な製造地 新宿区、世田谷区、練馬区ほか
特徴 江戸時代、武士の礼装である裃の染めが行われたことにより発展した。手彫りの型紙を使い、板に張られた白生地の上に地染めを施し染め上げたもの。

江戸更紗
主な製造地 新宿区、豊島区、荒川区ほか
特徴 木綿に染められた五彩（臙脂、藍、緑、黄、茶）のカラフルな染め模様が特徴。インド発祥で日本では江戸更紗として日本独自の文様に変化して染められている。

本場黄八丈
主な製造地 八丈島
特徴 生糸などの紬糸や絹糸を原材料とし、八丈島で自生する草木を原料とする黄色・茶色・黒の3色の天然塗料で染められたもの。着物などで人気がある。

東京銀器
主な製造地 台東区、荒川区、文京区ほか
特徴 純銀99.9％以上の東京にて加工されたものをいい、戦後、外国人の増加によりスプーンなどの需要が増加して人々に普及した。現在では装身具、各種置物などに使われている。

江戸切子
主な製造地 江東区、江戸川区、墨田区ほか
特徴 天然石やダイヤホィールを用いてガラスの表面に模様を彫刻したものをいい、江戸時代にビードロ屋加賀屋久兵衛が創始したと伝わる。その後、技法の確立やガラス素材の発展により、今日の美しいガラス工芸品と発展している。

東京七宝
主な製造地 台東区、荒川区、北区ほか
特徴 江戸時代初め、平田彦四郎が朝鮮人より七宝を学んで凹部に色付けしたと言われる。幕末や明治期に勲章として贈られる品となり、現在では女性・男性装身具、校章、社章、その他其の用途は非常に多い。

東京手描友禅
主な製造地 新宿区、練馬区、中野区ほか
特徴 友禅染は京都の扇面絵師であった宮崎友禅斎により創始されたと伝えられ、江戸幕府の開設により多くの職人が江戸に移り住み、その技法などが伝承された。図案や友禅の色指しなどの工程がほぼ作者の一貫作業となっているのが特徴。

江戸硝子
主な製造地 墨田区、江東区、江戸川区ほか
特徴 江戸地域で江戸時代から続く手作りの技法で作られたガラス製品で、上総屋留三郎が簪や風鈴等を製作したのが始まりとされる。現在でも日常生活で使用する工芸品として発展している。

染の里 二葉苑 　東京染小紋

地図 P12A4
テーブルセンターやバックなどの型染め染色体験ができる。

体験情報（団体5名以上）
料金 ①テーブルセンター 3,300～円
　　　②バック 3,300円
所要時間 2時間～2時間半
休み 月曜日
7営業日前までに電話・HPから要予約。1～4名までの少人数予約は曜日が限られているため要確認。

お問合せ先
　　　株式会社 二葉
所在地 〒161-0034 新宿区上落合 2-3-6
アクセス 【電車】東京メトロ東西線「落合」駅から徒歩15分／都営大江戸線「中井」駅から徒歩4分
電話番号 03-3368-8133

東京染めものがたり博物館 東京小紋・江戸更紗

地図 P12C4

江戸小紋・江戸更紗を中心とした染の現場を見ることができる。江戸小紋の染め道具の展示などもあり、ハンカチサイズの型付け体験も行っている。

体験情報
【見学】
料金 無料（解説なし。型付けを行う板場と展示物を自由に見学）
所要時間 約 30 分
見学可能日 月〜金（臨時休館あり）
時間 10 時〜 12 時・13 時半〜 16 時
【体験】
料金 小裂（こぎれ）2,500 円袱紗（ふくさ）4,500 円（講義と解説つき工房見学を含む） 小学生 20 名以上 1,500 円
所要時間 1 時間半〜 2 時間
体験可能日
月〜金曜日（5 名以上で開催、臨時休館あり）
時間 9 時〜 14 時半（12 時〜 13 時を除く）
体験は一週間前までにFAXで要予約

お問合せ先
東京染めものがたり博物館(株式会社 富田染工芸)
所在地 〒169-0051 新宿区西早稲田 3-6-14
アクセス
【電車】都電荒川線「面影橋」駅下車徒歩 2 分／JR 山手線「高田馬場」駅・東京メトロ東西線「高田馬場」駅「早稲田駅」下車徒歩 15 分
電話番号 03-3987-0701(問合せのみ)
FAX 03-3980-2519(問合せ・申し込み)

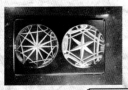

すみだ江戸切子館 江戸切子

地図 P14B5

ガラスのペーパーウエイト(文鎮)を加工する切子体験ができる。

体験情報
料金 小中学生は 1,400 円(ペーパーウエイト加工体験) 高校生以上は 4,500 円(素材により異なるオリジナルグラス加工体験)※税別
定員 小学 4 年生以上から 4 名(小中学生は 6 名まで)
所要時間 小中学生は 60 分 高校生以上は 90 分
休館日 月曜・日曜・祝日
時間 10 時半〜、13 時〜、15 時〜の 1 日 3 回
※予約制

お問合せ先
すみだ江戸切子館
所在地 〒130-0012 墨田区太平 2-10-9
アクセス
【電車】JR 山手線「錦糸町」駅下車、徒歩 6 分／東京メトロ半蔵門線「錦糸町」駅下車、徒歩 6 分
電話番号 03-3623-4148
FAX 03-3623-4148

坂森七宝工芸店 東京七宝

地図 P58D4

ペンダントやストラップなどのオリジナルの七宝焼きが作ることができる。

体験情報
料金 中高生は 2,000 円(ペンダント 1 点)
2,500 円(ペンダント 1 点＋その他 1 点)
定員 4 名以上〜 14 名まで
所要時間 約 2 時間
休館日 日曜日・祝日
時間 午前 9 時〜 12 時の 2 時間 ※予約制
予約方法
予約は学校からのFAXのみ。学校名・希望日・時間・人数を連絡。

お問合せ先
坂森七宝工芸店
所在地 〒111-0041 台東区元浅草 1-2-1
アクセス
【電車】都営大江戸線「新御徒町」駅下車、徒歩 2 分／JR「御徒町」駅下車、徒歩 15 分
電話番号&FAX 03-3844-8251

篠原まるよし風鈴 江戸風鈴

地図 P58C4

ガラスの内側から絵付けをしてオリジナル風鈴制作の体験ができる。また、ガラスを吹いて膨らます工程からの体験もできる。

体験情報
料金
①ガラスの内側から絵付けをする体験 1,700 円
②ガラス吹きから絵付けまでの体験 2,300 円(期間限定)
所要時間
①約 30 〜 90 分 ②約 60 〜 90 分
休み 月曜(HP要確認)
時間 10 時半〜 18 時(変更あり)
電話・FAX・HPから要予約。
近日の予約は電話すること

お問合せ先
篠原まるよし風鈴
所在地 〒110-0016 台東区台東 4-25-10
アクセス【電車】都営地下鉄大江戸線「新御徒町」駅から徒歩 1 分／東京メトロ日比谷線「仲御徒町」駅から徒歩 6 分
電話番号 03-3832-0227
FAX 03-3832-0255

雷おこし(雷5656会館内)

地図 P82A1

雷おこし作りができ、出来立ての雷おこしを味わえる。

体験情報
料金 2,420 円
所要時間 30 分〜 1 時間(人数により異なる)
休み 火曜日
時間
10 時〜 16 時
FAX にて要予約

お問合せ先
雷5656会館内
所在地 〒111-0032 台東区浅草 3-6-1
アクセス
【電車】東京メトロ銀座線・浅草線「浅草」駅から徒歩 11 分
電話番号 03-3874-5656
FAX 03-3871-5030

食品サンプル製作体験

地図 P13D4

日本独自の文化として訪日外国人にも人気の「食品サンプル」を、昔ながらの蝋を使った技法で製作し持ち帰ることができる。

体験情報
料金
①天ぷら&レタス 2,500 円(1 名／税込)
②ソース焼きそば(目玉焼き付き)3,000 円(1 名／税込)
③グループ向けピザ 26,400 円(1 回／税込)
所要時間 ①約 40 分 ②約 1 時間 15 分
③約 1 時間 30 分※ 1 回 8 名まで貸切での利用
休み 定休なし(年末年始休業あり)
時間 電話にて要予約

お問合せ先
元祖食品サンプル屋 合羽橋店
所在地 〒111-0035 東京都台東区西浅草 3-7-6
アクセス
【電車】つくばエクスプレス「浅草駅」徒歩5分※東武線および地下鉄の「浅草駅」とは異なります／東京メトロ銀座線「田原町駅」徒歩 12 分
電話番号 0120-17-1839(フリーダイヤル)

みなとみらい

主な見学地

帆船日本丸
三菱みなとみらい技術館
みなとみらい21
横浜赤レンガ倉庫1号館
よこはまコスモワールド
横浜みなと博物館

横浜ランドマークワー
神奈川県立歴史博物館
カップヌードルミュージアム
原鉄道模型博物館

横浜市営地下鉄

横浜	2	高島町	2	桜木町	2	関内	2	伊勢崎長者町
横浜		桜木町	3		関内	2		石川町

JR 根岸線

0　　　　　　　　　　　500m
0分　　　　　　　　　　7分

みなとみらい

県民センター
ヨドバシカメラ
モアーズ
横浜ベイシェラトン
ザ・タワー横浜
ビブレ
ビッグカメラ

横浜

高島屋
ルミネ横浜
そごう
横浜ポルタ（地下街）
スカイビル
日産
富士ゼロックス

横浜クリエーション
スクエア
ザ・ヨコハマ
タワーズ
市場大橋
ポートサイド公園
卸売市場
水産物部

横浜中央
卸売市場
青果部
万代橋

京浜港湾
事務所

山之内埠頭

横浜ベイ
クォーター

みなとみらい大橋

横浜港

■横浜三井ビルディング
「原鉄道模型博物館」
新高島
高島口
臨港口
みなとみらいミッドスクエア
みなとみらい線
アンパンマン
こどもミュージアム
マークイズ
みなとみらい
美術の広場
みなとみらい

中央公園
すずかけ通り

臨港パーク

みなとみらい
臨港パーク一帯

けいゆう病院
パシフィコ横浜
パシフィコ横浜

地 高島町

横浜市営地下鉄

戸部
亀田病院

三菱みなと
みらい技術館
横浜
美術館

クイーンズスクエア横浜
横浜みなとみらいホール
ロイヤル
パーク

みなとみらい

ぷかりさん橋

ヨコハマグランド
インターコンチネンタル

新港パーク
横浜みなとみらい
万葉倶楽部

カップヌードル
ミュージアム

赤レンガ国際館
（JICA横浜・
海外移住資料館）

海上防災
資料館
横浜税関

戸部公園

西区
総合庁舎
光源寺
卍
戸部小
文

掃部山公園
神奈川近代
文学館

横浜ランド
マークタワー
ドックヤード
ガーデン
クリーン
センタービル
日本丸
メモリアルパーク

よこはまコスモ
ワールド

横浜みなと
博物館

横浜ワールド
ポーターズ

汽車道

P101 山下公園・中華街

赤レンガ倉庫・
赤レンガパーク

文西中

横浜能楽堂
妙玄寺
県立図書館
県立青少年
センター

伊勢山
皇大神宮
にぎわい座
横浜

JR
桜木町

ワシントン

第二
合同庁舎

馬車道

県警本部

横浜情報文化セ
（放送ライブラリー
ニュースパーク
（日本新聞博物館）

成田山横浜別院
延命院

老松中
マンダリン野毛坂

地
桜木町

ブリーズベイ

エディット

県立
歴史博物館

キングの塔
（神奈川県庁）

クイーンズの
ひろば
日本大通り

資横
料浜
館開
港

野毛山公園・
動物園

文
一本松小

老松中
図
書
館
老松

野毛
日ノ出町

西公園

ジャックの塔
（横浜開港記念会館）

地
関内

横浜
公園

裁判所

日本銀行
区役所

シルク
博物館

横浜都市発展記念館・
横浜ユーラシア文化館

報恩寺
卍
動物の広場

正法院
横浜迎賓館

子神社
文東小

県立
歴史博物館

馬車道

JR
関内

市役所

横浜
スタジアム

加賀町署

中華街

妙音寺
関東学院高
関東学院中

東福寺
卍

伊勢佐木モール
アルファーワン
ダイワロイネット

吉田中

ウィング

みなと
総合高
文

横浜
総合高
文
裁判所
横浜中央病院

地 伊勢佐木長者町
中局

伊勢佐木署

中署

JR 石川町

101

10

エリアMAP内の路線・駅名称

横浜市営地下鉄／ 横浜　高島町　桜木町　関内
伊勢佐木長者町
JR線／ 横浜　高島町　桜木町　関内　石川町
みなとみらい線／ 横浜　新高島　みなとみらい
馬車道　日本大通り
東急東横線／ 横浜

A　　　　　B　　　　　C　　　　　D

山下公園
中華街

エリアMAP内の路線・駅名称

JR線／石川町
みなとみらい線／日本大通り　元町・中華街

目的地のエリア	参照	乗り物案内			所要分(乗車時間)	乗換回数
		乗る駅	アクセス	降りる駅		
鎌倉		JR横浜	JR横須賀線	JR鎌倉	24	0
新横浜		JR横浜	JR横浜線	JR新横浜	14	0
		横浜市営地下鉄 横浜	横浜市営地下鉄	横浜市営地下鉄新横浜	11	
		横浜市営地下鉄 関内	横浜市営地下鉄	横浜市営地下鉄新横浜	14	
		横浜市営地下鉄 桜木町	横浜市営地下鉄	横浜市営地下鉄新横浜	15	0
		みなとみらい線 元町・中華街	みなとみらい線で横浜🚶横浜市営地下鉄	横浜市営地下鉄新横浜	19	1
横浜	100 101	JR石川町	JR京浜東北・根岸線快速	JR横浜	6	0
		JR関内	JR京浜東北・根岸線快速	JR横浜	5	0
		みなとみらい線 元町・中華街	みなとみらい線	みなとみらい線横浜	8	
		みなとみらい線 日本大通り	みなとみらい線	みなとみらい線横浜	6	0
		みなとみらい線 馬車道	みなとみらい線	みなとみらい線横浜	5	0
		みなとみらい線 みなとみらい	みなとみらい線	みなとみらい線横浜	3	
		みなとみらい線 新高島	みなとみらい線	みなとみらい線横浜	2	
東京	36	JR新横浜	JR新幹線のぞみ	JR東京	18	0
		JR横浜	JR東海道本線	JR東京	26	
		JR横浜	JR京浜東北・根岸線快速	JR東京	36	
東京タワー	44	京急横浜	京急本線快特・都営浅草線	A09 大門	24	0
品川周辺	16	JR新横浜	JR新幹線のぞみ	JR品川	11	0
		JR横浜	JR京浜東北・根岸線快速	JR品川	27	
		JR横浜	JR東海道本線	JR品川	17	0
		京急横浜	京急本線	京急品川	16	
		京急横浜	京急本線快特	京急泉岳寺	19	0
新橋	48	JR横浜	JR東海道本線	JR新橋	23	
		JR横浜	JR横須賀線	JR新橋	27	0
		京急横浜	京急本線快特・都営浅草線	A10 新橋	26	
浜松町		JR横浜	JR京浜東北・根岸線快速	JR浜松町	32	
日本橋	50	京急横浜	京急本線快特・都営浅草線	A13 日本橋	31	
		京急横浜	京急本線快特・都営浅草線	A14 人形町	33	0
秋葉原	54	JR横浜	JR京浜東北・根岸線快速	JR上野	40	
上野	58	JR横浜	JR東海道本線(上野東京ライン)	JR上野	32	
池袋	66	JR横浜	JR湘南新宿ライン快速	JR池袋	41	
新宿	68	JR横浜	JR湘南新宿ライン快速	JR新宿	34	0
渋谷	72	JR横浜	JR湘南新宿ライン快速	JR渋谷	28	
		東急横浜	東急東横線特急	F16 渋谷	27	
		みなとみらい線 元町・中華街	みなとみらい線・東急東横線特急	F16 渋谷	35	
恵比寿	80	JR横浜	JR湘南新宿ライン快速	JR恵比寿	25	0
羽田空港	10	京急横浜	京急本線エアポート急行	京急羽田空港国内線ターミナル	26	0
浅草	82	京急横浜	京急本線快特・都営浅草線	A18 浅草	39	
お台場	90	JR横浜	各線新橋(p48)🚶🚶ゆりかもめ	ゆりかもめ台場	37～41	1
		JR横浜	JR京浜東北・根岸線快速で大井町(p10)🚶🚶りんかい線	りんかい線東京テレポート	32	1

横浜ちょっとめぐり　お得なチケット紹介
みなとぶらりチケット

大人：500円 小児：250円

みなとみらい から 元町 まで

みなと ぶらり チケット

MINATO BURARI TICKET

1枚でみなとヨコハマ、満喫

地域限定市バス・地下鉄一日乗車券　当日限り有効

[利用日]
●平成20年4月1日〜平成21年3月31日までご利用できます。

横浜市交通局

※画像は旧版です

大人　500円　小児　250円

地域限定の市バス・地下鉄１日乗車券。ヨコハマ、めぐり放題。横浜の観光スポットが集中するみなとみらい21地区から山下公園周辺・中華街や伊勢佐木町・元町までを網羅して、地下鉄・市営バスに一日乗り放題！横浜を一日ゆっくり楽しめる。また、提携施設の利用料金等が割引に。このチケット提示で、文化観光施設、飲食店、ショッピングセンターなどで料金の割引が受けられる。（付帯サービスは乗車日当日のみ）

主な提携文化観光施設

みなとみらいエリア
横浜ランドマークタワー、帆船日本丸・横浜みなと博物館、よこはまコスモワールド、三菱みなとみらい技術館など。

馬車道エリア
神奈川県立歴史博物館

中華街エリア
横浜大世界など。

山下町エリア
日本郵船歴史博物館、横浜開港資料館、ニューズパーク（日本新聞博物館）、日本郵船氷川丸など。

山手エリア
大佛次郎記念館、県立神奈川近代文学館（ポストカードをプレゼント）など。

みなとみらい21
地図 P100C2

横浜中心部のウォーターフロント。横浜ランドマークタワーをはじめ、よこはまコスモワールド、赤レンガ倉庫などが集まる。1980年代までは、三菱重工横浜造船所などがあった。なお、ランドマークタワー横のドックヤードガーデンは、当時の造船所のドックで重要文化財。

横浜ランドマークタワー（みなとみらい21内）
地図 P100C2

横浜のシンボルで関東一高いビル。その69階、地上273mにあるスカイガーデンからは、横浜の主要な観光スポットが一望できる。

©原鉄道模型博物館

原鉄道模型博物館
地図 P100B1

日本の鉄道発祥の地である横浜にできた世界最大級の室内ジオラマを展示する博物館。原信太郎氏が製作・所蔵している世界中の鉄道車両を再現したコレクションや、本物の鉄道車両と同じ走行音で走る鉄道模型は圧巻である。

三菱みなとみらい技術館（みなとみらい21内）
地図 P100B2

科学技術に気軽に触れることができる施設。航空宇宙、海洋、エネルギーなど様々な展示・体験コーナが充実しており、最先端の技術を紹介。国産ジェット旅客機MRJのコクピットで操縦体験や、実物大の深海調査船「しんかい6500」は圧巻である。

よこはまコスモワールド（みなとみらい21内）
地図 P100C2

よこはまのシンボルである大観覧車「コスモクロック21」を中心とした都市型立体遊園地。業界初の水中ダイビングコースター「バニッシュ！」、VRゴーグルを装着した急流すべり「VRV」などの楽しいアトラクションが魅力。観覧車を中心とした夜景も見所。

横浜赤レンガ倉庫1号館・2号館（みなとみらい21内）
地図 P100D3・101B1

明治時代に新港埠頭に建設された倉庫で、当時は横浜港の物流拠点として活躍していた。その後、新港埠頭は物流機能を他の埠頭に譲り、赤レンガ倉庫は歴史的資産として保存されるようになった。現在は改修が行われ、ショップ、展示スペース、ホール、広場などの複合施設となっている。

横浜みなと博物館（みなとみらい21内）
地図 P100C3

"歴史と暮らしのなかの横浜港"をテーマとする博物館。常設展示は、150年の歴史を学べる「歴史ゾーン」と港の役割を学べる「再発見ゾーン」に分けられている。横浜港をリアルに再現しており、操船シミュレーションが人気だ。

帆船日本丸（みなとみらい21内）
地図 P100C3

1930（昭和5）年に建造された商船学校の練習帆船。現在は、みなとみらい21にある石造りドックに現役当時のまま保存されている。船の生活を体験する海洋教室やすべての帆をひろげる総帆展帆などが行われている。

神奈川県庁本庁舎（キングの塔）
地図 P100D3・101A1

定冠様式といわれる中央の塔が特徴的な近代建築で、国の有形文化財に指定。開港当時の横浜の雰囲気を残しており、横浜税関「クイーンの塔」、横浜開港記念館「ジャックの塔」とともに横浜のシンボルとなっている。

横浜税関資料展示室
地図 P100D3・101A1

『クイーンのひろば』で親しまれる税関庁舎の1階に資料展示室を設置。開港からの横浜港・横浜税関の歴史をつづるグラフィック年表や貿易の変遷、麻薬やけん銃などの密輸の手口、偽ブランド商品などを、映像や実物展示により紹介。また、「お仕事体験コーナー」では、ファイバースコープや金属探知機の使用体験もできる。

横浜開港資料館
地図 P100D3・101B2

開国以来の貿易都市である横浜の歴史に関する資料を収集、展示。主な資料は公私の文書記録、新聞雑誌、写真や浮世絵など、19世紀半ばから関東大震災に至る時期を中心に約27万点にのぼる。

日本郵船歴史博物館
地図 P100D3・101A1

常設展では、日本郵船の歴史を通して、近代日本海運の始まりから今日に至るまでを紹介。映像を中心に、歴史の分岐点を捉えた貴重な写真、客船パンフレット、絵葉書、モデルシップ、その他の資料を展示。近代日本の海運史を多角的に捉えることができる。

シルク博物館
地図 P100D3・101B2

絹（シルク）はカイコガの繭から作られ、世界各地で様々な民族が利用している。ここでは、蚕（カイコガの幼虫）を育て、糸を取り、布、衣装となる行程を学べる。また、機織り体験や、糸繰りの体験なども可能。

神奈川県立歴史博物館
地図 P100C3

鎌倉幕府に代表される中世、貿易港として重要な役割を果たした近代など、古代から現代までの神奈川県の歴史を豊富な資料と情報で概観できる。明治の優れた意匠が伺える建物は、「旧横浜正金銀行本店本館」として国の重要文化財の指定を受ける。

ニュースパーク（日本新聞博物館）
地図 P100D3・101B2

日刊新聞発祥の地である横浜市にある新聞の博物館。現代の情報社会と新聞の歴史、新聞が作られるまでを紹介している。団体向け体験プログラムでは編集ソフトを使って新聞を作る「パソコンで新聞づくり」や、元新聞記者が新聞作りのノウハウを伝える「新聞レクチャー」などがあり、新聞を活用した生涯学習の機会も提供している。

放送ライブラリー
地図 P100D3・101B2

放送番組専門のアーカイブ施設。過去のテレビ・ラジオ番組、CM などを無料で公開している。放送の今と昔を映像・音声で紹介するほか、ニュース番組のアナウンサーになり番組出演の体験ができるコーナー「ニューススタジオ」など、映像を中心とした体験型展示で、放送について楽しみながら学ぶことができる。

横浜 中華街
地図 P100D4・101B3

外国人居留地が発展した街・中華街は、徳川幕府が横浜を貿易港として定めていたことに始まる。現在は、約 500m 四方に約 167 店の中国料理店をはじめ、料・雑貨・工芸品、食料品店など約600 店が集中した独特の異国情緒あふれる町になっている。（2022 年 7 月調べ）

山下公園
地図 P101C2

関東大震災の瓦礫で海を埋め立てて出来た公園で、1930 年（昭和 5）に開園。サンディエゴ市から贈られた「水の守護神」、童謡で馴染みの深い「赤い靴はいてた女の子像」、「かもめの水兵さんの歌碑」など歌碑や記念碑が多い。ベイブリッジや港を行き来する船が側を通る。

日本郵船 氷川丸
地図 P101C2

戦前にシアトル航路で活躍した貨客船。現在、国の重要文化財に指定されている。一等社交室にはフランス人デザイナーによるアールデコ様式の内装が施され、数多くの著名人が乗船した。内部を見学することができ、船内は「客船エリア」や乗組員の仕事場を紹介する「乗組員エリア」、氷川丸の歴史を紹介する展示エリアがある。また屋外デッキから横浜港の景色を楽しむこともできる。

横浜マリンタワー
地図 P101C2

横浜開港 100 周年の記念事業として建設され、昭和 36 年（1961）に開業したアールデコ様式の灯台。令和 4 年 9 月にリニューアルオープン。地上 100m の高さにある 29F・30F の 2 層式展望台からは、横浜港やみなとみらい地区をはじめとする横浜市一帯を一望できるベイブリッジの夜景もおすすめ。天気によっては、三浦半島、房総半島、富士山なども望める。

カップヌードルミュージアム
地図 P100D2　案内 P116

世界初のインスタントラーメン「チキンラーメン」を発明した日清食品創業者・安藤百福の「クリエイティブシンキング＝創造的思考」をコンセプトに開館。展示、アトラクションを楽しみながらインスタントラーメンのすべてを学べる体験型ミュージアム。

港の見える丘公園
地図 P101D3

一帯はかつての外国人居留地で、英軍や仏軍が駐屯していた。園内には、フランス領事館跡地（フランス山地域）や元イギリス総領事官邸（イギリス館）のほか、大仏次郎記念館、近代文学館などの文化施設がある。ベイブリッジが望めるなど、港町横浜のエキゾチックな雰囲気が漂う。バラ園も人気だ。

山手資料館
地図 P101D3

横浜市内に唯一現存する明治時代の木造洋館。居留地だった頃から関東大震災までの横浜や山手に関する資料を展示している。中には、風刺漫画を書き日本初の外字新聞ジャパン・パンチを創刊した C・ワーグマンに関する資料や、外国人墓地に関する資料もある。

ブリキのおもちゃ博物館
地図 P101D4

1890 年代から 1960 年代にかけて主に日本で製造された玩具約 3,000 点を常設展示。古い洋館を改装した博物館に、セルロイドやブリキのおもちゃたちが所狭しと並ぶ。周囲は外人墓地や古い教会、洋館などがあり、エキゾチックな異国情緒が感じられる。

名称	電話(03)	所在地・交通・最寄(→は所要分)	時間・休み(年末年始除く)	料金ほか	参照頁地図
相田みつを美術館 (アイダ゛)	6212-3200	千代田区丸の内3-5-1 東京国際フォーラム ガラス棟B1F JR・有楽町駅(D5→3分)、JR・東京駅(丸の内南口→5分)、日比谷線・千代田線・三田線／日比谷駅(D5→5分)、丸ノ内線・銀座線／銀座駅(C9→5分・B1U→ノ分)	10時〜17時 【休み】月曜(祝日の場合開館)	一般1000・中高800・小300円 (参照P18)【所要時間】60分	36B4
I-muse (アイミューズ)	6204-7032(i-muse受付)	江東区豊洲三丁目1-1 豊洲HIビル 有楽町線・豊洲駅(1c→5分)、ゆりかもめ・豊洲駅(北口→10分)	9時半〜1/時半 【休み】土曜・日曜・GW・夏季連休	無料 20名以上の団体要予約(参照P34)【所要時間】40分	17A3
秋葉原電気街		千代田区外神田 JR・日比谷線・つくばエクスプレス／秋葉原駅	店舗により異なる	店舗(参照P21)	54C1
アクアシティお台場	3599-4700	港区台場1-7-1 ゆりかもめ・台場駅(1分)、りんかい線／東京テレポート駅(6分)	11時〜(シネマ・飲食〜23時、エンタテイメント・物販〜21時)	(参照P31)	90B1
マクセル アクアパーク品川	5421-1111	港区高輪4-10-30(品川プリンスホテル内) JR・品川駅(高輪口→2分)	10時〜20時(月・土休日により異なる) 【休み】年中無休	高校生以上2500・中小1300・4才以上800円 (参照P24)【所要時間】120分〜	65C2
浅草神社	3844-1575	台東区浅草2-3-1 銀座線・浅草線／浅草駅(1→7分)	境内参拝自由		82B2
浅草花やしき	3842-8780	台東区浅草2-28-1 銀座線・浅草線／浅草駅(1→7分)	10時〜18時(季節・天候により変更) 【休み】不定休	(入園＋フリーパス)中以上4000・小人(小〜5歳以上)3000円 ※15名以上の学校団体は特別料金 (参照P29)【所要時間】60分	82B2
浅草文化観光センター	3842-5566	台東区雷門2-18-9 銀座線・浅草線／浅草駅(1→1分・A4→2分)	9時〜20時(変更あり) 【休み】無料	無料	82B3
朝倉彫塑館 (アサクラチョウソカン)	3821-4549	台東区谷中7-18-10 JR・京成線／日暮里駅(西口→5分)、千代田線／西日暮里駅(1→12分)	9時半〜16時半 【休み】月・木曜(祝日の場合翌日)、特別整理期間等	一般500・中小250円 (参照P34)	13C3
北区飛鳥山博物館 (アスカヤマ)	3916-1133	北区王子1-1-3 JR／王子駅(南口→5分)、南北線／西ヶ原駅(2→7分)、都電荒川線／飛鳥山駅(4分)	10時〜17時 【休み】月曜(祝日の場合翌日)臨時休館	一般300・小中高100円 北区の自然・歴史・文化を紹介する。弥生人の竪穴住居の一部を復元しているなど14のテーマで展示している。【所要時間】30分	13A1 64A2
愛宕神社 (愛宕山) (アタゴ゛)	3431-0327	港区愛宕1-5-3 日比谷線／神谷町駅(3→5分)、銀座線／虎ノ門駅(1→8分)、三田線／御成門駅(A5→8分)	参拝自由	【所要時間】15分	44C1
アド・ミュージアム東京	6218-2500(ミュージアム)	港区東新橋1-8-2カレッタ汐留 ゆりかもめ・大江戸線／汐留駅(6→2分)、浅草線・銀座線・JR／新橋駅(4→5分)	12時〜18時 【休み】日・月曜日、他	無料 ※日時指定予約制(参照P20)【所要時間】90分	46B4
アメ横商店街	3832-5053(アメ横商店街連合会)	上野6-10-7 アメ横プラザ内) 台東区上野・御徒町 JR・銀座線・日比谷線／上野駅、他	8時頃〜21時頃まで開店	(参照P23)	58B4
荒川自然公園 (アラカワ)	3803-4042(管理事務所)	荒川区荒川8丁目25-3 都電荒川線／荒川二丁目駅(1分)	6時〜21時(季節により異なる) 【休み】第1・3木曜(祝日の場合翌日)	施設ごとに異なる。交通園・昆虫観察園(夏期のみ)は無料。	13D2
有栖川宮記念公園	3441-9642	港区南麻布5-7-29 日比谷線／広尾駅(1→3分)	入園自由	(参照P28)【所要時間】45分	78B4
ANA Blue Hangar Tour ANA 機体工場見学	6700-2222	大田区羽田空港3-5-4 【交通】東京モノレール／新整備場駅(出口→15分)	①9時半〜②11時〜③13時半〜④15時〜 【休み】月日祝(月曜日が祝日の場合、翌平日も休み)	無料 インターネット予約のみ ANAの整備部門の説明を受けながら、格納庫で実物の飛行機と整備士が働く姿を見学できる。	10A3
池波正太郎記念文庫 (台東区立中央図書館内) (イケナミショウタロウ)	5246-5915	台東区西浅草3-25-16 台東区生涯学習センター1F 日比谷線／入谷駅(1→8分)、銀座線／田原町駅(3→12分)	9時〜20時(日・祝は〜17時) 【休み】第3木曜(祝日の場合翌日)、特別整理期間	無料 「鬼平犯科帳」など、数々の時代小説の傑作を発表した池波正太郎の書斎の復元、著作、直筆原稿、絵画等を展示。	82A1
石川島資料館 (イシカワジ゛マ)	5548-2571	中央区佃1-11-8 ピアウエストスクエア1F 有楽町線・大江戸線／月島駅(6→6分)	10時〜12時、13時〜17時(開館日) 【休み】水曜・土曜	無料(参照P34)【所要時間】30分	16D2
市ヶ谷記念館 (イチガ゛ヤ)	3268-3111(代)	新宿区市谷本村町5-1 JR・新宿線・南北線・有楽町線／市ヶ谷駅(7→10分)、丸ノ内線／四ツ谷駅(3→10分)	午前・午後各1回の定時見学(9時半〜11時20分・13時半〜15時50分頃) 【休み】土日祝	無料 要予約(3ヶ月前から)※大本営地下壕跡の入場料は高校生以上250円・身分証明書要 1946年、極東国際軍事裁判の法廷として使用された。記念館厚生棟など1.3kmの徒歩見学。 小中高生を対象にしたツアーあり。詳細はHPへ。	12D6
台東区立一葉記念館 (イチヨウ)	3873-0004	台東区竜泉3-18-4 日比谷線／三ノ輪駅(1a→10分)	9時〜16時半 【休み】月曜(祝日の場合翌日)特別整理期間	大人300・小中100円 (参照P35)【所要時間】60分	14A3
出光美術館 (イデ゛ミツ)	050-5541-8600(ハローダイヤル)	千代田区丸の内3-1-1 帝劇ビル9F 日比谷線・千代田線・三田線／日比谷駅(B3→3分)、有楽町駅／有楽町駅(B3→3分)	10時〜17時 【休み】月曜(祝日の場合翌日)、展示替期間	一般1200・大高800円・中学生以下無料(要保護者同伴) (参照P18)	40D2
印刷博物館	5840-2300	文京区水道1-3-3 トッパン小石川ビル JR・有楽町線・東西線・南北線・大江戸線／飯田橋駅(東口・B1→13分)、有楽町線／江戸川橋駅(4→8分)、丸ノ内線／後楽園駅(7→10分)	10時〜18時 【休み】月曜(祝日の場合翌日)、展示替期間	(平常展)一般400・大200・高100円・中学生以下無料 ガイドツアー・体験コースあり。5/5(こどもの日)、11/3(文化の日)は入場無料 (参照P23)【所要時間】90分	60A2
東京都上野恩賜公園 (ウエノオンシコウエン)	3828-5644(公園管理所)	台東区上野公園・池之端3丁目 JR・銀座線・日比谷線／上野駅(7→2分)、京成線／京成上野駅(1分)、大江戸線／上野御徒町駅(A5→3分)	入園自由(23時〜5時立入禁止) 【休み】無休	(参照P22)【所要時間】60分	58B2
東京都恩賜上野動物園	3828-5171	台東区上野公園9-83 JR・銀座線・日比谷線／上野駅(しのばず口→5分)、京成線／京成上野駅(10分)、千代田線／根津駅(2→5分)、大江戸線／上野御徒町駅(A5→15分)	9時半〜17時 (入園券発売〜16時) 【休み】月曜(祝日、都民の日の場合翌日)	※一般600・中200・65歳以上300円・小以下無料。3/20(開園記念日)、5/4(みどりの日)10/1(都民の日)は入園無料。5/5は中学生無料(参照P22)【所要時間】120分	58B2
上野の森美術館 (ウエノノモリ)	3833-4191	台東区上野公園1-2 JR・銀座線・日比谷線／上野駅(しのばず口→3分)、京成線／京成上野駅(5分)、大江戸線／上野御徒町駅(A5→7分)、千代田線／湯島駅(2→10分)	10時〜17時 企画展により時間・料金は異なる 【休み】不定休(展示により異なる)	展示により異なる	58B3

※最終入場時間は基本30分前ですが、異なる場合がございますので、詳しくはお確かめ下さい。学生など無料の所は学生証など身分証明所が必要です。【所要時間】は目安です。
※なお、記載内容は2023年5月現在のものです。新型コロナの影響により、料金・時間等は予告無く変更されることがあります。

	名称	電話(03) 所在地・交通・最寄(→は所要分)	時間・休み(年末年始除く)	料金ほか	参照頁地図
う	浮世絵太田記念美術館	050-5541-8600(ハローダイヤル) 渋谷区神宮前1-10-10 千代田線・副都心線／明治神宮前駅前(5～3分)、JR／原宿駅(表参道口～5分)	10時半～17時半 【休み】月曜(祝日の場合翌日)、毎月27日前後から月末、展示替え期間	(企画展)一般800・大高600・中小無料 ※展示によって異なることあり。(参照P26) 【所要時間】30分	70C3
	うんこミュージアム TOKYO	東京都江東区青海1丁目1-10ダイバーシティ東京プラザ 2F 【交通】ゆりかもめ／台場駅(5分)、りんかい線／東京テレポート駅(3分)	11時～20時(休日は10時～21時)※入場は1時間前まで 【休み】無休	大人1800～2300・高中1400～1500・4歳以上900～1000円(入場日によって料金は変わる)(参照P32) 【所要時間】40分	90B1
え	永青文庫 (エイセイ)	3941-0850 文京区目白台1-1-1 有楽町線／江戸川橋駅(1a～15分)、東西線／早稲田駅(3a～15分)	10時～16時半 【休み】月曜(祝日の場合翌日)、展示替期間	一般1000・大高500円・中小無料(特別展を除く) 江戸時代の熊本54万石細川家伝来の文化財等を収蔵・展示。【所要時間】60分	12D4
	回向院 (エコイン) (小塚原刑場跡) (コヅカッパラ)	3801-6962 荒川区南千住5-33-13 JR・日比谷線・つくばエクスプレス／南千住駅(南口→2分)	【開門時間】9時～16時	小塚原刑場での受刑者や牢死者などを供養してきた。歴史上有名な人物の記念墓も多い。	14A2
	江戸たいとう伝統工芸館	3842-1990 台東区浅草2 22-13 銀座線・浅草線・東武スカイツリーライン／浅草駅(15分)	10時～18時 【休み】第2・第4火曜	無料(参照P29) 【所要時間】30分	82B1
	東京都江戸東京博物館	3626-9974 墨田区横網1-4-1 大江戸線・JR／両国駅(A4→1分・西口→3分)		2025年度までリニューアル工事予定	84C2
	NHK放送博物館	5400-6900 港区愛宕2-1-1 三田線／御成門駅(A5→10分)、日比谷線／神谷町駅(3→8分)、銀座線／虎ノ門駅(1→13分)	10時～16時半 【休み】月曜(祝日の場合翌日)	無料(参照P19) 【所要時間】90分	44C1
	NTTドコモ 歴史展示スクエア	6658-3535 墨田区横網1-9-2 NTTドコモ墨田ビル1F 大江戸線・JR／両国駅(A1→3分・西口→6分)	10時～17時(予約制) 【休み】日祝日曜日	5名以上の団体は要予約(参照P30) 【所要時間】20分(個人)	84C2
	恵比寿ガーデンプレイス (エビス)	5423-7111(インフォメーション) 渋谷区恵比寿4-20 JR・日比谷線／恵比寿駅(東口～5分・西口～7分)	店舗により異なる		80C2
	YEBISU BREWERY TOKYO	5423-7255 渋谷区恵比寿4-20-1 【交通】JR・日比谷線／恵比寿駅(8分)		※2023年末にリニューアルオープン予定	80C2
	円通寺 (エンツウジ)	3891-1368 荒川区南千住1-59-11 日比谷線／三ノ輪駅、(3→5分) 都電荒川線／三ノ輪橋駅	【開門時間】8時～16時	坂上田村麻呂の創建、境内に彰義隊士の墓がある。	14A2
お	大倉集古館 (オオクラシュウコカン)	5575-5711 港区虎ノ門2-10-3 南北線・銀座線／虎ノ門駅(13→5分)、日比谷線／神谷町駅(4b→7分)、銀座線／虎ノ門(3→10分)	10時～17時 【休み】月曜、展示替期間	一般1000・大高800円・中学以下無料(展覧会により異なる)	44B1
	大谷美術館	3910-8440 北区西ケ原1-27-39 旧古河庭園内 JR／上中里駅・駒込駅(7分、12分)、南北線／西ケ原駅(7分)	10時～16時半 【休み】7月～9月・12月～2月(祝日の場合翌日)・夏季(8月中旬)・他	一般400円・小以下無料(旧古河邸見学) ガイドツアーは1人800円(庭園入園料別途)※要予約	13A1
	岡本太郎記念館	3406-0801 港区南青山6-1-19 銀座線・千代田線・半蔵門線／表参道駅(A5→8分)	10時～18時 【休み】火曜(祝日の場合翌日)、保守点検日	中学生以上650円・小学生300円(参照P28) 【所要時間】30分	78A2
	お札と切手の博物館 (オサツキッテ)	5390-5194 北区王子1-6-1 南北線／王子駅(1→3分)、JR／王子駅(中央口→3分)	9時半～17時 【休み】月曜(祝日の場合翌日)	無料(参照P24) 【所要時間】60分	11D2 64A1
か	外務省外交史料館 別館展示室	3585-4511 港区麻布台1-5-3 日比谷線・大江戸線／六本木駅(3/5→10分)、南北線／六本木一丁目(8分)	10時～17時半 【休み】土日曜日、臨時休館日	無料(参照P19)	44A2 78D2
	花王ミュージアム	5630-9004 墨田区文花2-1-3 JR／亀戸駅(北口→15分)、東武亀戸線／小村井駅(8分)	10時～11時半または14時～15時半 【休み】土祝日、会社の休日	無料。事前予約制(希望日の3ヶ月前より受付)(参照P35) 【所要時間】60分	14C5
	科学技術館	3212-8544(運営部)・3212-8458(団体見学予約受付) 千代田区北の丸公園2-1 東西線／竹橋駅(1b→8分)、半蔵門線・新宿線／九段下駅(2→12分)	9時半～16時50分(入館～16時) 【休み】水曜(祝日の場合翌日)・例外あり	一般950・高中600・小以下500円(4歳以上) 学校団体(20名以上)は大人710・高中450・小学350円(参照P21) 【所要時間】90分	52C2
	がすてなーに ガスの科学館	3534-1111 江東区豊洲6-1-1 有楽町線・ゆりかもめ／豊洲駅(7→6分・北口→6分)	10時半～17時 【休み】月曜(祝日の場合翌日)、施設点検日	無料 団体(20名程度以上)は要予約。(参照P35) 【所要時間】約60分	17A4
	貨幣博物館 (日本銀行金融研究所)	3277-3037 中央区日本橋本石町1-3-1 日本銀行内 半蔵門線・銀座線／三越前駅(B1→1分・A5→2分)、日比谷線／日本橋(A1→6分)、JR／東京駅(日本橋口→8分)	9時半～16時半 【休み】月曜、臨時休館日あり	無料 40名程度までの中学生・高校生用の学校団体向けプログラムあり。(参照P18) 【所要時間】60分	36D2
	紙の博物館	3916-2320 北区王子1-1-3 飛鳥山公園内 JR／王子駅(南口→5分)・南北線／王子駅(2→7分)、都電荒川線／飛鳥山駅(3分)	10時～17時 【休み】月曜(祝日の場合翌日)、祝日直後の平日	大人400・高中小300円 グループ・団体(20名以上)の場合は要予約 世界有数の紙専門の博物館。歴史や種類など紙に関する知識を網羅した展示内容となっている。	13A1 64A2
	カワサキロボステージ	6457-2800 港区台場2-3-1 トレードピアお台場1F ゆりかもめ／お台場海浜公園駅(2分)、りんかい線／東京テレポート駅(5分)	13時～18時(土日祝は10時～) 【休み】火曜(祝日の場合は開館)	無料 団体見学は要事前申込み(参照P31) 【所要時間】30分	90B1
	寛永寺 (カンエイジ)	3821-4440 台東区上野桜木1-14-11(事務所) JR／鶯谷駅(7分)、JR／上野駅(公園口→15分)、銀座線・日比谷線／上野駅(7分)	【開門時間】9時～17時(根本中堂)行事により閉堂の場合あり 【休み】無休	境内自由(参照P22)	58B1
	神田明神(神田神社) (カンダミョウジン)	3254-0753 千代田区外神田2-16-2 JR・丸ノ内線／御茶ノ水駅(聖橋口→1～5分)、千代田線／新御茶ノ水駅(B1→5分)、銀座線／末広町駅(3→5分)、JR・日比谷線／秋葉原駅(7分)	参拝自由	神田明神資料館は大人300・学生200円(参照P22) 【所要時間】20分	54B1
き	気象科学館	3212-8341 気象庁3階 日比谷線／虎ノ門ヒルズ駅(A1・A2→4分)、神谷町駅(4b→5分)	9時～20時 【休み】第2月曜、臨時休館日	無料(参照P19)	44B1
	北区防災センター (地震の科学館)	3940-1811 北区西ケ原2-1-6 南北線／西ケ原駅(1→5分)、JR／上中里駅(5分)	9時～17時 【休み】月曜(祝日の場合翌日)・祝日(土曜日の場合、開館)	無料(参照P24) 【所要時間】60分	13A1 64B2
	北の丸公園 (キタノマル)	3213-0095(環境省皇居外苑管理事務所) 千代田区北の丸公園 東西線・半蔵門線・新宿線／九段下駅(2→3分)、東西線／竹橋駅	出入自由	(参照P21)	52B2

名称	電話(03)　所在地・交通・最寄(→は所要分)	時間・休み〈年末年始除く〉	料金ほか	参照頁地図	
キッザニア東京	0570-06-4646　江東区豊洲2-4-9　アーバンドック らら���ーと豊洲　有楽町線・ゆりかもめ／豊洲駅(2・北口→8分)	[1部]9時〜15時、[2部]16時〜21時の完全入替え制【休み】不定休	大人(16歳〜)2400・中小4500・園児4000円平日1部料金。(参照P34)	17A3	**き**
切手の博物館	5951-3331　豊島区目白1-4-23　JR/目白駅(7分)、東西線／早稲田馬場駅(7分)、副都心線／雑司が谷駅(2→13分)	10時半〜17時　【休み】月曜日(祝日の場合も休み)、展示替	高校生以上200・中小100円(参照P25)毎月23日「(ふみの日)で入館無料	66A4	
キデイランド原宿店	3409-3431　渋谷区神宮前6-1-9　千代田線・副都心線／明治神宮前駅、JR／原宿駅	11時〜20時　【休み】不定休	昭和25年創立の、おもちゃのデパート。地下1階から5階までキャラクターグッズや輸入商品、季節ものグッズなどを幅広く取り扱っている。(参照P26)	70C4	
旧岩崎邸庭園（キュウイワサキテイ）	3823-8340　台東区池之端1-3-45　千代田線／湯島駅(1→3分)、銀座線／上野広小路駅(A3→10分)、JR／御徒町駅(5分)、大江戸線／上野御徒町駅(上野広小路駅A3→10分)	9時〜17時　【休み】無休	中学生以上400★・65歳以上200円・小学生以下無料毎日11時と14時定時ガイドが行われている。(参照P23)	58A4	
旧芝離宮恩賜庭園（キュウシバ リキュウ）	3434-4029　港区海岸1-4-1　JR・東京モノレール／浜松町駅(北口→1分)、ゆりかもめ／竹芝駅(10分)、浅草線・大江戸線／大門駅(B2→3分)	9時〜17時　【休み】無休	中学生以上150・65歳以上70円・小学生以下無料(参照P20)　【所要時間】60分	48A3	
旧古河庭園（キュウフルカワ）	3910-0394(サービスセンター)　北区西ケ原1-27-39　JR／上中里駅(7分)、南北線／西ケ原駅(1→7分)	9時〜17時　【休み】無休	中学生以上150・65歳以上70円・小学生以下無料(参照P34)　【所要時間】60分	13A1	
旧前田侯爵邸洋館（コウシャクテイ）	3466-5150　目黒区駒場4-3-55(駒場公園内)　京王井の頭線／駒場東大前駅(西口→12分)、千代田線／代々木上原駅(南口1→13分)	9時〜16時　【休み】平日の月・火曜	無料。前田伯爵の邸宅を転用。地上3階地下1階、レンガ造りの豪華建物。	74B5	
清澄庭園（キヨスミ）	3641-5892　江東区清澄3-3-9　半蔵門線・大江戸線／清澄白河駅(A3→3分)	9時〜17時　【休み】無休	中学生以上150・65歳以上70円・小学生以下無料	86B2	
くすりミュージアム	6225-1133　中央区日本橋本町3-5-1　半蔵門線・銀座線／三越前駅(A10→2分)、JR／新日本橋駅(5→1分)	10時〜18時　【休み】月曜日(祝日の場合翌日)	無料　10名以上のグループ見学は要予約。①10時②12時③14時④16時の4回【所要時間】60〜90分	50A1	**く**
警察博物館（ポリスミュージアム）	3581-4321　中央区京橋3-5-1　銀座線／京橋駅(2→2分)、有楽町線／銀座一丁目駅(7→4分)、浅草線／宝町駅(A4→5分)、銀座線・丸ノ内線／銀座駅(A13→6分)	9時半〜16時　【休み】月曜(祝日の場合翌日)	無料　(参照P19)	46C1	**け**
警視庁交通管制センター	5402-1386　港区新橋6-18-8 警視庁新橋庁舎2F　三田線／御成門駅(A4→2分)、JR／新橋駅(烏森口→15分)	9時〜16時　【休み】土日祝	無料要予約。①9時半②11時③13時④15時の1日4回(参照P19)	44D2	
警視庁本部見学コース（ケイシチョウ）	3581-4321(受付電話)　千代田区霞が関2-1-1　有楽町線／桜田門駅(4→1分)、丸ノ内線・日比谷線／霞ヶ関駅(A2→2分)	9時〜・10時45分〜・13時〜・14時45分〜の1日4回【休み】土日祝	無料。小学校3年生以上が対象警察参考室などを見学するコース。要予約。【所要時間】75分	40B2	
迎賓館赤坂離宮	3478-1111　港区元赤坂2-1-1　JR・丸ノ内線・南北線／四ツ谷駅(1・2→8分)	10時〜17時　【休み】水曜、接遇等による非公開日あり	参観についてはP57参照	76D2	
衆議院事務局　憲政記念館（ケンセイ）	3581-1651　千代田区永田町1-8-1　有楽町線・半蔵門線・南北線／永田町駅(2→5分)、丸ノ内線・千代田線／国会議事堂前駅(2→7分)	9時半〜17時　【休み】毎月末日	無料(参照P18)　【所要時間】45分※建て替え工事のため代替施設での開館	42D2	**こ**
小石川後楽園（コイシカワコウラクエン）	3811-3015　文京区後楽1-6-6　JR・大江戸線・東西線・南北線／飯田橋駅(C3・A1→8分)、丸ノ内線・南北線／後楽園駅(中央口→8分)、三田線／春日駅(A1→7分)	9時〜17時　【休み】無休	中学生以上300・65歳以上150円・小学生以下無料(参照P23)　【所要時間】60分	60B2	
小石川植物園	3814-0138　文京区白山3-7-1　三田線／白山駅(A1→10分)、丸ノ内線／茗荷谷駅(15分)	9時〜16時半　【休み】月曜(祝日の場合翌日)	高校生以上500・中小150円　5/4みどりの日は無料(参照P24)　【所要時間】60分	62A3	
皇居（一般参観）（コウキョ）	5223-8071(宮内庁管理部管理課参観係)　千代田区千代田1-1　(桔梗門)三田線／大手町駅(D2→10分)、JR・丸ノ内線／東京駅(皇居方面出口→15分)、千代田線／二重橋前駅(6→10分)	参観についてはP57参照(参照P21)	参観についてはP57参照(参照P21)　【所要時間】75分	52B4	
皇居外苑（コウキョガイエン）	3231-5509(国民公園協会)　千代田区皇居外苑　千代田線／二重橋前駅・桜田門駅		自由散策黒松の点在する大芝生広場と江戸城のたたずまいを残す濠、城門などの歴史的建造物が調和し、日本を代表する代表的な公園として親しまれている。	40C1	
皇居東御苑（コウキョヒガシギョエン）	3213-2050　千代田区千代田1-1　(大手門)丸ノ内線・東西線・半蔵門線・三田線／大手町駅(C13a→5分)、(北桔橋門・平川門)東西線／竹橋駅(1a→5分)	9時〜17時(季節により異なる)　【休み】月曜・金曜(休日で公開する場合、翌日)・天皇誕生日	無料出入は大手門・平川門・北桔橋門。(参照P21)	36A1・52D3	
講道館（柔道資料館・柔道図書館）（コウドウカン）	3818-4562　文京区春日1-16-30　三田線・大江戸線／春日駅(A1→1分)、丸ノ内線・南北線／後楽園駅(3・6→3分)、JR／水道橋駅(12分)	10時〜17時　【休み】土日祝・夏季休暇	常設展：無料　団体要予約(参照P23)	60C2	
古賀政男音楽博物館（コガ マサオ）	3460-9051　渋谷区上原3-6-12　小田急小田原線・千代田線／代々木上原駅(南口1→3分)	10時〜17時　【休み】月曜(祝日の場合翌日)、展示替期間	一般550・大高440・中小220円昭和の不世出の大作曲家を彩った数々の資料を様々な形で展示。	74B3	
国際子ども図書館	3827-2053　台東区上野公園12-49　JR／上野駅(公園口→10分)、銀座線・日比谷線／上野駅(7→15分)	9時半〜17時　【休み】月曜・第三水曜	無料。内外の児童書や子どもに関する本、展示会やメディアふれあいコーナーなど、各種サービスが充実。(ガイドツアーや見学会がある。要予約)	58B1	
国際連合広報センター	5467-1359(国連大学ライブラリー)　渋谷区神宮前5-53-70 UNハウス内8F　銀座線・千代田線／表参道駅(B2→3分)、各線／渋谷駅(8分)	2Fの図書室は10時〜13時、14時〜17時半　【休み】水土日祝、国連の休日、他	修学旅行や国連大学ビル(渋谷)を訪れる中高校生(10人程度)を対象に国連広報センター、国連について優先度順位などに関する優先予約。(参照P27)	72D2	
国立映画アーカイブ	050-5541-8600(ハローダイヤル)　中央区京橋3-7-6　銀座線／京橋駅(1→1分)、浅草線／宝町駅(A4→1分)、有楽町線／銀座一丁目(7→5分)	展示室(7F)11時〜18時半(金曜は〜20時)　【休み】月曜・展示替期間など	展示室展示映像は、一般520・大高310・中小100円5/18(国際博物館の日)と11/3(文化の日)は無料(参照P20)　【所要時間】60分	46D1	
国立科学博物館上野本館	050-5541-8600(NTT/ハローダイヤル)　台東区上野公園7-20　JR／上野駅(公園口→5分)、銀座線・日比谷線／上野駅(7→10分)、京成線／京成上野駅(10分)	9時〜17時(毎週金曜日は〜20時)　【休み】月曜(祝日の場合翌日)	一般630・高校生以下無料※特別展は展示により異なる。5/18・11/3は常設展示無料(参照P20)　【所要時間】90分	58C2	

※最終入場時間は基本30分前までが、異なる場合がございますので、詳しくはお確かめ下さい。学生など無料の所は学生証など身分証明所が必要です。【所要時間】は目安です。
※なお、記載内容は2023年5月現在のものです。新型コロナの影響により、料金・時間等は予告無く変更されることがあります。

	名称	電話(03)	所在地・交通・最寄(→は所要分)	時間・休み(年末年始除く)	料金ほか	参照地図
こ	国立科学博物館 付属自然教育園	3441-7176	港区白金台5-21-5 南北線・三田線／目黒駅(東口→9分)、JR・東急目黒線／白金台駅(1→7分)、南北線・三田線／白金台駅(1→7分)	9時～16時半(5～8月は～17時。(ただし、土・日は入園可。月曜が祝日の場合翌日) 【休み】月曜及び祝日の翌日閉園し日。月曜が祝日の場合翌日)	一般320・高中小無料 5/4・5/18・11/3は入館無料 (参照P28)　【所要時間】60分	15C/80D
	国立国会図書館 東京本館	3581-2331	千代田区永田町1-10-1 有楽町線・半蔵門線・南北線／永田町駅(2→5分)、丸ノ内線・千代田線／国会議事堂前駅(1→12分)	9時半～19時(土曜は～17時) 【休み】日・祝・第3水曜	無料(一般向け見学は満18歳以上の人の入館可能) わが国第一の図書館。国内すべての刊行物を所蔵。(一部関西館に移転)高校生・中学生向けに施設や機能を紹介する見学あり。要予約	42C
	国立新美術館	050-5541-8600(ハローダイヤル)	港区六本木7-22-2 千代田線／乃木坂駅(6→すぐ)、日比谷線・大江戸線／六本木駅(7→4分8→5分)	自主企画展・共催展10時～18時(会期中の金曜は～20時) 【休み】火曜(祝日の場合翌日)	展覧会により異なる (参照P28)	78B
	国立西洋美術館	050-5541-8600(ハローダイヤル)	台東区上野公園7-7 JR／上野駅(公園口→1分)、銀座線・日比谷線／上野駅(9→8分)	9時半～17時半(金・土曜は～20時) 【休み】月曜(祝日の場合翌日)、その他臨時休館	一般500・大250・高校生以下無料(企画展は別料金) (参照P22)	58C
	古代オリエント博物館	3989-3491	豊島区東池袋3-1 サンシャインシティ文化会館ビル7F 東武東上線／池袋駅(6・7→6分)、JR・丸ノ内線・副都心線／池袋駅(13分)	10時～16時半 【休み】展示替期間、その他	一般600・大高500・中小200円(館蔵品展) 土日は高中小無料(館蔵展) (参照P25)　【所要時間】60分	66D
	国会議事堂 (参議院)	5521-7445	千代田区永田町1-7-1 有楽町線・半蔵門線・南北線／永田町駅(1→3分)、丸ノ内線・千代田線／国会議事堂前駅(1→6分)	9時～17時(16時までに受付)の1時間毎 【休み】土曜日祝	無料(本会議が開かれる日は開会予定時刻の1時間前から散会まで見学不可) 【所要時間】60分 参観受付窓口にて申込み、特別体験プログラムあり(受付03-3581-3100)(参照P18)	42C
	国会議事堂 (衆議院)	3581-5111	千代田区永田町1-7-1 有楽町線・半蔵門線・南北線／永田町駅(1→3分)、丸ノ内線・千代田線／国会議事堂前駅(1→3分)	平日8時～17時(16時までに受付)、土日休日9時半・10時半・11時半・13時・14時・15時の6回(	無料(電話・FAXにて60日前から受付、当日も可・本会議が開かれる日は開会予定時刻の1時間前から散会まで見学不可) 10名以上は事前申込み 【受付場所】平日:衆議院参観通用門内受付所 土日休日:衆議院面会受付所参観受付窓口(ともに国会議事堂裏) 【所要時間】60分	42C
	コニカミノルタ プラネタリウム"天空"	5610-3043	墨田区押上1-1-2 東京スカイツリータウン・イーストヤード7F 東武スカイツリーライン／とうきょうスカイツリー駅(正面口→20分)、半蔵門線・京成押上線・浅草線／押上(スカイツリー前)駅(スカイツリー方面口→10分)	10時～22時(土日祝は9時半～)　【休み】無休	中学生以上1600円・4歳以上1000円 ヒーリングプラネタリウムは小学生以上限定1900円 (参照P30)　【所要時間】40分～50分	82D
	コンピューターエンターテインメント協会 小・中・高校生向けゲーム業界学習講座	6302-0231	新宿区西新宿2-7-1 小田急第一生命ビル18F 丸ノ内線／西新宿駅(地下道→5分)、大江戸線／都庁前駅(地下道→5分)、JR／新宿駅(西口→7分)	9時～17時　【休み】土日祝	無料　要申込み 小学校・中学校・高等学校等に在学中の学生のみ対象 申込みは教員又は生徒本人のみ	68A
さ	最高裁判所 学校団体見学コース	3264-8151(学生グループ見学用)	千代田区隼町4-2 半蔵門線・有楽町線・南北線／永田町駅(4→5分)、丸ノ内線・千代田線／国会議事堂前駅(1→15分)	学校団体見学コース①9時半②11時③13時15分④14時45分 【見学実施日】火曜・木曜のみ	※中学校、高校、大学、専門学校等が対象(100名まで)。 見学希望日の3ヶ月前から要予約。 (参照P19)　【所要時間】40分	42C
	サンシャイン60展望台 てんぼうぱーく	3457-3459	豊島区東池袋3-1 サンシャイン60ビル60F 有楽町線／東池袋駅(6・7→3分)、JR・丸ノ内線・副都心線／池袋駅(35→8分)、都電荒川線／東池袋四丁目駅(4分)	11時～21時(入場は1時間前)　【休み】無休	高校生以上700・中小500円(土日祝は高校生以上900・中小600円) 【所要時間】30分	66D
	サンシャイン水族館	3989-3466	豊島区東池袋3-1 サンシャインシティ ワールドインポートマートビル屋上 有楽町線／東池袋駅(6・7→3分)、JR・丸ノ内線・副都心線／池袋駅(東口・35→8分)、都電荒川線／東池袋四丁目駅(4分)	10時～21時(季節により異なる)　【休み】無休	一般2600～2800・小中学生1300～1400・幼児(4才以上)800～900円(時期により異なる) 学生団体料金は高校生2100・中小1050・幼650円 【所要時間】90分	66D
	サンシャインシティ	3989-3331	豊島区東池袋3-1	店舗により異なる	(参照P25)	66D
	サントリー美術館	3479-8600	港区赤坂9-7-4 東京ミッドタウン ガレリア3階 大江戸線・日比谷線／六本木駅(出口8直結)、千代田線／乃木坂駅(3→3分)	10時～18時(金・土曜は～20時)　【休み】火曜(祝日の場合翌日)、展示替期間中	高校生以上の料金は展覧会により異なる。中学生以下無料 (参照P28)	78C
	三の丸尚蔵館 (サンノマルショウゾウ カン)		千代田区千代田1-1　皇居東御苑内 (大手門)丸ノ内線・東西線・千代田線・半蔵門線・三田線／大手町駅(C13a→5分)、東西線／竹橋駅(1a→15分)、(平川門)東西線／竹橋駅(1a→10分)		新施設へ移行のため休館中(令和5年秋に開館予定)	52D
し	JPタワー 「KITTE」	3216-2811(10時～19時)	千代田区丸の内2-7-2 JR／東京駅(丸の内南口→1分)、丸ノ内線／東京駅(直結)、二重橋前駅(1→2分)	11時～21時　※店舗により異なる　【休み】法定点検日	店舗	36B
	下町風俗資料館付設展示場 (旧吉田屋酒店)	3823-4408	台東区上野桜木2-10-6 千代田線／根津駅(1→9分)、JR／日暮里駅	9時半～16時半 【休み】月曜(祝日の場合翌日)	無料 (参照P23)	58B
	渋沢史料館	3910-0005	北区西ヶ原2-16-1 JR／王子駅(南口→5分)、南北線／西ヶ原駅(2→7分)、都電荒川線／飛鳥山駅(4分)	10時～16時 【休み】月曜(祝日の場合翌日)、祝日の代休日、その他	一般300・高中小100円 紙の博物館と北区飛鳥山博物館との3館共通券あり※ 2023年5月まで班別グループでの見学不可。要確認。 (参照P24)　【所要時間】60分	13A/64A
	SHIBUYA109	3477-5111(代)	渋谷区道玄坂2-29-1(109) JR・銀座線・半蔵門線／渋谷駅、副都心線・東急田園都市線／渋谷駅(3a→1分)	10時～21時[109] 【休み】不定休	店舗 (参照P27)	72B
	渋谷スクランブルスクエア 渋谷スカイ	4221-0229	渋谷区渋谷2-24-12 銀座線・半蔵門線・副都心線／渋谷駅(B6→直結)	10時～22時半　【休み】無休	18才以上2200・高中1700・小1000・幼600円(WEBチケット) (参照P26)　【所要時間】60分	72C
	渋谷ヒカリエ	5468-5892	渋谷区渋谷2-21-1 副都心線・銀座線、JR、京王井の頭線・東急田園都市線／渋谷駅(直結)	10時～21時　【休み】無休	店舗 (参照P26)	72C

名称	電話(03)　所在地・交通・最寄(→は所要分)	時間・休み (年末年始除く)	料金ほか	参照頁 地図
JICA地球ひろば 体験ゾーン	3269-2911(総合案内)　新宿区市谷本村町10-5 JR・有楽町・新宿線／市ヶ谷(A1・4→10分)、南北線 ／市ヶ谷(6→8分)	【時間】9時～21時半(交流ゾーン)10時～18時(体験ゾーン) 【休み】第1,第3日曜(体験ゾーンのみ)	無料　団体向けモデルコース ①体験ゾーン見学 ②JICA海外協力隊体験談 ③ワークショップがある。団体の場合は要予約。(参照P34)【所要時間】90分～120分	12D6
しょうけい館 (戦傷病者史料館)	3234-7821　千代田区九段南1-6-13　ツカキスクエア九段下 半蔵門線・東西線・新宿線／九段下駅(6→1分)	10時～17時半 【休み】月曜(祝日の場合は翌日)	無料　団体の場合は要連絡 (参照P21)【所要時間】60分	52C1
渋谷区立松濤美術館 (ショウトウ)	3465-9421　渋谷区松濤2-14-14 京王井の頭線／神泉駅(5分)、JR・銀座線・半蔵門線・副都心線／渋谷駅(ハチ公口→15分)	9時～17時(公募展等開催中) 休日の翌日(土・日を除く)、展示替期間	展覧会により異なる。 毎週土・日・祝・休日・夏休み期間は小中学生無料 (参照P27)	74D4
昭和館	3222-2577　千代田区九段南1-6-1 東西線・半蔵門線・新宿線／九段下駅(4→1分)、JR・飯田橋駅(10分)	10時～17時半　【休み】月曜(祝日の場合翌日)、臨時休	大人300・大高150円・中小無料、65歳以上270円 (参照P21)【所要時間】90分	52B2
新宿御苑 (シンジュクギョエン)	3341-1461　新宿区内藤町11 丸ノ内線／新宿御苑前駅(1→5分)、新宿線／新宿三丁目駅(新門／C1・C5→5分)、副都心線／新宿三丁目駅(E5→5分)	9時～16時半(季節により異なる) 【休み】月曜(祝日の場合翌日)	一般500・高校生以上250円・中学生以下無料 (参照P26)【所要時間】60分	68D3
信託博物館 (三菱UFJ信託銀行)	6214-6501　千代田区丸の内1-4-6　日本工業倶楽部会館1F JR・東京駅(丸の内北口→3分)、丸ノ内線／東京駅(1→1分)、三田線・千代田線／大手町駅(D4→2分)、東西線・半蔵門線／大手町駅(B1→2分)	10時～18時、 【休み】土日祝、銀行休業日	無料 (参照P18)	36B2
水天宮 (弁財天) (スイテングウ(ベンザイテン))	3666-7195　中央区日本橋蛎殻町2-4-1 半蔵門線／水天宮前駅(5→1分)、日比谷線・浅草線／人形町駅(A1・A3→6分・8分)	【開門時間】7時～18時	(参照P20)	50D2
ZUKAN MUSEUM GINZA powered by 小学館の図鑑NEO ズカンミュージアムギンザ	東京都中央区銀座5丁目2-1 東急プラザ銀座 6F 銀座線・丸ノ内線・日比谷線／銀座駅(C2・C3→3分)	11時～19時(土日祝は10時～) 【休み】東急プラザ銀座の休館日に準ずる(※1/1と年1回の不定期休)	18才以上2000・高中1200・小1000・3才以上800円 (土日祝・GMなど繁忙期は18才以上2500・高中1700・小1200・3才以上900円) (参照P20)【所要時間】60分	40D3・46B2
杉野学園衣裳博物館	6910-4413　品川区上大崎4-6-19 JR・東急線／目黒駅(中央口→7分)、三田線／白金台駅(中央口→7分)	10時～16時 【休み】日祝・大学の休業日	大人250、中小200円　昭和32年(1957)日本初の服飾博物館として開館。杉野芳子コレクションを収蔵し、西洋と日本の衣裳を展示している。(参照P28)	80D4
浅草公会堂 (スターの広場)	3844-7491　台東区浅草1-38-6　台東区立浅草公会堂前庭 銀座線・浅草線／浅草駅(1→5分・A4→7分)	見物自由	(参照P29)	82B3
すみだ水族館	5619-1821　東京都墨田区押上1-1-2東京ソラマチ西街区5階、6階 東武スカイツリーライン／とうきょうスカイツリー駅,浅草線・半蔵門線／押上駅(A2→3分)	9時～21時(平日は10時～20時) 【休み】無休	大人2500・高校生1800・中小学生1200・幼児(3歳以上)800円　(参照P30)【所要時間】90分	82D2
すみだ北斎美術館 (ほくさい)	6658-8936　墨田区亀沢2-7-2 JR・両国駅(東口→9分)、大江戸線／両国駅(A3→5分)	9時半～17時半　【休み】月曜(祝日の場合翌日)、他	常設展は大人400円・大高・65才以上300円・中学生以下無料 企画展は展覧会ごとに異なる。 (参照P30)	84D2
相撲博物館 (スモウ)	3622-0366　墨田区横綱1-3-28　国技館1F JR・両国駅(西口→1分)、大江戸線／両国駅(A4→5分)	10時～16時半 【休み】土日祝(場所中は国技館入館者のみ)、臨時休館あり	無料(東京本場所中は大相撲の観戦券が必要)	84C2
スモールワールズ	5843-8660(教育・一般団体受付係) 江東区有明1丁目3-33 有明物流センター ゆりかもめ／有明テニスの森駅(3分)、りんかい線／国際展示場駅(9分)	11時～19時(学校・教育団体は9時～20時) 【休み】無休	18才以上2700・高中1900・小1500円(15名以上は団体割引あり) ※学校・教育団体向けの特別プログラムあり。HP確認(参照P31) 【所要時間】60分～90分	91D1
静嘉堂文庫美術館 (せいかどう)	050-5541-8600(ハローダイヤル) 千代田区丸の内2-1-1 明治生命館1F 千代田線／二重橋前駅(3→直結)、JR／東京駅(丸の内→5分)	10時～17時(金曜は～18時) 【休み】月曜(祝日の場合翌日)、展示切替期間	一般1500・大高1000円・中学生以下無料	36A3・4
聖徳記念絵画館 (せいとく)	3401-5179　新宿区霞ケ丘町1-1 JR／信濃町駅(5分)、大江戸線／国立競技場駅(A1→5分)、半蔵門線・銀座線／青山一丁目駅(1→10分)	10時～16時半(12/29～1/3は10時～16時) 【休み】水曜(祝日の場合翌日)	施設維持協力金500円 (参照P27)	76B2
泉屋博古館　分館 (せんおくはくこかん)	050-5541-8600(ハローダイヤル)　港区六本木1-5-1 南北線／六本木一丁目駅(3→1分)	11時～18時 【休み】月曜(開館期間中)、展示替期間	一般1000・学生600円・中学生以下無料　企画により変更	44A1
泉岳寺 (赤穂義士記念館) (センガクジ)	3441-5560　港区高輪2-11-1　浅草線／泉岳寺駅(A2→1分)、南北線・三田線／白金高輪駅(2→10分)	【開門時間】7時～18時(10月～3月は～17時)　記念館は9時～16時半(10月～3月は～16時) 【休み】無休(臨時あり)	境内無料 赤穂義士記念館は大人500・高中400・10才以上250円 四十七士の遺品や大石父子の木像などを展示している。(参照P24)	16A5 65C1
千秋文庫 (センシュウブンコ)	3261-0075　千代田区九段南2-1-32 東西線・半蔵門線・新宿線／九段下駅(2→10分)	10時～16時 【休み】日・祝日、展示替期間	大人450円・大高350円・中小無料　展覧会により異なる 旧秋田藩佐竹家伝来の美術品、歴史資料の展示。	52B2
浅草寺 (センソウジ)	3842-0181　台東区浅草2-3-1 銀座線・浅草線／浅草駅(1・A4→5分)	境内参拝自由　諸堂は6～17時(10～3月は～16時半)	(参照P29)【所要時間】30分	82B2
増上寺 (ゾウジョウジ)	3432-1431　港区芝公園4-7-35 三田線／御成門駅(A1→3分)、浅草線・大江戸線／大門駅(A6→5分)、日比谷線／神谷町駅(1→10分)	10時～16時(平日は11時～15時)※宝物展示室 【休み】火曜(祝日の場合開館)	境内参拝自由 宝物展示室は一般700・高校生以下300円、徳川将軍家墓所拝観は一般500円・高校生以下無料※共通券は一般1000円 (参照P19)【所要時間】30分	44C3
漱石山房記念館 (ソウセキサンボウ)	3205-0209　新宿区早稲田南町7 東西線／早稲田駅(1→10分)、大江戸線／牛込柳町駅(東口→15分)	10時～18時　【休み】月曜(祝日の場合翌日)・臨時休館日	一般300・大高200円 小中学生は土日祝、10/1、新宿区立小中学校の夏季・冬季・春季休業日は観覧料無料。(参照P35) 【所要時間】60分	12D5
そなエリア東京 (防災体験学習施設)	3529-2180　江東区有明3-8-35 りんかい線／国際展示場駅(4分)、ゆりかもめ／有明駅(2分)	9時半～17時 【休み】月曜(祝日の場合翌日)、臨時休館	無料。 (参照P33)【所要時間】60分～90分	91E1

※最終入場時間は基本30分前ですが、異なる場合がございますので、詳しくはお確かめ下さい。学生など無料の所は学生証や身分証明所が必要です。【所要時間】は目安です。
※なお、記載内容は2023年5月現在のものです。新型コロナの影響により、料金・時間等は予告なく変更されることがあります。

	名称	電話(03) 所在地・交通・最寄(→は所要分)	時間・休み（年末年始除く）	料金ほか	参照地図
そ	SOMPO美術館	050-5541-8600(ハローダイヤル)　新宿区西新宿1-26-1 JR・丸ノ内線・新宿線／新宿駅(A18→5分)、大江戸線／新宿西口駅(D4→5分)	10時〜18時 【休み】月曜(祝日・振替休日の場合は開館)、展示替期間	展覧会により異なる (参照P25)　【所要時間】40分	68B2
た	太鼓館 (タイコカン)	3842-5622　台東区西浅草2-1-1　(株)宮本卯之助商店西浅草店4F 銀座線／田原町駅(3→2分)、浅草線／浅草駅(A4→6分)	10時〜17時　【休み】月・火曜定休(月曜日が祝日の場合開店)	大人500・小以下150円 (参照P29)	82A1
	第五福竜丸　展示館 (ダイゴ フクリュウマル)	3521-8494　江東区夢の島3-2　夢の島公園内 JR・りんかい線／新木場駅(10分)	9時半〜16時　【休み】月曜(祝日の場合翌日)	無料。ガイド依頼は問い合せを。 (参照P33)　【所要時間】60分	92上E
	台東区立 下町風俗資料館	3823-7451　台東区上野公園2-1 京成線／京成上野駅(3分)、大江戸線／上野御徒町駅(3→5分)、JR・銀座線・日比谷線／上野駅(3→5分)、千代田線／湯島駅(2→5分)		令和6年度末(時期未定)まで休館予定	58B3
	台東区立書道博物館	3872-2645　台東区根岸2-10-4 JR／鶯谷駅(北口)(5分)、日比谷線／入谷駅(4→17分)	9時半〜16時半　【休み】月曜(祝日の場合翌日)、他	一般500、高中小250円　中国及び日本の書道に関する古美術品、考古出土品など、重要文化財12点、重要美術品5点を所蔵、展示する。	58C
	台場一丁目商店街 〜みんなでお買い物〜 (ダイバ イッチョウメ)	3599-6500(代)　港区台場1-6-1　デックス東京ビーチシーサイドモール4F ゆりかもめ／お台場海浜公園駅(2分)、りんかい線／東京テレポート駅(5分)	11時〜21時(他あり) 【休み】不定休(一日)	(参照P31)	90B1
	ダイバーシティ 東京プラザ	6380-7800　江東区青海1-1-10 ゆりかもめ／台場駅(5分)りんかい線／東京テレポート(3分)	物販11時〜20時、フードコート11時〜21時、レストラン11〜22時(平日)　(参照P32)	店舗により異なる　(参照P32)	90B1
	大名時計博物館	3821-6913　台東区谷中2-1-27 千代田線／根津駅(1→10分)、JR／日暮里駅(15分)	10時〜16時　【休み】月曜(祝日の場合翌日)、7〜9月休館	大人300・大高200・中小100円 大名時計を展示する日本唯一の博物館。	62D1
	ダイヤと花の大観覧車 (葛西臨海公園内)	3686-6911(葛西臨海公園営業所)　江戸川区臨海町6-2 JR京葉線／葛西臨海公園駅	10時〜20時(平日は〜19時) 【休み】3月〜12月の第3水曜日(8月を除く)、1月第4・5水、2月水曜(祝日の場合翌日)	一般(3歳以上)800円 (参照P33)　【所要時間】17分	92下E
	田河水泡・のらくろ館 (タガワ スイホウ)	5600-8666　江東区森下3-12-17　森下文化センター1F 新宿線・大江戸線／森下駅(A6→8分)、半蔵門線／清澄白河駅(A2→8分)	9時〜21時 【休み】第1・3月曜	無料 「のらくろ」をはじめ児童漫画を中心に活躍した田河水泡の作品や遺品などを展示。	86C2
	工匠館 (たくみのやかた)	3647-9819　江東区森下3-12-17　森下文化センター2F 新宿線・大江戸線／森下駅(A6→8分)、半蔵門線／清澄白河駅(A2→8分)	9時〜17時 【休み】第1・3月曜	無料(クラス単位の場合用事前予約) 江東区の伝統工芸品や職人の仕事場等を再現、展示。	86C2
	たばこと塩の博物館	3622-8801　墨田区横川1-16-3 半蔵門線・浅草線・東武スカイツリーライン／押上駅(B2→12分)、浅草線／本所吾妻橋駅(A2→10分)	10時〜17時 【休み】月曜(祝日の場合翌日)	大学生以上100・高中小50円(参照P29) 【所要時間】60分	82C3 D3
	旅の図書館	5770-8350　港区南青山二丁目7-29　日本交通公社ビル 銀座線・半蔵門線・都営大江戸線／青山一丁目駅(5→3分)	10時半〜17時 【休み】土日祝、毎月第4水曜、その他	無料。中学生以下は保護者の同伴が必要。 雑誌、ガイドブック、新着図書など観光の新しい情報を提供するとともに、観光研究・地域研究資料、統計資料、古書など主要な図書を収蔵している。	76C4
つ	築地場外市場	3541-9466(築地食品振興協同組合)　中央区築地4 大江戸線／築地市場駅、日比谷線／築地駅(1・2→1分)	早朝〜14時 【休み】日曜・祝日と水曜(不定期)・お盆	店舗 (参照P20)	46C2
	築地本願寺 (西本願寺東京別院) (ツキジ ホンガンジ)	0120-792-048　中央区築地3-15-1 日比谷線／築地駅(1→1分)、浅草線・東銀座線／築地市場駅(A1→5分)、有楽町線／新富町(4→5分)	【本堂開扉時間】6時〜16時	(参照P20)　【所要時間】15分	46D1
	西仲通り商店街 「月島もんじゃストリート」 (ツキシマ)	3532-1990　中央区月島1-8-103　(月島もんじゃ振興会) 有楽町線・大江戸線／月島駅(7→1分)	時間・休みは店舗により異なる。	(参照P34)	16D3
て	デックス東京ビーチ	3599-6500(代)　港区台場1-6-1 ゆりかもめ／お台場海浜公園駅(2分)、りんかい線／東京テレポート駅(5分)	11時〜21時(他あり) 【休み】不定休(一日)	店舗 (参照P31)	90B1
	TEPIA先端技術館	5474-6128　港区北青山2-8-44 銀座線・半蔵門線／外苑前駅(4分)、大江戸線／青山一丁目駅(1→9分)、JR／千駄ケ谷駅(14分)	①9時〜11時半②13時〜15時③15時〜17時の3部制 【休み】月曜(祝日の場合翌平日)	無料 事前予約制(各回終了の15分前まで入口での予約が可能) 完全入替制(再入場可)(参照P27)　【所要時間】30分〜	76B4
	テレコムセンター展望台	5500-0021　江東区青海2-38 ゆりかもめ／テレコムセンター駅(1分)、りんかい線／東京テレポート駅(10分)	15時〜20時(土日祝は11時〜) 【休み】月曜(祝日の場合は翌日)	高校生以上500・中小300円 地上100mから眺める東京の街。眼下には臨海副都心の街づくり、晴れた日には富士山も見える。 【所要時間】15分	90A2
	テレビ朝日	6406-1508　港区六本木6-9-1 日比谷線・大江戸線／六本木駅(1→5分)、大江戸線・南北線／麻布十番駅(7→10分)	スタジオ見学は10時半〜、13時半〜、15時半〜の1日3回 【休み】土日祝、5/1、11/1	無料。事前予約制(教員の方のみ)　※見学再開に向け準備中(要確認) 小学5年生〜大学生対象で学校単位で申し込み。定員は12名。 ※小学生の見学には教員の引率が必要。見学日の10日前までに申込要 ※学校の授業の一環であり、学習を目的とした見学に限る。 (参照P28)　【所要時間】90分	78C2
	テレビ東京	6632-7777 港区六本木3-2-1 六本木グランドタワー 南北線／六本木一丁目駅(直結)、日比谷線・大江戸線／六本木駅(5→5分)	14時〜16時　【休み】土日祝	無料　※休止中。オンラインの社内見学は実施中 完全予約制。対象は小学5年〜高校3年生。定員は6〜8名(教員の引率が必要)。校外学習など学校行事のみ可(申し込みは教員か生徒)。電話で希望の6ヶ月先まで申し込みができる。 (参照P28)　【所要時間】180分	78D1
と	東急プラザ表参道原宿	3497-0418　渋谷区神宮前4-30-3 JR／原宿駅(4分)、千代田線・副都心線／明治神宮前駅(5→1分)、半蔵門線・銀座線／表参道駅(A2→7分)	11時〜21時(飲食は8時半〜23時)　【休み】無休	店舗	70C3

と

名称	電話(03) 所在地・交通・最寄(→は所要分)	時間・休み(年末年始除く)	料金ほか	参照頁地図
東京グローバルゲートウェイ	0120-865-961 江東区青海2-4-32 TIME24 1〜3階 ゆりかもめ/テレコムセンター駅(4分)、りんかい線/東京テレポート駅(18分)	9時〜17時(受付) 【休み】日祝(学校利用カレンダーによる)	高校生4290・中学生4290・小学生4070円(都外学校の利用・半日コース) 高校生3190・中学生3190・小学生2970円(都内学校の半日コース) (参照P32)	90A2
東京芸術大学大学美術館	050-5541-8600(ハローダイヤル) 台東区上野公園12-8 JR・銀座線・日比谷線/上野駅(公園口→10分、7→15分)、京成線/京成上野駅(15分)、千代田線/根津駅(1→10分)	展覧会により異なる 【休み】展覧会により異なる	観覧料は展覧会により異なる。国宝、重要文化財指定品を含む約3万件を収蔵。カフェやミュージアムショップ、画材店もあり、建物もすばらしい。	58B2
東京国際フォーラム	5221-9000 千代田区丸の内3-5-1 JR・有楽町線/有楽町駅(D5→1分)、JR/東京駅(5分)、日比谷線・千代田線/日比谷駅(B1→5分)、丸ノ内線・銀座線/銀座駅(C9→7分)	8時〜23時半(店舗により異なる)	公共スペースは自由に見学できるが、会議室やギャラリー等の貸し出し施設は催事の参加者以外入場不可。(参照P18)	40D2
東京国立近代美術館(本館)	050-5541-8600(ハローダイヤル) 千代田区北の丸公園3-1 東西線/竹橋駅(1b→3分)、半蔵門線・新宿線/九段下駅(2→3分)、展示替期間	10時〜17時(金曜〜20時) 【休み】月曜(祝日の場合翌日)	所蔵作品展は一般500・大250円・高校生以下無料 学校のためのスクールプログラムあり。(参照P21) 【所要時間】90分	52C2
東京国立博物館	050-5541-8600(ハローダイヤル) 台東区上野公園13-9 JR・銀座線・日比谷線/上野駅(しのばず口→15分)、JR/鶯谷口(15分)、千代田線/根津駅(1→15分)、京成電鉄/京成上野駅(15分)	9時半〜17時(金土は〜21時) 【休み】月曜(祝日の場合翌日)・GWとお盆は開館	一般1000・大500・高以下、70歳以上無料(総合文化展のみ) 5/18・周年記念無料開館日(7/20〜7/24)・敬老の日・文化の日は総合文化展のみ無料 (参照P22)	58C2
東京シティビュー(スカイデッキ)	6406-6652 港区六本木6-10-1 六本木ヒルズ森タワー52F 日比谷線・大江戸線/六本木駅(コンコース直結・3→4分)、南北線/麻布十番駅(4→8分)、千代田線/乃木坂駅(5→10分)	10時〜22時(スカイデッキは11時〜20時) 【休み】不定休	平日は大人2200・大高1400・4歳以上800・シニア1700円(展覧会より異なる) スカイデッキは別途追加500円(中学以下は300円)が必要 (参照P28) 【所要時間】30分	78C2
東京ジョイポリス	5500-1801 港区台場1-6-1 デックス東京ビーチ3F〜5F ゆりかもめ/お台場海浜公園駅(2分)、りんかい線/東京テレポート駅(5分)	11時〜19時(時期により異なる) 【休み】不定休	パスポート 大人5000・高中小4000円(参照P31)	90B1
東京将棋会館	3408-6596 渋谷区千駄ヶ谷2-39-9 大江戸線/国立競技場駅(A4→10分)、副都心線/北参道駅(2→8分)	10時〜21時(最終手合は30分前まで)【休み】無休	※児童・生徒の見学は中止し、2024年に移転予定	70C1・2 D1・2
東京消防庁池袋防災館	3590-6565 豊島区西池袋2-37-8 丸ノ内線・有楽町線・副都心線・JR/池袋駅(西口→5分)	9時〜17時(金曜は〜21時)体験コーナーは閉館45分前まで受付 【休み】月曜・第3火曜(祝日の場合翌日)	無料 防災体験ツアーあり。要予約 (参照P25) 【所要時間】60分 ※防災体験ツアーは100分	66A2
東京消防庁消防博物館	3353-9119 新宿区四谷3-10 丸ノ内線/四谷三丁目駅(2→1分)、新宿線/曙橋駅(A4→7分)	9時半〜17時(図書資料室は水・日曜日13時〜16時半) 【休み】月曜(祝日の場合翌日)ただし9/1、10/1、1/17は休館	無料 団体(10名以上)は要予約 (参照P28) 【所要時間】60分	76B1
東京消防庁本所防災館	3621-0119 墨田区横川4-6-6 JR・半蔵門線/錦糸町駅(北口-4→10分)、京成押上・浅草線・東武伊勢崎線・半蔵門線/押上駅(B1・B2→10分)	9時〜17時【休み】水曜・第3木曜(祝日の場合翌日)	無料 (参照P35) 【所要時間】60分(防災体験ツアーは110分)	14B5
東京スイソミル	6666-6761 江東区潮見1-3-2 有楽町線/辰巳駅(1→20分)、JR/潮見駅(西口→8分)	9時〜17時 【休み】月曜(祝日の場合翌日)	無料 (参照P35) 【所要時間】40分	17B3
東京スカイツリー	0570-55-0634(東京スカイツリーコールセンター) 墨田区押上1-1-2 東武スカイツリーライン/とうきょうスカイツリー駅、半蔵門線・浅草線/押上(スカイツリー前)駅(A2→3分)	10時〜21時 【休み】無休	天望デッキ 当日券大人2100・高中1550・小950円(平日) 天望回廊 大人1000・高中800・小500円(平日) (参照P30)	82D2
東京税関「情報ひろば」	3599-6264 江東区青海2-7-11 東京港湾合同庁舎2F ゆりかもめ/テレコムセンター駅(3分)	10時〜17時【休み】土日祝	無料 (参照P33) 【所要時間】60分	90A2
東京大学キャンパスツアー	文京区本郷7-3-1 丸の内線・大江戸線/本郷三丁目駅(2→8分・4→6分)、南北線/東大前駅(1→1分)	①10時〜12時 ②14時〜16時 【休】ツアー実施日]毎週土曜・日曜(学校休講日を除く)	無料 完全事前予約制 ツアー開催日の約1ヶ月前に予約(HP)(参照P23)	60D1・2
東京大学総合研究博物館本館	050-5541-8600(ハローダイヤル) 文京区本郷7-3-1 丸ノ内線・大江戸線/本郷三丁目駅(2→6分・4→3分)、南北線/東大前駅(1→1分)	10時〜17時【開館日】水曜・木曜・金曜	無料 明治10年の創学から集められた各種学術標本を様々なテーマに合わせて展覧している。	60D2
東京タワー	3433-5121 港区芝公園4-2-8 大江戸線/赤羽橋駅(赤羽橋口→5分)、日比谷線/神谷町駅(1→7分)、三田線/御成門駅(A1→6分)、浅草線・大門駅(A6→10分)、JR/浜松町駅(北口→15分)	メインデッキは9時〜23時、トップデッキツアーは9時〜22時45分 【休み】年中無休	メインデッキは大人1200・高校生1000・高小700・4歳以上500円、トップデッキツアーは大人3000・高校生2800・中小2000・4歳以上は1400円(当日窓口、メインデッキを含む) (参照P19) 【所要時間】30分以上	44B3
東京ドーム	5684-4401 5684-4404(団体・教育旅行) 文京区後楽1-3-61 丸ノ内線・南北線/後楽園駅(1・2→1分)、JR・三田線・大江戸線/水道橋駅(A2〜A5→5分)、大江戸線/春日駅(6→5分)	①8時15分〜①9時45分〜③10時30分〜	日程は決まっているので公式WEBを確認 ピッチングコースは高校生以上2500・中学生以下2000円 (参照P23) 【所要時間】45〜60分	60C3
東京ドームシティアトラクションズ	3817-6001 文京区後楽1-3-61 三田線・大江戸線/水道橋駅(A1→3分)、丸ノ内線・南北線/後楽園駅(2→3分)、大江戸線/春日駅(A1→5分)	10時〜21時 閉園時間は季節により異なる。【休み】無休	(1デーパスポート)一般4200・中高生3700・小学生2800・幼児1800円 (参照P23) 【所要時間】240分	60C2
東京都葛西臨海水族園	3869-5152 江戸川区臨海町6-2-3 JR京葉線/葛西臨海公園駅(5分)	9時半〜17時(入園は〜16時) 【休み】水曜(祝日の場合翌日)	一般700・中250円・小学生以下無料 ※65才以上350円 5/4・10/1・10/10は無料、5/5は中学生無料 (参照P33) 【所要時間】90分	92下C3
東京都現代美術館	050-5541-8600(ハローダイヤル) 江東区三好4-1-1 木場公園内 半蔵門線・大江戸線/清澄白河駅(B2→9分・A3→3分)、新宿線/菊川駅(A4→15分)、東西線/木場駅(3→15分)	10時〜18時【休み】月曜・展示替期間	コレクション展一般500・大学生400・高校生250・中学生以下無料 企画展は別途料金	86D2

※最終入場時間は基本30分前ですが、異なる場合がございますので、詳しくはお確かめ下さい。学生など無料の所は学生証など身分証明所が必要です。【所要時間】は目安です。
※なお、記載内容は2023年5月現在のものです。新型コロナの影響により、料金・時間等は予告無く変更されることがあります。

と

名称	電話(03) 所在地・交通・最寄(→は要分)	時間・休み(年末年始除く)	料金ほか	参照頁地図
東京都写真美術館	3280-0099　目黒区三田1-13-3　恵比寿ガーデンプレイス内　JR・日比谷線／恵比寿駅(恵比寿スカイウォーク→7・10分)	10時～18時(木・金曜は～20時)入館は30分前まで　【休み】月曜(祝日の場合翌日)・臨時休館日	展覧会により異なる　小中高生向けの体験プログラムも行っている。(要予約)(参照P29)	80C3
東京都人権プラザ	6722-0123　港区芝二丁目5-6　芝256スクエアビル1・2階　都営三田線／芝公園駅(A1→3分)、三田線・大江戸線／大門駅(A3→7分)、JR・東京モノレール／浜松町駅(金杉橋口→8分)	9時半～17時半　【休み】日曜	無料　児童・生徒向けプログラムも行っており、専門員による展示の解説や、体験キット(高齢体験・視覚障害体験など)を使った学習を受ける事ができる。要予約。	44C4
東京都水道歴史館	5802-9040　文京区本郷2-7-1　大江戸線／本郷三丁目駅(3→8分)、JR・三田線／水道橋駅(A1→8分)、JR・丸ノ内線／御茶ノ水駅(1→8分)、千代田線／新御茶ノ水駅(B1→8分)	9時～17時　【休み】毎月第4月曜(祝日の場合翌日)	無料　5名以上より展示解説(要予約)(参照P22)　【所要時間】60分	54A1 60D3
東京都中央卸売市場 豊洲市場	5320-5720・3520-8213(団体見学)　江東区豊洲6-6-1　ゆりかもめ／市場前駅	5時～15時　【休み】日祝、休市日	小中学生の団体向けの案内も行っている。(要予約)(参照P20)　【所要時間】90～120分	16D4/5
東京都庁 (トウキョウトチョウ)	5388 2267(団体見学受付、平日の9時～17時)　5321-1111(代表)　新宿区西新宿2-8-1　丸ノ内線／西新宿駅(地下通路→10分)、大江戸線／都庁前駅(A4→直結)、JR・小田急線・京王線・新宿線／新宿駅(都庁方面の通路→10分)	10時～、14時45分～の1日2回　【休み】土日祝	無料　予約制　【所要時間】約90分　(団体見学の3ヵ月前から電話による申込先着順で受付。希望見学日の3日前までに要予約(10名以上45名以内)個人向け自由見学もあり。　(参照P25)	68A2
東京都庁 展望室 (第一本庁舎45階)	5320-7890(展望室専用案内)　新宿区西新宿2-8-1　交通同上	9時半～22時　【休み】第2・第4月曜(北展望室)・第1・第3火曜(南展望室)・祝日の場合翌日・都庁点検日	※北展望室は新型コロナワクチン接種会場のため入室不可　無料　(参照P25)　【所要時間】30分	68A2
東京都庭園美術館	3443-0201　港区白金台5-21-9　南北線・三田線／白金台駅(1→6分)、JR・東急目黒線／目黒駅(正面口→7分)	10時～18時　【休み】月曜(祝日の場合翌日)	展覧会により異なる。庭園は一般200・大学生160・高中と65歳以上は100円★(参照P29)	80D3
東京都美術館	3823-6921　台東区上野公園8-36　JR・銀座線・日比谷線／上野駅(公園口・7→7分・10分)、大江戸線／上野御徒町駅(A5→14分)、千代田線／根津駅(1→17分)	9時半～17時半、特別展開催中の金曜は～20時　【休み】第1・第3月曜日、(祝日の場合翌日)、特別展・企画展の月曜日、他	展覧会により異なる(参照P22)	58B2
東京都復興記念館	3622-1208　墨田区横網2-3-25　横網町公園内　大江戸線／両国駅(A1→2分)／JR／両国駅(西口→10分)	9時～17時　【休み】月曜(祝日の場合翌日)	無料(参照P30)　【所要時間】60分	84C1
東京都水の科学館	3528-2366　江東区有明3-1-8　ゆりかもめ／東京ビッグサイト駅(8分)、りんかい線／国際展示場駅(8分)	9時半～17時　【休み】月曜(祝日の場合翌日)　【所要時間】60分	無料(参照P33)	90C1
東京都夢の島 熱帯植物館	3522-0281　江東区夢の島2-1-2　JR・りんかい線・有楽町線／新木場駅(13分)	9時半～17時　【休み】月曜(祝日の場合翌日)	高以上250・中100★65歳以上120円・小以下無料　【所要時間】60分	92上C1
東京ビッグサイト	5530-1111　江東区有明3-21-1　りんかい線／国際展示場駅(7分)、ゆりかもめ／東京ビッグサイト駅(3分)	時間はイベントにより異なる。要確認	観光用ではなく、展示会やイベント用施設。入場は各展示会事務局へ問い合わせる。(参照P33)	91D2
東京ファッションタウンビル (ワンザ有明ベイモール)	5530-5001　江東区有明3-1　りんかい線／国際展示場駅(5分)、ゆりかもめ／東京ビッグサイト駅(3分)	ショップ街10時～19時、レストラン街11時～22時(店舗により異なる)　【休み】不定休	店舗により異なる	90D1
東京文化財研究所 黒田記念館 (クロダ)	5777-8600(ハローダイヤル)　台東区上野公園13-43　JR・銀座線・日比谷線／上野駅(10・15分)、京成線／京成上野駅(15分)、千代田線／根津駅(1→15分)	9時半～17時　【休み】月曜(東京国立博物館と同じ)	無料	58B2
東京本願寺 浄土真宗東本願寺派 本山東本願寺	3843-9511　台東区西浅草1-5-5　銀座線／田原町駅(3→5分)、浅草線・東武伊勢崎線／つくばエクスプレス／浅草駅(1→10分)	本堂7時～16時	境内自由(参照P29)　【所要時間】15分	82A2
東京ミッドタウン	3475-3100(コールセンター)　港区赤坂9-7-1　大江戸線・日比谷線／六本木駅(直結)、千代田線／乃木坂駅(3→3分)、南北線／六本木一丁目駅(1→10分)	ショップ11時～21時(レストランは～24時)　【休み】無休	店舗により異なる	78C1
TOKYOミナトリエ	5500-2587　江東区青海2-4-24　青海フロンティアビル20F　ゆりかもめ／テレコムセンター駅(1分)、りんかい線／東京テレポート駅(15分)	10時～18時(金・土・祝前日は～21時)　【休み】月曜	無料　10名以上の団体は事前予約(参照P32)　【所要時間】40分	90A2
刀剣博物館	6284-1000　墨田区横網1-12-9　JR／両国駅(西口→7分)、大江戸線／両国駅(A1→5分)	9時半～17時　【休み】月曜(祝日の場合翌日)・展示替期間	大人1000・高校生以上500円・中学生以下無料(参照P30)　【所要時間】60分	84C1・2
東証アローズ　見学 (東京証券取引所) (トウショウ)	050-3377-7254　中央区日本橋兜町2-1　東西線・日比谷線／茅場町駅(10・7→5・7分)、浅草線／日本橋駅(D2→5分)	9時～15時　【休み】土日祝	無料　※自由見学は中止です。案内付き見学ツアーは、1～40名程度。プログラムは9時～、10時～、13時～、14時～の1日4回。(参照P20)　【所要時間】60分	50B2
東武博物館	3614-8811(代)　墨田区東向島4-28-16　東武スカイツリーライン／東向島駅(1分)	10時～16時半　【休み】月曜(祝日の場合は翌日)	大人210・中学～4歳100円(参照P35)　【所要時間】60分	14C3
戸栗美術館 (トグリ)	3465-0070　渋谷区松濤1-11-3　京王井の頭線／神泉駅(北口→10分)、JR・銀座線・半蔵門線・副都心線／渋谷駅(ハチ公口→15分)	10時～17時(金曜は～20時)　【休み】月曜・火曜(祝日の場合翌日)、展示替期間	展覧会により異なる(参照P27)	74D4
高岩寺(とげぬき地蔵) (コウガンジ)	3917-8221　豊島区巣鴨3-35-2　三田線・JR／巣鴨駅(A3・正面口→5分)、都電荒川線／庚申塚駅(7分)	【開門時間】6時～17時　【休み】無休	参拝無料　参道・境内に衣類・植木などの出店が並ぶ別称「おばあちゃんの原宿」。	12D2
豊島区立トキワ荘 マンガミュージアム	6912-7706　豊島区南長崎3-9-22　大江戸線／落合南長崎駅(A2→5分)	10時～18時　【休み】月曜・展示切替期間	特別企画展期間は有料(参照P34)　【所要時間】60分	12A3
富岡八幡宮 (トミオカ)	3642-1315　江東区富岡1-20-3　東西線／門前仲町駅(1→3分・5→6分)、大江戸線／越中島駅(7分)	9時～16時(資料館は9時半～15時半)　【休み】無休	境内は自由。資料館は高校生以上300・中小150円(要予約)(参照P31)	86C4

名称	電話(03) 所在地・交通・最寄(→は所要分)	時間・休み(年末年始除く)	料金ほか	参照頁地図
中川船番所資料館	3636-9091　江東区大島9-1-15 都営新宿線／東大島駅(大島口→5分)	9時半～17時 【休み】月曜(祝日の時は翌日)、展示替期間	大人200・中小50円 発掘調査と資料に基づく江戸時代に江戸出入りの船を取り締まった中川番所をジオラマで再現。水運に関する歴史や文化が学べる。釣り具資料も多数展示。	10C4
ナンジャタウン	5950-0765　豊島区東池袋3 サンシャインシティ・ワールドインポートマート2F 有楽町線／東池袋駅(2→3分)、JR・丸ノ内線・副都心線／池袋駅(東口・35→8分)、都電荒川線／東池袋四丁目駅(4分)	10時～22時 【休み】無休(時間・休み・料金等変更の場合有り)	ナンジャパスポート:中学生以上3500・4才～小学生2200円	66D2
東京都虹の下水道館 (ニジノゲスイドウカン)	5564-2458　江東区有明2-3-5　有明水再生センター5F ゆりかもめ／お台場海浜公園駅(8分)、りんかい線／国際展示場駅(12分)	9時半～16時 【休み】月曜(休日の場合翌日、夏休み期間中は無休)	無料　団体は事前予約。【所要時間】90分 (参照P31)	90C1
日テレ社内見学	6-1-6-1　港区東新橋 各線／新橋駅(1→3分)、大江戸線／汐留駅(デッキ経由→1分)	11時～12時半・14時～15時半の1日2回 【休み】土日祝	※新型コロナの影響で休止中 無料　完全予約制(教員のみ) 希望日の6ヶ月前から2名～14名まで受付　(参照P20)	46A4
国際機関 日本アセアンセンター	5402-8008(交流)　港区新橋6-17-19　新御幸ビル1階 三田線／御成門駅(A4→1分)、大江戸線・浅草線・大門駅(A6→8分)	9時半～17時半 【休み】土日祝	無料。 中高生向けの訪問プログラムあり。(要予約) 5名～150名程度まで受け入れ可能。【所要時間】60分　(参照P19)	44C2・D2
日本オリンピックミュージアム	6910-5561　新宿区霞ヶ丘町4-2 銀座線／外苑前駅(3→5分)、大江戸線／国立競技場駅(A2→10分)	10時～17時 【休み】月曜(祝日の場合翌日)、展示切替期間	一般500円・高校生以下無料 【所要時間】60分　(参照P27)	76A3
日本科学未来館「Miraikan」	3570-9151(代)　江東区青海2-3-6 ゆりかもめ／テレコムセンター駅(4分)、りんかい線／東京テレポート駅(15分)	10時～17時 【休み】火曜(祝日の場合開館)	一般630・18才以下210円、小学校未就学児は無料。(常設展)　土曜は18才以下入館無料(特別展を除く) 常設展・ドームシアターは大人940・18才以下310・6才以下100円　(参照P32)	90A2
日本カメラ博物館	3263-7110　千代田区一番町25　JCⅡ一番町ビル地下1F 半蔵門線／半蔵門駅(4→1分)、有楽町線／麹町駅(3→6分)	10時～17時 【休み】月曜(祝日の場合翌日)他	(常設展)高校生以上300円・中学生以下無料 日本のカメラの発展史を系統的に常設展示する他、世界中の歴史カメラの名機、名作、珍品も展示される。	52A4
日本銀行 (本店見学)	3277-2815　中央区日本橋本石町2-1-1 半蔵門線・銀座線／三越前駅(B1・A5→1分・2分)、JR／神田駅・東京駅	9時半～、11時～、13時45分～、15時15分(一般見学)の1日4回 【休み】土日祝	無料　事前予約要 (参照P18)　【所要時間】60分	36C1
日本サッカーミュージアム	050-2018-1990　文京区本郷3-10-15　JFAハウス JR・丸ノ内線／御茶ノ水駅(御茶の水橋口・1→7分)、千代田線／新御茶ノ水駅(B1→9分)		休館中	54A1
日本の酒情報館 (ニホンノサケカン)	3519-2091　港区西新橋1-6-15日本酒造虎ノ門ビル1F 銀座線・虎ノ門駅(9→3分)、日比谷線・千代田線／丸ノ内線／霞ヶ関駅(C3→4分)、三田線／内幸町駅(A4→3分)	10時～18時　【休み】土日祝	無料 北海道から沖縄までの日本酒や焼酎・泡盛などを展示。酒に関する各種セミナーなども開催。試飲もできる。(有料)	40B3
日本民藝館 (ニホンミンゲイカン)	3467-4527　目黒区駒場4-3-33 京王井の頭線／駒場東大前駅(西口→7分)	10時～17時　【休み】月曜(祝日の場合翌日)、展示替期間	一般1200・大高700・中小200円 (参照P27)	74B4
ねぎし三平堂 (サンペイドウ)	3873-0760(ねぎし事務所)　台東区根岸2-10-12 JR／鶯谷駅(5分)、日比谷線／入谷駅(2→10分)	11時～17時 【開堂日】水・土・日曜	600円 昭和の爆笑王・林家三平の遺品などを公開。	58C1
根津美術館	3400-2536　港区南青山6-5-1 銀座線・半蔵門線・千代田線／表参道駅(A5→8分)、B3・4→10分)	10時～17時 【休み】月曜(祝日の場合翌日)、展示替期間	特別展:一般1600・大高1200円(当日券) 企画展:一般1400・大高1100円(当日券) 中学生以下無料	78A2
農林水産省「消費者の部屋」	5512-1115　千代田区霞が関1-2-1 丸の内線／日比谷線・千代田線／霞ヶ関駅(A5・B3a→1分)	学校訪問は10時半～13時半の2回＋月曜日・金曜は10時半の1回　【休み】土日祝	無料 15名程度まで【所要時間】60分 (参照P18)	40B2・3
博品館TOY PARK	3571-8008　中央区銀座8-8-11　JR・銀座線・新橋駅(1→3分・A1→3分)、丸ノ内線・日比谷線・銀座線／銀座駅(A2→5分)	11時～20時　【休み】無休	店舗 (参照P18)	40D4
芭蕉記念館 (バショウ)	3631-1448　江東区常磐1-6-3 新宿線・大江戸線／森下駅(A1→7分)	9時半～17時 【休み】第2・第4月曜(祝日の場合翌日)、展示替期間	一般200円、中小50円(教師が引率する江東区の小中児童無料) (参照P30)	86B1
畠山記念館 (ハタケヤマ)	港区白金台2-20-12 浅草線／高輪台駅(A2→5分)、南北線・三田線／白金台駅(1→10分)		改築工事のため長期休館中 (参照P24)	15D5 65C1
パナソニック汐留美術館	050-5541-8600(ハローダイヤル)　港区東新橋1-5-1 パナソニック電工東京本社ビル4F JR・浅草線・銀座線／新橋駅(2→6分)・ゆりかもめ(6分)、大江戸線(3・4→5分)	10時～18時 【休み】水曜(祝日は開館)、展示替期間、夏季等	展覧会により異なる。 (参照P20)	48B1
パナソニックセンター東京	3599-2600　江東区有明3-5-1 りんかい線／国際展示場駅(2分)、ゆりかもめ／有明駅(2分)	10時～18時(AkeruE 3階の最終入場は17時まで) 【休み】月曜(祝日は開館)、臨時休館日あり	無料 AkeruEの3階のみ小学生以上700円(要事前予約) (参照P32)	90D1
浜離宮恩賜庭園 (ハマリキュウ)	3541-0200　中央区浜離宮庭園1-1 大江戸線／築地市場駅(A1→7分)、ゆりかもめ／汐留駅(7分)、浅草線・銀座線／新橋駅(1→12分)、JR／新橋駅(12分)	9時～17時　【休み】無休	中学生以上300★・65歳以上150円・小学生以下無料 (参照P20)	48B2
光が丘公園 (ヒカリガオカ)	3977-7638(公園管理所)　練馬区光が丘4-1-1 大江戸線／光が丘駅(A4→5分)、有楽町線／地下鉄成増駅(4→15分)	9時～17時(季節により変更) 【公開日】土日祝のみ開園	無料 光が丘公園南部、鳥や昆虫が飛びかう自然空間。観察会も設置。	11E1
深川江戸資料館 (フカガワエド)	3630-8625　江東区白河1-3-28 半蔵門線・大江戸線／清澄白河駅(A3→3分)	9時半～17時　【休み】第2・4月曜(祝日の場合翌日)、展示替え期間等	高以上400・中小50円。小・中学生のみの入場不可(応相談)。教師が引率する江東区の小中児童無料・要申込。 (参照P31)　【所要時間】60分	86C2
フジテレビ本社ビル(フジテレビギャラリー、球体展望室「はちたま」)	港区台場2-4-8 ゆりかもめ／台場駅(3分)、りんかい線／東京テレポート駅(5分)	10時～18時(球体展望室は平日は13時半～と15時～の2回) 【休み】月曜(祝日の場合翌日)、その他	高以上700・小中350円(球体展望室) 番組制作などのしくみについて学べるツアーガイドを行っている(学生対象)。連絡先03-5500-9261 ※新型コロナの影響で中止中 (参照P32)	90B1
フジフイルム スクエア	6271-3350　港区赤坂9-7-3 日比谷線・大江戸線／六本木駅(地下通路→直結8→直結)、千代田線／乃木坂駅(3→5分)	10時～19時　【休み】無休	無料 【所要時間】60分～ (参照P28)	78C1

※最終入場時間は基本30分前ですが、異なる場合がございますので、詳しくはお確かめ下さい。学生など無料の所は学生証など身分証明所が必要です。【所要時間】は目安です。
※なお、記載内容は2023年5月現在のものです。新型コロナの影響により、料金・時間等は予告無く変更されることがあります。

	名称	電話(03)	所在地・交通・最寄(→は所要分)	時間・休み(年末年始除く)	料金ほか	参照頁地図
ふ	物流博物館	3280-1616	港区高輪4-7-15 浅草線／高輪台駅(A1→7分)、JR・京急線／品川駅(高輪口→7分)	10時〜17時　【休み】月曜(祝日の場合翌日)、第4火曜、祝日の翌日、展示替期間	高以上200・中小学生無料(授業の一環としての利用は無料。要事前承認) (参照P24)　【所要時間】60分	15D6 65C1
	船の科学館	5500-1111	品川区東八潮3-1 ゆりかもめ／東京国際クルーズターミナル駅(1分)、りんかい線／東京テレポート駅(12分)	10時半〜16時　【休み】月曜(祝日の場合翌日)	無料 別館にて様々な船舶模型や各種映像展示を行なっている。 南極観測船「宗谷」の船内なども見学できる。	90A2
	文京シビックセンター展望台 (ブンキョウ)	3812-7111	文京区春日1-16-21 丸ノ内線・南北線／後楽園駅(4a5→1分、5→1分)、大江戸線・三田線／春日駅(連結1→1分)、JR／水道橋駅(1→9分)	【展望台利用時間】9時〜20時半 【休み】5月第3日曜	無料(展望台利用料金) 25階からは街並はもちろん、富士山、スカイツリー、筑波山まで一望できる。軽食、ドリンクコーナーもあり。	60C2
へ	平和祈念展示資料館	5323-8709	新宿区西新宿2-6-1新宿住友ビル33階 大江戸線／都庁前駅(A2→1分)、丸ノ内線／西新宿駅(2→4分)	9時半〜17時半 【休み】月曜(祝日の場合翌日)、ビル休館日、展示替他	兵士、戦後強制抑留者、海外への引揚者の戦争体験の労苦について理解を深める。　(参照P25)	68B2
ほ	法務史料展示室	3592-7911	千代田区霞が関1-1-1 法務省赤れんが棟 有楽町線／桜田門駅(5→1分)、丸ノ内線・日比谷線／霞ヶ関駅(A1→3分)、千代田線／霞ヶ関駅(A1→5分)、三田線／日比谷駅(A10→6分)	10時〜18時　【休み】土日祝	無料 法務関係の歴史、資料と、旧庁舎建物についての資料を展示するとともに、裁判員制度や陪審制度など司法制度、法務行政への理解を深める。	40B2
	本郷給水所公苑 (ホンゴウキュウスイジョコウエン)	5803-1252(みどり公園課)	文京区本郷2-7 JR・三田線／水道橋駅(A1→7分)、JR・丸ノ内線／御茶ノ水駅(1→7分)、大江戸線・丸ノ内線／本郷三丁目駅(1・3→7分)	7時〜19時(10〜3月は9時〜17時)　【休み】無休	無料 武蔵野の雑木林のイメージをもとに造られた和風庭園と、バラ園を中心とした開放的な西洋庭園からできている。	60D3
ま	マダム・タッソー東京	0800-100-5346	港区台場1-6-1デックス東京ビーチ アイランドモール3F ゆりかもめ／お台場海浜公園駅(2分)、りんかい線／東京テレポート駅	10時〜18時(土日祝は〜19時) 【休み】不定休	一般・中学生以上2600・小学生〜3歳以上1800円 学校団体(10名以上)は高中1300・小1100円(要予約) 日付指定チケットや別行動などは割引が受けられる。詳しくはHPへ。 【所要時間】60分 (参照P31)	90B1
	松岡美術館	5449-0251	港区白金台5-12-6 南北線・三田線／白金台駅(1→7分)、JR・東急目黒線／目黒駅(15分)	10時〜17時 【休み】月曜(祝日の場合翌日)	一般1200・25才以下500円・高校生以下無料 (参照P35)	15C5
	丸ビル	5218-5100	千代田区丸の内2-4-1 JR・丸ノ内線／東京駅(地下直結→1分)、半蔵門線・三田線／大手町(A5→6分・D1→3分)、千代田線／二重橋前(5出口直結→2分)	11時〜21時　※店舗により異なる	店舗	36B3
み	三菱史料館 (三菱経済研究所)	5802-8673	文京区湯島4-10-14 丸ノ内線・大江戸線／本郷三丁目駅(2→10分・4→8分)、千代田線／湯島駅(1→6分)	10時〜16時半 【休み】土日祝	無料 (参照P23)	58A4
	港区立郷土歴史館	6450-2107	港区白金台4-6-2 ゆかしの杜内 南北線・三田線／白金台駅(2→1分)	9時〜17時(土曜は〜20時) 【休み】毎月第3木曜(祝日の場合翌日)、特別整理期間	常設展は大学生以上300・高中小100円 特別展は別料金 区内で発掘された出土遺物、文化財、館蔵の古文書や民俗資料などを展示して港区の歴史と文化を紹介。	15D6
	宮城道雄記念館 (ミヤギミチオ)	3269-0208	新宿区中町35 大江戸線／牛込神楽坂駅(A2→3分)、南北線・有楽町線／飯田橋駅(B3→10分)、東西線／神楽坂駅(神楽坂口→10分)	10時〜16時 【休み】月・火・日・祝日、春季、夏季	一般400・大高中300・小200円 (参照P34)	13A5
	民音音楽博物館	5362-3555	新宿区信濃町8 JR／信濃町駅(1→10分)、丸ノ内線／四谷三丁目駅(1→10分)、大江戸線／国立競技場駅(A1→12分)	11時〜16時(日祝は10時〜17時) 【休み】月曜(祝日の場合翌日)	無料 音楽資料を数多く収集・展示をする施設。2階では「古典ピアノ室」や「自動演奏楽器展示室」があり、演奏時間あれば聞くことができる。	76B2
め	明治神宮外苑	3401-0312	新宿区霞ケ丘町1-1		(参照P27)	76B3
	明治神宮本殿	3379-5511	渋谷区代々木神園町1-1 JR／原宿駅、大江戸線／代々木駅、千代田線／明治神宮前駅、小田急線／参宮橋駅 御苑より5分で社殿	9時〜16時20分(祈祷受付時間) 【休み】無休	(参照P26)	70A2
	明治神宮御苑	3379-5511	渋谷区代々木神園町1-1 JR／原宿駅(西口→10分)、大江戸線／代々木駅(A1→20分)、千代田線・副都心線／明治神宮前駅(2→10分)、小田急線／参宮橋駅(→20分)	9時〜16時(季節により変更) 【休み】無休	御苑維持協力金　大人500・高中小200円 (参照P26)	70B2
	明治神宮ミュージアム	3379-5875	渋谷区代々木神園町1-1 JR／原宿駅(西口→5分)、千代田線・副都心線／明治神宮前駅(2→5分)	10時〜16時半(最終入館は〜16時) 【休み】木曜(祝日の場合開館)、展示切替期間	一般・大学生以上1000・高中小900円 (参照P26)　【所要時間】60分	70B3
	明治大学博物館	3296-4448	千代田区神田駿河台1-1 アカデミーコモン地階 JR・丸ノ内線／御茶ノ水駅(御茶ノ水橋口・2→5分・8分)、千代田線／新御茶ノ水駅(B1→8分)、新宿線・半蔵門線・三田線／神保町駅(A5→10分)	10時〜17時(土曜は〜15時) 【休み】夏期休業日、冬季休業日、その他	(常設展)無料 (参照P22)	54A2
	明治丸 (メイジマル)	5245-7360	江東区越中島2-1-6 東京海洋大学越中島キャンパス内 大江戸線・東西線／門前仲町駅(4→10分)、JR／越中島駅(2分)	10時〜16時(10〜3月は〜15時) 【開館】火・木・第1第3土曜　※8月は公開なし、臨時休館あり	明治7年に英国で造られた、日本最古の補助帆付き汽船。国指定重要文化財。明治天皇御座所やサロンなども見学。	86A4
	目黒寄生虫館	3716-1264(音声案内)	目黒区下目黒4-1-1 JR・南北線・三田線／目黒駅(西口→10分)	10時〜17時 【休み】月・火曜(祝日の場合翌日)	無料 寄生虫を専門に扱う研究博物館。展示物は長さ約8.8のサナダムシなど約300点の実物標本やパネルがある。修学旅行など6名以上の見学は事前に連絡。	80B4
も	文京区立森鴎外記念館 (オウガイ)	3824-5511	文京区千駄木1-23-4 千代田線／千駄木駅(1→5分)、南北線／本駒込駅(1→10分)	10時〜18時 【休み】第4火曜(祝日の場合翌日)・展示切替など	高校生以上300・中学生以下無料 鴎外の遺品・書籍・日記などが展示されている。所蔵資料は研究資料も含め、約1万1千点を数える。　(参照P24)	62C2

名称	電話(03) 所在地・交通・最寄(→は所要分)	時間・休み(年末年始除く)	料金ほか	参照頁地図
▽部科学省　情報ひろば	5253-4111　千代田区霞が関3-2-2 銀座線／虎ノ門駅(11→直結)、千代田線／霞ヶ関駅 (A13→5分)	10時～18時　【休み】土日祝	※編集時点でリニューアル休館中。再開についてはHP要確認 無料　5～10名までを対象に職員による見学案内を行っている。要予約。 (参照P18)	40A3
野球殿堂博物館	3811-3600　文京区後楽1-3-61(東京ドーム21番ゲート右) JR・三田線／水道橋駅(A3～A5→5分)、丸ノ内線・南北線／後楽園駅(1～3→5分)、大江戸線／春日駅(A1→8分)	10時～17時(プロ野球開催時は～18時) 【休み】無休(祝日、東京ドームでの野球開催日応、春・夏休みは開館)	大人600・大高400・中小200円 (参照P23)	60C3
靖国神社　遊就館 (ユウシュウカン)	3261-8326　千代田区九段北3-1-1 東西線・半蔵門線・新宿線／九段下駅(1→5分)、JR・有楽町線・南北線／市ヶ谷駅(A4→10分)、JR／飯田橋駅(西口→10分)	9時～16時半 【休み】無休、臨時休館有	一般1000・大500・高中300円 明治15年創立の日本初の博物館。22部屋の展示室と2つの映像ホールがある。 【所要時間】90分　(参照P28)	52A1
山種美術館 (ヤマタネ)	5777-8600(ハローダイヤル)　渋谷区広尾3-12-36 JR／恵比寿駅(西口→10分)、日比谷線／恵比寿駅(2→10分)	10時～17時 【休み】月曜(祝日の場合翌日)、展示替期間	(通常展)一般1300・大高1000円・中小無料(保護者同伴) (参照P28)	80C1
弥生美術館・竹久夢二美術館 (ヤヨイ・タケヒサユメジ)	3812-0012　文京区弥生2-4-3(弥生美術館)・ 5689-0462　文京区弥生2-4-2(竹久夢二美術館) 千代田線／根津駅(1→7分)、南北線／東大前駅(1→7分)	10時～17時 【休み】月曜(祝日の場合翌日)、展示替期間	一般1000・大高900・中小500円(共通) (参照P24)	62D4
郵政博物館	6240-4311　墨田区押上1-1-2　東京スカイツリータウン・ソラマチ 9階 東武スカイツリーライン／とうきょうスカイツリー駅、半蔵門線・浅草線／押上(スカイツリー前)駅(A2→10分)	10時～17時半 【休み】不定休	大人300・高中小150円 10名以上の見学の場合HPより申込み。 【所要時間】60分 (参照P30)	82D2
湯島天神 (湯島天満宮)	3836-0753　文京区湯島3-30-1 千代田線／湯島駅(3→2分)、銀座線／上野広小路駅(A4→5分)、大江戸線／上野御徒町駅(A4→5分)、丸ノ内線／本郷三丁目(2→10分)、JR／御徒町駅(8分)	参拝自由 宝物殿は9時～17時(入館は～16時半)	宝物殿は一般500・大高300・中小200円 修学旅行生には無料でパンフレット配布、特別昇殿参拝(有料)も行っている。	58A4
ユニセフハウス	5789-2014　港区高輪4-6-12 JR／品川駅(7分)、浅草線／高輪台駅(A1→7分)	10時～17時 【休み】日祝、第1・3土曜日、6/9	無料 ガイドツアーは要予約。 (参照P25) 【所要時間】90分	65C2
容器文化ミュージアム	4514-2000　品川区東五反田2-18-1 大崎フォレストビルディング1階 JR・浅草線／五反田駅(→東口・A3→8分)	9時～17時　【休み】土日祝	無料 文明が誕生してからの容器の関わりから、最新の容器包装まで、その歴史や技術、工夫をクイズやゲーム形式で分かりやすく紹介する。	65C2
横山大観記念館 (ヨコヤマタイカン)	3821-1017　台東区池之端1-4-24 千代田線／湯島駅(1→7分)、銀座線／上野広小路駅(2→12分)、JR／上野駅(15分)、京成線／京成上野駅(15分)	10時～16時 【休み】月・火・水曜(月曜又は水曜が祝日の場合開館)、展示替	大人800・高中650・小300円 (参照P23)	58A3
読売新聞東京本社	6739-5878　千代田区大手町1-7-1 千代田線・丸ノ内線・東西線・半蔵門線・三田線／大手町駅(→直結)	通常見学は10時半～、14時半～の1日2回　【休み】土日祝	無料(要予約)　原則として小学4年以上対象。 会社案内ビデオ鑑賞や編集局見学、校閲記者の仕事をする校閲体験など。見学や体験内容を通じて、新聞制作に多くの人が関わっていることを学ぶ。(参照P18)　【所要時間】60分	36B1
ラフォーレ原宿	3475-0411　渋谷区神宮前1-11-6 JR／原宿駅(表参道口→5分)、千代田線・副都心線／明治神宮前駅(5→1分)、半蔵門線・銀座線・表参道駅(A2→7分)	11時～21時　【休み】不定休	(参照P26)	70C3
六義園 (リクギエン)	3941-2222　文京区本駒込6-16-3 JR・南北線／駒込駅(2→7分)、三田線／千石駅(A3→10分)	9時～17時　【休み】無休	中以上300円★・65歳以上150円・小学生以下無料 (参照P24)　5/4、10/1は無料	62A1
ルミネtheよしもと	0570-550-100(公演に関して)　新宿区新宿3-38-2　ルミネ新宿店2(7F) JR・丸ノ内線・新宿線・大江戸線／新宿駅(A12→3分)	10時45分～21時半(公演による)　【休み】無休	(料金)公演により異なる。 吉本興業に所属するタレントが日替わりで出演。吉本新喜劇が、東京ならではのメンバーで楽しめる。	68C2
レインボーブリッジ (遊歩道)	港区台場　ゆりかもめ／芝浦ふ頭駅(5分)・お台場海浜公園駅(15分)	9時～21時(11～3月は10時) 【休み】第3月曜日(祝日の場合翌日)、悪天時、その他	無料 (参照P31)	16B5
レゴランド・ディスカバリー・センター東京	0800-100-5346　港区台場1-6-1デックス東京ビーチ　アイランドモール ゆりかもめ／お台場海浜公園駅(2分)、りんかい線／東京テレポート駅(5分)	10時～18時(時期により異なる)　【休み】無休	窓口販売　3才以上2800円 (参照P31)　240分	90B1
レッドトーキョータワー	0120-210-519　港区芝公園4-2-8　TOKYO TOWERフットタウン内1F、3F-5F 大江戸線／赤羽橋駅(赤羽橋口→5分)、日比谷線／神谷町駅(1→7分)、三田線／御成門駅(A1→6分)	10時～22時　【休み】無休	来場日により料金は異なる。大人2500・高中1900・中小1000円(「RED'パスポート」窓口購入・平日) 大人4200・高3400・中小2000円(「RED'パスポート」窓口購入・土日ハイシーズン) (参照P19)	44B3
六本木ヒルズ	6406-6000　港区六本木6-10-1 日比谷線／六本木駅(1C→コンコース直結)、大江戸線／六本木駅(3→4分)、南北線／麻布十番駅	入館自由 【休み】店舗、施設により異なる	店舗 (参照P28)	78C2
早稲田キャンパスツアー	5286-1276　新宿区西早稲田1-6-1 JR／高田馬場駅(20分)、東西線・都電荒川線／早稲田駅(2→5分・5分)	WEB参照　【休み】日祝他 (WEB参照)	無料 キャンパスツアーは自由見学とガイドツアーの二つがあり、いずれもWEBにて予約が可能。(参照P35)	12C4
早稲田大学坪内博士記念演劇博物館 (ツボウチハカセ)	5286-1829　新宿区西早稲田1-6-1　早稲田大学5・6号館 JR／高田馬場駅、東西線・都電荒川線／早稲田駅(2→7分)、副都心線／西早稲田駅	10～17時(火・金は～19時) 【休み】WEB参照	無料(企画展は有料の場合あり) 古代から現代までの演劇に関する史料を常設展示するほか、企画展も行われる。	12C4

※最終入場時間は基本30分前ですが、異なる場合がございますので、詳しくはお確かめ下さい。学生など無料の所は学生証など身分証明所が必要です。【所要時間】は目安です。
※なお、記載内容は2023年5月現在のものです。新型コロナの影響により、料金・時間等は予告無く変更されることがあります。

名称	電話(03)　所在地・交通・最寄(→は所要分)	時間・休み (年末年始除く)	料金ほか	参照頁 地図
カップヌードル ミュージアム	345-0918　横浜市中区新港2-3-4 みなとみらい線／みなとみらい駅・馬車道駅(8分)、J R・市営地下鉄／桜木町駅(12分)	10時～18時 【休み】火曜日(祝日の場合は翌 日)	大学生以上500円・高校生以下無料(一部アトラクション は別途)	100D2
神奈川県立歴史博物館	201-0926　中区南仲通5-60 みなとみらい線／馬車道駅(1分)、JR・市営地下鉄／関 内駅(5分)	9時半～17時(特別展開催中の 金曜は～20時)(入館は30分 前まで)	(常設展)【料金】20歳以上300・20歳未満及び大200・高 100・中以下無料 (参照P104)	100C3
神奈川県庁本庁舎 (キングの塔)	210-2620　中区日本大通1 みなとみらい線／日本大通駅(1分)、JR・市営地下鉄／ 関内駅(10分)	8時半～17時15分 【休み】土日祝	入館無料 本庁舎屋上展望台、本庁舎6階[神奈川県庁本庁舎歴史 展示室]などは見学可能(参照P104)	100D3 101A1
横浜税関資料展示室 (クイーンのひろば)	212-6300(広報室)　中区海岸通1-1　横浜税関本 関1F みなとみらい線／日本大通駅(3分)、JR・市営地下 鉄／関内駅(15分)	10時～16時　【休み】無休	無料　団体見学は10時～、11時～、13時～、14時～、 15時～(5～9月のみ)の1日4～5回予約(40名まで) 【所要時間】60分　(参照P103)	100D3 101A1
横浜市開港記念会館 (ジャックの塔)	201-0708　中区本町1-6 みなとみらい線／日本大通駅(1分)、JR・市営地下 鉄／関内駅(10分)	10時～16時(見学可能時間) 【休み】第4月曜(祝日の場合は 翌日)	※令和6年3月まで休館中 大正建築の公会堂。普段はステンドグラスや資料コー ナーを閲覧できる。毎月1回、講堂や会議室までの一般 公開(10時～18時)	100D3 101A1
横浜開港資料館	201-2100　中区日本大通3 みなとみらい線／日本大通駅(2分)、JR・市営地下 鉄／関内駅(15分)	9時半～17時(入館は30分前 まで) 【休み】月曜日(祝日の場合は翌 日)・他	高以上200・中小100円 毎週土曜日は高校生以下無料 (参照P103)	100D3 101B2
シルク博物館	641-0841　中区山下町1番地　シルクセンター内 みなとみらい線／日本大通駅(3分)、JR・市営地下 鉄／関内駅(10分)	9時半～17時(入館は～16時 半) 【休み】月曜(祝日の場合は翌 日)	一般500・大200・高中小100円　団体見学は要予約	100D3 101B2
中華街	662-1252　中区山下町118-2 留自廣東會舘ビル 5F みなとみらい線／元町中華街駅(1分)、JR／石川町駅 (5分)、JR・市営地下鉄／関内駅(7分)	店舗による	(参照P104)	100D4 101B3
ニュースパーク (日本新聞博物館)	661-2040　中区日本大通11　横浜情報文化セン ター みなとみらい線／日本大通駅(情文センター口直 結)、JR・市営地下鉄／関内駅(10分)	10時～17時(入館は30分前ま で) 【休み】月曜日(祝日の場合は翌 日)	一般400・大学生300・高200円・中学生以下無料 (参照P104)	100D3 101B2
日本郵船歴史博物館	211-1923　中区海岸通3-9 みなとみらい線／馬車道駅(2分)、JR・市営地下鉄／ 関内駅(8分)	10時～17時 【休み】月曜日(祝日の場合は翌 日)、臨時休館日	一般400・高中250円・小以下無料(氷川丸とのセットあ り)　※学校行事の利用で割引 (参照P103)	100D3 101A1
帆船日本丸	221-0280　西区みなとみらい2-1-1 JR・市営地下鉄／桜木町駅(5分)、みなとみらい線／ みなとみらい駅(5分)	10時～17時(入館は～16時 半) 【休み】月曜日(祝日の場合は翌 日)、他	【料金(横浜みなと博物館共通券)】 大学生以上800・高中小300円 小中高生は土曜日入館料100円 (参照P103)	100C3
日本郵船氷川丸	211-1923　中区山下町山下公園先 みなとみらい線／元町・中華街駅(2分)	10時～17時 【休み】月曜日(祝日の場合は翌 日)、臨時休館日	一般300・中小100円 ○日本郵船歴史博物館とのセット券あり (参照P104)	101C2
原鉄道模型博物館	640-6699　西区高島一丁目1-2　横浜三井ビル ディング2F みなとみらい線／新高島駅(2分)、JR・市営地下鉄・京 急／横浜駅(5分)	10時～17時(入館は～16時 半) 【休み】火曜・水曜(祝日の場合 は翌日)・2月上旬	大人1000・中高生700・4歳以上500円 (参照P103)	100B1
ブリキのおもちゃ博物館	621-8710　中区山手町239　みなとみらい線／元 町・中華街駅(5分)	9時半～18時(土日祝は～19 時)【休み】無休	大人200・中小100円 (参照P104)	101D4
放送ライブラリー	222-2828　中区日本大通11番地　横浜情報文化 センター内 みなとみらい線／日本大通駅(3番情文センター口 直結)、JR・市営地下鉄／関内駅(5分)	10時～17時 【休み】月曜(休日の場合は次の 平日)	無料 学校行事・団体見学の場合要予約	100D3 101B2
三菱みなとみらい技術館	200-7351　西区みなとみらい三丁目3番1　三菱 重工横浜ビル JR・市営地下鉄／桜木町駅(8分)、みなとみらい線／ みなとみらい駅(3分)	10時～15時(土日祝は～16 時) 【休み】火曜・水曜(祝日の場合 は翌日)、その他	一般500・高中300・小200円 (参照P103)	100B2
港の見える丘公園	671-3648　中区山手町114 みなとみらい線／元町・中華街駅(8分)、JR／石川町駅 (20分)	入園自由	入園無料 (参照P104)	101D3
山下公園	671-3648　中区山手町279　みなとみらい線／元 町・中華街駅(3分)	入園自由	入園自由 (参照P104)	101C2
山手資料館	622-1188　中区山手町247山手十番館庭内 みなとみらい線／元町・中華街駅(8分)	11時～16時　【休み】月曜(祝 日の場合は翌日)	一般210・大高中小160円 (参照P104)	101D3
横浜赤レンガ倉庫 1号館・2号館	211-1515(1号館)、227-2002(2号館)　中区新港 一丁目1番 みなとみらい線／馬車道駅・日本大通駅(6分)、JR・ 市営地下鉄／桜木町駅(15分)、関内駅(15分)	10時～19時(店舗により異な る)　2号館は11時～20時 (店舗により異なる) 【休み】無休	店舗 (参照P103)	100D3 101B1
よこはまコスモワールド	641-6591　中区新港2丁目8番1号 JR・市営地下鉄／桜木町駅(10分)、みなとみらい線／ みなとみらい駅	不定(概ね11時～21時) 【休み】不定休(主に木曜)	入園無料・アトラクションによる (参照P104)	100C2
横浜マリンタワー 展望フロアー	664-1100　中区山下町15　みなとみらい線／元 町・中華街駅(1分)、JR／石川町駅(15分)	10時～22時 ○シーズンにより変更有	高校生以上1000・中小500円(土日祝は高校生以上 1200・中小600円)※学校行事での利用は割引あり (参照P103)	101C2
横浜みなと博物館	221-0280　西区みなとみらい2-1-1 JR・市営地下鉄／桜木町駅(5分)、みなとみらい線／ みなとみらい駅(5分)	10時～17時 【休み】月曜(祝日の場合は翌 日)、他	【料金(帆船日本丸共通券)】大学生以上800・高中小 300・65歳以上400円 小中高生は土曜日入館料100円　(参照P103)	100C3
横浜ランドマークタワー 69F展望フロア スカイガーデン	222-5015　西区みなとみらい2-2-1 みなとみらい線／みなとみらい駅(3分)、JR／桜木町駅 (5分)	10時～21時　○毎週土曜日 及び月曜日が休みの場合の前 日日曜日は22時まで 【休み】無休	大人1000・高800・中小500・幼児200円 修学旅行校外学習は割引(HP参照) (参照P103)	100C2

※最終入場時間は基本30分前ですが、異なる場合がございますので、詳しくはお確かめ下さい。学生など無料の所は学生証など身分証明所が必要です。【所要時間】は目安です。
※なお、記載内容は2023年5月現在のものです。新型コロナの影響により、料金・時間等は予告無く変更されることがあります。

東京索引

121

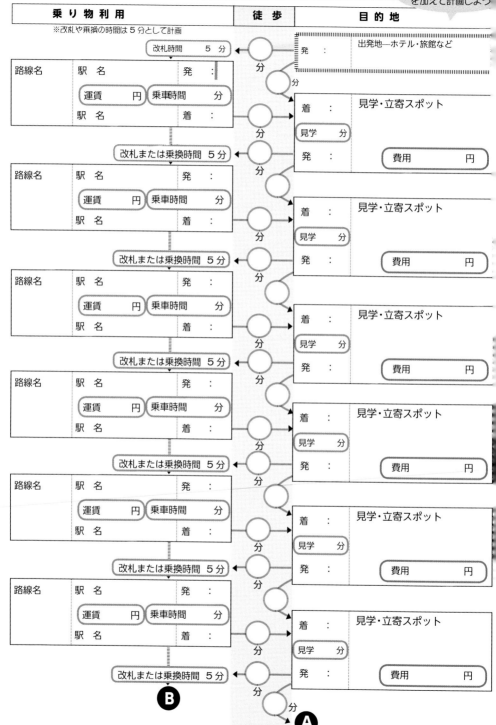

行程計画表

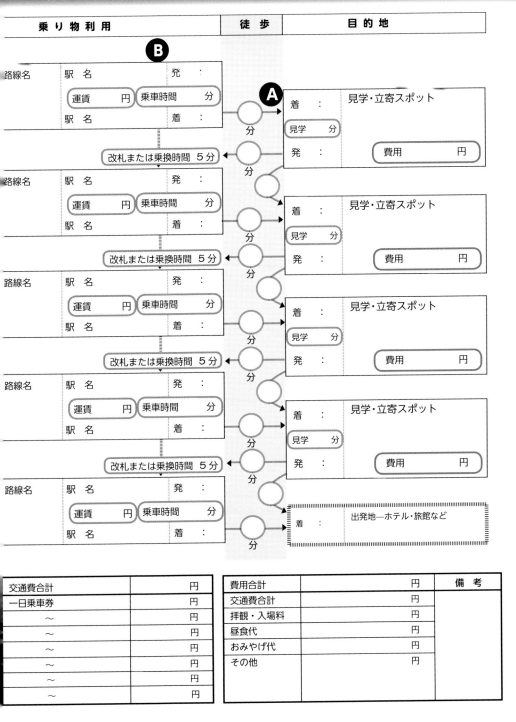

交通費合計		円
一日乗車券		円
～		円
～		円
～		円
～		円
～		円
～		円

		備 考
費用合計	円	
交通費合計	円	
拝観・入場料	円	
昼食代	円	
おみやげ代	円	
その他	円	

123

グループで最終決定した
来訪地・見学スポットの
見どころを記入しよう

時　刻	見学スポット	見　ど　こ　ろ
到着　　時　　分 出発　　時　　分		
到着　　時　　分 出発　　時　　分		
到着　　時　　分 出発　　時　　分		
到着　　時　　分 出発　　時　　分		
到着　　時　　分 出発　　時　　分		
到着　　時　　分 出発　　時　　分		
到着　　時　　分 出発　　時　　分		
到着　　時　　分 出発　　時　　分		
到着　　時　　分 出発　　時　　分		

東京歳時記 （23区内中心）

天候、主催者等の都合により変更になる場合があります。ご確認の上、お出かけ下さい。

1月

初詣
浅草寺、鷲神社、湯島天神、深川不動尊（深川不動堂）、水天宮、亀戸天神（亀戸天満宮）、西新井大師、湯島天神、明治神宮、靖国神社、雑司ヶ谷鬼子母神、etc

1月2日
皇居一般参賀

1月8日
とんど焼き 台東区鳥越 2-4-1
鳥越神社 13時～ 地下鉄蔵前駅
徒歩 7 分 3851-5033

咀（まないた）開き 台東区東上野 6-13-13 報恩寺 10時～
地下鉄稲荷町駅徒歩 5 分
3844-2538

1月15日～16日
こんにゃくえんま 文京区小石川 2-23-14 源覚寺 地下鉄春日駅 徒歩～5 分、地下鉄後楽園駅徒歩 5 分 3811-4482 （7月15・16日も）

2月

3日
節分会 都内各所 深川不動尊、神社、代々木八幡神社、高幡寺（とげぬき地蔵尊）、柴又帝釈天、湯島、日枝神社、鷲山稲荷、etc

福聚の舞 台東区浅草 2-3-1
浅草寺

だるま供養 足立区西新井 1-15-1 西新井大師 東武大師線西新井駅 3890-2345

初午の日
凧市 北区岸町 1-12-26 王子稲荷神社 13時～ 地下鉄王子駅 3907-3032

初午 足立区島根 1-4-7 豊川稲荷 地下鉄赤見見照神社 3408-3143

8日
針供養 台東区浅草 2-3-1
浅草寺淡島堂

15日～3月15日
湯島天神梅まつり 文京区湯島 3-30-1 湯島天神

3月

江戸流しびな 吾妻橋親水テラス及び隅田公園内（台東区側）
地下鉄・東武伊勢崎線浅草駅徒歩 1 分 江戸流しびな振興会事務局 3847-2200

彼岸中日
動物回向 墨田区両国 2-8-10
回向院 JR・地下鉄両国駅徒歩 4 分 3634-7776 （盆の中日、秋彼岸の日も）

17日～18日
浅草観音示現会（金龍の舞は18日） 台東区浅草 2-3-1
浅草寺

下旬 4日間
東京国際アニメフェア ※前2日間はビジネス関係者のみの公開、後2日間は一般公開予定 東京ビッグサイト 東京国際アニメフェア実行委員会事務局 東京都新宿区西新宿 2-8-1 都庁第二庁舎 29 階産業労働局観光部内 5320-4786

4月

25日
たいまつ祭り 江東区亀戸 3-6-1 亀戸天神（亀戸天満宮）

27～28日
千躰荒神大祭 品川区南品川 3-5-21 海雲寺 京浜急行線青物横丁 3471-0418

4月～4月中旬
さくらまつり 都内各所

4月

1～7日
義士祭 港区高輪 2-11-1
泉岳寺

第1日曜日
花まつり 大田区池上 1-1-1
池上本門寺

第2日曜日
白鷺の舞 台東区浅草 2-3-1
浅草寺

花まつり 文京区大塚 5-40-1
護国寺

18日
上野東照宮大祭
台東区上野公園上野公園内

第三土曜
浅草流鏑馬 台東区浅草
公園内 地下鉄・東武伊勢崎線浅草駅 5246-1151

中旬～下旬の日曜日
早慶レガッタ 隅田川両国橋～白鬚橋 3,000m～生引・白鬚
伊勢崎線浅草駅 048-442-3107

下旬～5月上旬
藤まつり 江東区亀戸 3-6-1
亀戸天神（亀戸天満宮）

5月

連休中の3日間
ホースショウ 世田谷区上用賀 2-1-1 馬事公苑 JR・地下鉄渋谷駅からバス農大前 3429-5101

4～5日
清正公大祭 港区白金台 1-1-47
覚林寺 地下鉄高輪台駅 3441-9379

水天宮まつり 中央区日本橋蛎殻町 2-4-1 水天宮

宝の舞 台東区浅草 2-3-1
浅草寺

11日に近い土曜・日曜
下谷神社大祭 台東区東上野 3-29-8 下谷神社 3831-1598・1488

神田祭（隔年） 千代田区外神田 2-16-2 神田明神（神田明神）

17日に近い日曜
三社まつり 台東区浅草 2-3-1

20日前後の土曜・日曜
東京みなと祭 メインは、晴海客船ターミナル周辺ほか 5500-2685 （東京都港湾振興協会）

21日に近い土曜・日曜
天神祭 文京区湯島 3-30-1
湯島天神

24日
とげぬき地蔵大祭 豊島区巣鴨 3-35-2 高岩寺

花園神社例大祭
新宿区新宿 5-17-3 花園神社

6月

木遣り奉納 墨田区向島 5-17
三囲神社 浅草線本所吾妻橋駅 3622-2672

上旬の金曜～日曜
天王祭（かっぱ祭り） 品川区北品川 2-30-28 荏原神社 京浜急行線新馬場駅 3471-3457

すさのお神社例大祭 荒川区南千住 6-60-1 素盞雄神社

鳥越神社大祭 台東区鳥越 2 鳥越神社 地下鉄蔵前駅 3851-5033

10～16日
山王祭 千代田区永田町 2-10-5
日枝神社

23～24日
千日詣り・ほおずき市
港区愛宕 1-5-3 愛宕寺

7月

6～8日
入谷のあさがお市 台東区下谷 1-12-16 入谷鬼子母神

9～10日
ほおずき市 台東区浅草 2-3-1
浅草寺

草市 中央区 人形町商店街
地下鉄人形町駅 3666-9064

14日
水止舞（みずどめのまい） 大田区大森東 3-7-27 厳正寺 京浜急行大森町駅 3761-4945

16日
閻魔詣 足立区千住 2-11 勝専寺 JR・地下鉄・東武線北千住駅 3881-2358

こんにゃくえんま 文京区小石川 2-23-14 源覚寺 地下鉄後楽園駅 3811-4482

24日
地蔵盆 豊島区巣鴨 3-35 高岩寺（とげぬき地蔵） 3917-8221

最終土曜・日曜
神楽坂まつり 新宿区神楽坂商店街より JR・地下鉄飯田橋駅 3260-4983

隅田川花火大会 第1会場 桜橋下流～言問橋上流、第2会場 駒形橋下流～厩橋上流 18時～ JR・東武伊勢崎線浅草駅徒歩 5 分 隅田川花火大会実行委員会事務局 5608-1111

8月

上旬
江戸川区花火大会 江戸川区 江戸川河川敷

阿佐ヶ谷七夕まつり 杉並区阿佐ヶ谷南 1-36-10 阿佐ヶ谷パールセンター JR 阿佐ヶ谷駅・丸の内線南阿佐ヶ谷駅

佃島住吉神社例大祭 中央区佃 1-1-4 住吉神社 地下鉄月島駅 3531-3500

第2金曜上旬
東京湾大華火祭 中央区晴海埠頭 地下鉄勝どき駅 3248-1564・3546-5338

中旬
深川八幡祭り 江東区富岡 1-20-3 富岡八幡宮

麻布十番納涼まつり 港区麻布十番1 麻布十番商店街 地下鉄六本木駅 3451-5812

下旬
亀戸神社例大祭 江東区亀戸 3-6-1 亀戸天神（亀戸天満宮）

上旬 土曜・日曜
原宿表参道元氣祭スーパーよさこい 表参道、明治神宮、代々木公園 JR原宿駅、地下鉄明治神宮前駅すぐ 事務局 5766-1320

下旬三日間
東京高円寺阿波踊り 杉並区高円寺前 JR中央線高円寺駅すぐ 東京阿波踊り振興協会 3312-2728

下旬
浅草サンバカーニバル 台東区 雷門通り 地下鉄・東武伊勢崎線浅草駅すぐ

大塚阿波踊り 豊島区大塚南口 JR・都電荒川線大塚駅すぐ 3981-5849 大塚阿波踊り実行委員会 3944-4111

9月

中旬
だらだら祭り 港区芝大門 1-12-7 芝大神宮 3431-4802

16日（旧暦8月15日）
へちま供養 文京区上野桜 2-6-4 浄名院 JR鶯谷駅 3828-2791

第四土・日（10月第一土・日）
ふくろ祭り 池袋西口周辺 JR・地下鉄池袋駅すぐ ふくろ祭り協議会 3986-7933

21日に近い日曜
根津権現祭り 文京区根津 1-28-9 根津神社

25日
人形供養 台東区上野公園 清水観音堂 JR・地下鉄・京成線上野駅 3821-4749

隔年最終日曜
鉄砲組百人隊行列 新宿区百人町 JR新大久保駅 皆中稲荷神社 JR新大久保駅 3361-4398

10月

第1土曜
木場の角乗り・深川の力持ち 台東区都立木場公園 地下鉄木場駅 5245-1770

第一土曜・日曜
すみだまつり 墨田区錦糸 4-15-1 錦糸公園 JR・地下鉄錦糸町駅 5608-6181

16日
江戸神輿大会 台東区浅草 2 浅草寺境内 5246-1151

上～中旬の1週間
大銀座まつり 中央区銀座通り 地下鉄銀座駅 3561-0919

中旬
みなと区民まつり 港区増上寺と芝公園一帯 地下鉄御成門駅 3578-2111

11～13日
池上本門寺お会式 大田区池上 1 池上本門寺 池上池上線池上駅 3752-2331

16～18日
鬼子母神お会式 豊島区雑司ヶ谷 雑司ヶ谷鬼子母神堂

18日
菊供養会・金龍の舞 台東区浅草 2-3-1 浅草寺 3844-1221

19～20日
べったら市 中央区日本橋本町 3-10-11 宝田恵比寿神社 地下鉄小伝馬町駅 3662-4241

下旬
東京国際映画祭 Bunkamura を中心とした渋谷の映画館他で JR・地下鉄渋谷駅 ハローダイヤル 5777-8600 東京国際映画祭事務局 3524-1089

下旬～11月上旬
神田古本祭り 千代田区神田神保町 古書店街 地下鉄神保町駅 3291-5209

11月

上旬 3週間程
東京都観光菊花大会 日比谷公園花壇内 日比谷駅すぐ 東京都観光部振興課 5388-3153

東京時代まつり 台東区浅草 3844-1221

白鷺の舞 台東区浅草 2-3-1
浅草寺 浅草観光連盟 3844-1221

23日
一葉忌 台東区竜泉 3 台東区立一葉記念館

文京一葉忌 文京区本郷 5-27-11 文京一葉会館（法真寺）

一茶まつり 毎年同日 足立区炎天寺 六月 3-13-20 炎天寺 東武伊勢崎線竹の塚駅 3883-0787

下旬（土）・（日）
ドリーム夜さ来い祭り 東京臨海副都心（台場～青海～有明）周辺 実行委員会事務局 3207-3012

27～28日
千躰荒神祭 品川区南品川 3-5-21 海雲寺 京浜急行線青物横丁駅 3471-0418

12月

5日
納めの水天宮 中央区日本橋蛎殻町 2-4-1 水天宮

6日
王子熊手市 北区王子本町 1-1-12 王子神社 JR・地下鉄王子駅徒歩 3 分 3907-7808

14日
義士祭（泉岳寺） 港区高輪 2-11-1 泉岳寺

吉良祭・元禄市／義士祭（本所松坂町公園） 墨田区両国 3-13-9 本所松坂町公園（吉良邸跡） 墨田区文化観光協会 5608-6951

17日～19日
羽子板市 台東区浅草 2-3-1
浅草寺境内 3842-0181

21日
納めの大師 足立区西新井 1-15-1 西新井大師

下旬～1月下旬
東京ミレナリオ 丸の内仲通り、東京国際フォーラム、JR東京駅の内口 実行委員会事務局 5447-0955

25日
納めの天神 江東区亀戸 3-6-1
亀戸天神（亀戸天満宮）

27日～29日
納めの歳の市 東京日本橋 2-6-8 薬研堀不動尊 地下鉄東日本橋駅徒歩 3 分 歳の市保存会 3866-3706

28日
納めの不動（深川不動尊） 江東区富岡 1-17-13 深川不動尊

納めの不動（目黒不動尊） 目黒区下目黒 3-20-26 目黒不動尊 東急目蒲線不動前駅徒歩 10 分 3712-7549

125

交通問合せ先

東京都交通局 都営交通インフォメーションセンター	03-3816-5700(9時～20時・年中無休) (都電・都バス・都営地下鉄の運賃・時刻・忘れ物・ルートなど)
東京地下鉄株式会社（東京メトロ） 東京メトロお客様センター	0570-200-222(9時～17時・年中無休) (東京メトロの乗車券・発車時刻・目的地までの行き方など) 0570-033-555(忘れ物)
JR東日本　JR東日本お問い合わせセンター	050-2016-1600(6時～24時)(列車時刻、運賃・料金、空席情報など) 050-2016-1601(忘れ物)
ゆりかもめ　お客さまセンター	03-3529-7221(9時～17時) 03-3533-5911(豊洲駅・忘れ物)
東京モノレール　お客さまセンター	050-2016-1640(9時～20時　土日祝・年末年始は～18時)
東京臨海高速鉄道（りんかい線）	03-3527-6785(運輸部)(9時～17時　平日)発車時刻・電車の運行 など。忘れ物は各駅
京王電鉄　お客さまセンター	042-357-6161(9時～18時)　03-3325-6644(忘れ物)
小田急電鉄　小田急お客様センター	044-299-8200(9時～17時　年末年始を除き無休)(小田急に対す るご意見・ご要望や、時刻・運賃・忘れ物など)
東京急行　東急お客さまセンター	03-3477-0109(9時～17時)
東武鉄道　お客さまセンター	03-5962-0102(9時～18時　年末年始を除き無休)
京浜急行電鉄　ご案内センター	03-5789-8686・045-225-9696(9時～17時)
京成電鉄　京成お客様ダイヤル	0570-081-160（12時～19時）忘れ物当日は各駅
西武鉄道　西武鉄道お客さまセンター	04-2996-2888（9時～17時　年末年始を除き無休）

御礼
本誌編集に際し、拝観・見学等関連施設様、交通等関連機関様には、写真及び各種資料のご提供・ご協力を賜りました。ご
厚情に厚く御礼申し上げます。

※本誌は、2023年5月現在判明分の交通情報に基づき、編集してあります。

見学・体験スポットのりもの案内
乗る＆歩く東京編（横浜付）
最新版

定価　本体790円＋税
第1版第1刷
発行日　　2023年7月1日
編　集　　橋本豪　ユニプラン編集部
デザイン　岩崎宏
写　真　　南雄二　小片勝敏　ユニプラン、その他
発行人　　橋本良郎
発行所／株式会社ユニプラン
　　　　〒601-8213　京都市南区久世中久世町1丁目76番地
　　　　TEL.075-934-0003　FAX.075-934-9990
振替口座／01030-3-23387
印刷所／株式会社プリントパック
ISBN978-4-89704-579-5　C2026